# BIG THINGS
# どデカいこと
## を成し遂げたヤツらはなにをしたのか?

ベント・フリウビヤ／ダン・ガードナー
櫻井祐子（訳）

**HOW BIG THINGS GET DONE:**
The Surprising Factors
That Determine the Fate of Every Project,
from Home Renovations to Space Exploration
and Everything In Between

サンマーク出版

カリッサへ　畏敬と感謝を込めて

# 序章

# “夢のカリフォルニア”

## ――ビッグアイデアの生死の境目

ビジョンを計画に落とし込み、首尾よく実現させるにはどうしたらいいのだろう？

まずは物語を1つお聞かせしよう。もしかしたらあなたも、とくにカリフォルニアにお住まいの場合は、聞いたことがあるかもしれない。

そしてその場合、あなたはツケを払わされている。

### ビジョンも資金もあったのに実現しなかった
### ――どこにも行かない「新幹線」

2008年、カリフォルニア州の有権者にこんな提案が出された。

ロサンゼルス中心部のユニオン駅で、しゃれた銀色の列車に乗り込むところを想像してほしい。列車は駅を出ると、大都会の喧噪と果てしない渋滞をよそ目に静かに走り出す。セントラルバレーの広々とした空間に出るとさらに加速し、車窓から見える田園風景はうしろに飛び去って行く。乗務員がコーヒーカップと皿を回収する頃、列車は減速して別の駅に滑り込む。ここはサンフランシスコ中心部だ。

所要時間は2時間半。平均的なロサンゼルス住民が家から空港まで車を走らせ、セキュリティチェックを受け、飛行機に乗り込み、駐機場で出発を待つまでの時間と変わらない。運賃は86ドルの予定である……。

このプロジェクトは「カリフォルニア高速鉄道」と名づけられた。世界の二大都市と、その間にあるハイテクの聖地シリコンバレーを結ぶ鉄道だ。「先見的《ビジョナリー》」とは手垢がつきすぎた言葉だが、この鉄道は正真正銘「先見的」だった。総工費は３３０億ドル、開業は２０２０年と決められた。[1] 計画は州全体の住民投票で承認され、工事が始まった。

着工から14年後の今、プロジェクトの見通しは依然不透明だが、**最終結果が公約通りにならないことだけは確か**だ。

有権者の承認を得て沿線各地で建設が始まったが、工事は遅延を重ね、計画は何度となく変更された。コスト見積もりは４３０億ドルになり、その後６８０億ドル、７７０億ドル、そして８３０億ドル近くに膨張した。これを書いている今、見積もりの最高額は

1000億ドルである。[2] だが最終的な総工費がいくらになるかは、誰にもわからない。

2019年、カリフォルニア州知事は計画の大幅縮小を発表した。全線(約1280キロ)ではなく、セントラルバレーのマーセドとベーカーズフィールド間の約275キロ区間だけを完成させるとし、コストを230億ドルと見積もった。だがこの内陸区間が完成したら、プロジェクトは停止する。再開するかどうか、また再開する場合、路線を延長してロサンゼルスとサンフランシスコを結ぶために必要な約800億ドル――またはいくらであれ、その時点で見積もられた金額――をどうやって調達するかは、将来の知事次第とした。[3]

ちなみに、マーセド―ベーカーズフィールド区間の建設コストは、ホンジュラスやアイスランドなど、世界のおよそ100か国のGDPを上回る。しかもその資金は、カリフォルニアの住民しか知らないような2都市を結ぶ、北米最先端の鉄道の建設に使われる。まさに批評家が言うように、「どこにも行かない新幹線」である。

ビジョンを計画に落とし込み、首尾よく実現させるには、どんな方法を取ればいいのだろう? こんな方法でないことだけは確かだ。

野心的なビジョンを持つことはすばらしい。カリフォルニアは果敢だった。大きな夢を描いた。**だがどんなに莫大な資金があっても、ビジョンだけでは何も成し遂げられない。**

## 8年前倒し、予算内完結の「普通でないビッグプロジェクト」

今度は別の物語を語ろう。これはほとんど知られていない物語だが、私たちの求める答えのカギがここに隠れているかもしれない。

１９９０年代初め、デンマーク政府はある構想を立てた。デンマークは人口がニューヨーク市にもおよばない小国だが〔東京都の約４割〕、財政は豊かだ。多額の対外援助を行い、その資金がよいことに使われるのを願っている。そして、「よいこと」と言えば、まず何と言っても「教育」だろう。

デンマーク政府は国際機関や他国政府と協力して、ヒマラヤ山脈の国ネパールに学校建設資金を提供することに決めた。２万の教室と学校が、ネパールの最も貧しい辺境を中心に建設されることになった。着工は１９９２年、工期は20年の予定である。[4]

対外援助が無駄になった例は枚挙にいとまがなく、このプロジェクトも失敗に終わる可能性は十分あった。しかし学校建設は**予定より8年前倒しの2004年に、予算内で完了した。**その後の数年間でネパールの教育水準は全国的に高まり、とくに女子就学率が急速に向上するなどの好影響が生まれた。

学校は人命も救った。２０１５年のネパール大地震は９０００人近い死者を出し、多くの人が建物の倒壊で圧死した。だが学校は何よりも耐震性を重視して設計されていたため、壊れずに残った。現在このプロジェクトはビル＆メリンダ・ゲイツ財団によって、とくに女子の就学率向上による健康増進のモデルケースに掲げられている。[5]

私（ベント・フリウビヤ）はこのプロジェクトの計画立案を担当した。[6] 当時私はプロジェクトがよい結果に終わったことを喜びはしたが、それがすごいことだという認識はなかった。私にとってはこれが初めての大型プロジェクトだったし、たんにやると言ったことをやり遂げたに過ぎなかった。ビジョンを計画に落とし込み、それを実現しただけのことだ。だが私は計画者であると同時に、研究者でもある。その後、大型プロジェクトが成功またはは失敗する原因について研究すればするほど、あのネパールでの経験が普通ではないことがわかってきた。

**実際、それは普通とはかけ離れていた。** これから見ていくように、計画通りに実現するプロジェクトが非常にまれであることを、データは示している。普通のプロジェクトは、カリフォルニア高速鉄道のほうにずっと近い。平均的なプロジェクトは惨憺《さんたん》たる結果に終わり、最良の結果を出すものは例外中の例外でしかない。このことは、メガプロジェクトの運営管理に関する私の研究成果として、あとでくわしく説明する。[7]

大型プロジェクトの実績はなぜそこまでお粗末なのだろう？　そしてさらに重要なことに、ごくまれな、興味をそそる例外についてはどうだろう？　大多数のプロジェクトが失敗するなか、なぜこれらだけが成功するのだろう？　ネパールの学校が成功したのは、ただツイていただけなのか？　それとも、あの結果は再現できるのだろうか？

私は計画管理学の教授として、長年これらの難問に答えを出そうとしてきた。またコンサルタントとして、長年その答えを実践しようとしてきた。本書ではこれらの成果を紹介していこう。

私の研究の重点は超大型プロジェクト、いわゆる「メガプロジェクト」にある。このタイプのプロジェクトは、多くの点で特殊だ。たとえば国家政策や世界の金融市場の運営は、一般人の住宅リフォームとはまったく違う。

だがそうした違いを解説する仕事はほかの本に任せて、本書では**プロジェクトの失敗と成功をもたらす、普遍的な要因**を考えたい。本書（原書）の題名にもそのねらいが表れている。

「How Big Things Get Done（大きいことをやり遂げる方法）」は、誰の目から見ても大きい、メガプロジェクトの研究と運営を通じて、私が得た専門的知識を指している。

だが「大きい」とは相対的な概念だ。私たち一般人にとっては住宅リフォームが、生涯で行う最も高価で複雑で困難なプロジェクトかもしれない。そして私たちにとっては、リフォームを正しくやり遂げることが、企業や政府にとってのメガプロジェクトの成功と同じか、それ以上に重要になってくる。だから、それは間違いなく「大きいこと」だ。

では、そうした大きいプロジェクトの成否を分ける普遍的な要因とは、いったい何だろう？

## 心理と権力――ビッグアイデアの成否の要因

その1つが、**人間の心理メカニズム**である。どんな大型プロジェクト――当事者にとって大きく複雑で野心的でリスクが高いプロジェクト――でも、それを考案し、判断し、決定するのは人間だ。そして人間の思考と判断、決定には、楽観主義などの心理メカニズムが必ず作用する。

もう1つの要因は、**権力**だ。どんな大型プロジェクトでも、人や組織が資源を求めて競争し、地位を求めて画策する。そして競争と画策には必ず権力が絡む。たとえば企業のC

ＥＯや政治家は権力を行使して、自分の気に入ったプロジェクトを押し通そうとする。

心理と権力は、高層ビルの建設からキッチンのリフォームまで、あらゆる規模のプロジェクトに影響をおよぼす。レンガとモルタルからビットとバイトまでのあらゆるリソースでつくる、あらゆるプロジェクトに作用する。マンハッタンの摩天楼に新しい傑作建築を加えることであれ、新規事業立ち上げや、火星探査、新製品開発、組織改革、プログラム設計、会議開催、書籍執筆、披露宴開催、住宅リフォームなど何であれ、誰かがビジョンを描き、それを計画に落とし込み、それを実現しようとするときには、心理と政治の影響が避けられない。

このような普遍的な要因が作用するからこそ、あらゆるタイプのプロジェクトがたどる共通の「パターン」が存在すると予想できる。そしてそうしたパターンは実際に存在する。最もよく見られるのが、カリフォルニアの「どこにも行かない新幹線」のようなパターンだ。

プロジェクトは承認され、期待と興奮の中で工事が始まる。だがたちまち問題が噴出し、進捗が遅れる。さらに多くの問題が発生し、さらに進捗が遅れる。プロジェクトはズルズルと長引く――。私はこのパターンを、**「すばやく考え、ゆっくり動く」**と名づけた。理由はあとで説明する。これが、失敗するプロジェクトに共通する特徴だ。

一方、成功するプロジェクトは逆のパターンをたどり、すばやくゴールに到達する。ネパールの学校プロジェクトもそうだ。フーバー・ダムも同様に、予算を少し下回る金額で、予定より2年も前倒しの5年で完成した。[8] ボーイングの名機747の初号機は、28か月で設計、製造された。[9] アップルは初代iPodの開発担当者を2001年1月末に雇い、同年11月に最初のiPodを顧客に出荷した。[10] アマゾンの大成功している会員制無料配送プログラム「アマゾンプライム」は、2004年10月時点では漠然とした構想だったが、2005年2月に正式発表された。[11] 世界初のテキストメッセージのアプリは、たった数週間で開発された。

そして、エンパイア・ステート・ビルの例がある。

## 100年前、18か月で建てられたNY超高層ビル

おそらく世界一有名なこの超高層ビルのビジョンは、1本の鉛筆から始まった。

その鉛筆を握っていたのが誰だったのかは、諸説ある。建築家のウィリアム・ラムだったという話もあれば、財務専門家で元ゼネラルモーターズ役員のジョン・J・ラスコブだったとも言われる。

誰であれ、その人物は先の尖った鉛筆を取り上げて、机に垂直に立ててみせた。これがエンパイア・ステート・ビルだ。地球上のどの建物よりも空高くそびえる、細長いビルにするぞ、と。[12]

タワーを建てるというアイデアは、１９２９年初めにアル・スミスが思いついた。生粋《きっすい》のニューヨーカーで元ニューヨーク州知事のスミスは、１９２８年大統領選挙で民主党候補となった。大半のニューヨーカーと同様、スミスは禁酒法に批判的だったが、大半のアメリカ人はこれを支持していたため、スミスは共和党候補のハーバート・フーヴァーに敗北した。

仕事を失ったスミスは新しい挑戦を求めた。そこでこのアイデアをラスコブに持ちかけ、２人でエンパイア・ステート会社を設立した。スミスが社長と会社の顔になり、ラスコブが財務を担当した。かつてのマンハッタンの栄華の象徴、ウォルドルフ＝アストリアの跡地が建設地に選ばれ、事業計画が作成された。

総予算は、ウォルドルフ＝アストリアの購入・解体費用を含め、５０００万ドル（２０２１年の金額に換算すると８億２０００万ドル）、グランドオープンは１９３１年５月１日と決められた。ラムの会社が設計を担当し、誰かが机に鉛筆を立てた。その時点で、**最初の図面引きから最後の鋲《びょう》打ちまでに許された時間は、わずか18か月だった。**

これほどまでに建設を急いだ理由は、タイミングにあった。1920年代末、ニューヨークはロンドンを抜いて、世界最大の人口を擁する大都市圏になった。ジャズが大流行し、株式市場は活況に沸き、景気は拡大し、機械化時代《マシンエイジ》の豊かなアメリカを象徴する魅惑的な高層ビルがマンハッタン中に林立した。

投資家は新たな投資対象を探し求め、野心的であればあるほど歓迎した。折しも完成間近のクライスラー・ビルディングがまもなく世界一高いビルになり、その称号にふさわしい権威と賃貸収入をものにしようとしていた。ラスコブ、スミス、ラムは、これらすべてを見下ろす「鉛筆」を建てようと固く誓ったのだ。

計画立案において、ラムは実用性を徹底重視した。「建築家が製図板の前に1人座り、採算を度外視した壮大なモニュメントの図面を引いて悦に入る時代は終わった」と、ラムは1931年1月に書いている。「『実用的なもの』への嫌悪は影を潜め、実際的な必要性を骨子としてアイデアを策定しようとする、真摯な姿勢が見られるようになった」

ラムは建設業者や土木技師と緊密に連携し、建設地に合わせて、予算内かつ工期内に完了する設計を考案した。

「エンパイアステートの製図作成では、立地条件と建設、組立速度に設計を合わせることをつねに念頭に置いた」と彼は書いている。設計の施工性は綿密な検証によって確認された。「どんなに細かな指示も、まず建設の専門家によって徹底分析され、予想されるすべての遅延に対処できるように調整・変更されてからでなければ、通達されなかった」[13]

## 始まる前から「完成」していた

エンパイア・ステート会社は1931年に刊行された本の中で、次のように述べている。「建築家は、どの長さの梁《はり》が何本必要になるか、鋲やネジが何個必要になるかを、現場作業が始まる前に正確に知っていた。エンパイア・ステート・ビルに窓が何個取りつけられるか、石灰岩のブロックが何個使われるか、アルミとスチール、セメント、モルタルが何トン必要になるかを知っていた。**作業が始まる前から、エンパイア・ステートは図面上で完成していたのである**」[14]

最初のショベルカーがマンハッタンの土を掘り始めたのは、1930年3月17日。3000人を超える作業員が現場に投入され、建設は急ピッチで進んだ。まず鉄骨構造が組み上げられ、次に1階が完成した。それから2階、そして3階。新聞は工事の進捗を、ヤンキースのプレーオフ結果のように連日報じた。

作業員の学習が進み、現場が円滑に回り始めると、進捗は加速した。1週間に3階のペースで建設が進んだ。それが1週間に4階、4・5階になり、最盛期は1日に1階かそれ以上のペースで、上へ上へと伸びていった。[15]

ラムの共同経営者のリッチモンド・シュリーヴはこう語っている。「メインタワーの建設がたけなわの頃は、作業の精度が極度に高まり、14、15階分を実働10日で建てたこともあった——スチールやコンクリートや石を使ってだ[16]」

当時は自動車の量産工場の効率性が称賛された時代で、エンパイア・ステート・ビルの建設工程は、垂直の組立ラインをイメージして設計された——「ただし動くのは組立ラインのほうで、最終製品は動かなかったがね」とシュリーヴは語る。[17]

エンパイア・ステート・ビルは予定通り1931年5月1日に、ハーバート・フーヴァー大統領の臨席を得て正式に開業したとき、すでに地元だけでなく全米にもその名をとどろかせていた。圧倒的な高さと伝説的な効率性。そしてラムが効率を最優先したにもかかわらず、ビルはまごうことなく美しかった。

1931年には、効率重視の姿勢が無駄のない優美なデザインを生み出したとして、アメリカ建築家協会ニューヨーク支部から名誉メダルを受賞した。[18] そして1933年、ハリウッド映画で怪獣キングコングが魅惑的なヒロインのフェイ・レイをわしづかみにしながらこのビルをよじ登ったことで、その名声は世界に広く知られるところとなった。

エンパイア・ステート・ビルの建設費用は5000万ドルと見積もられた。実際の総工費は4100万ドル(2021年の6億7900万ドルに相当)と、予算を17%、2021年の金額で1億4100万ドルも下回った。建設が完了したのは開業式の数週間前である。

エンパイア・ステート・ビルのようなパターンを、私は**「ゆっくり考え、すばやく動く」**と名づけた。

本書のはじめに、「ビジョンを計画に落とし込み、首尾よく実現させるにはどうしたらいいのだろう?」と問いかけた。これから見ていくように、**「ゆっくり考え、すばやく動く」が、その答えになる。**

## 序章　〃夢のカリフォルニア〃

### ——ビッグアイデアの生死の境目



## 1章　ゆっくり考え、すばやく動く

### ——「じっくり計画」が成功の鍵

——大型プロジェクトの実績は想像以上にひどい。だが解決策はある。急がば回れだ。——

## 2章 本当にそれでいい？
### ——「早く決めたい」衝動に賢く抗う

もしプロジェクトでは「ゆっくり考え、すばやく動く」手法が賢明なアプローチなら、なぜ多くの人がその逆をしてしまうのだろう？　プロジェクトをとにかく早く始動させたいからだ。始動させることはもちろん必要だが、あなたが考えるようなやり方ではいけない。

## 3章 「根本」を明確にする

### ――目的がくっきり頭にあれば間違った道具は取らない

プロジェクトは結論ありきで始まることが多い。その「結論」は、具体的なテクノロジーの開発かもしれない。だが結論から始めてはいけない。プロジェクトを始めるときは、最も基本的な問いから始めよう――「なぜ?」

# 4章 ピクサー・プランニング
## ——アイデアは「灰色のモヤモヤ」から始まる

人間は何かを一発で成功させるのがとても苦手だ。その反面、工夫を重ねるのはとても得意。賢明な計画立案者は、人間のこの性質を踏まえて、試行と学習を何度もくり返す。ピクサーやフランク・ゲーリーのような方法で計画を立てるのだ。

## 5章 「経験」のパワー
### ——最初から「貯金」がある状態で始める

経験は何物にも代えがたいものだ。だがさまざまな理由から、経験は見過ごされ、軽視されることが多い。完全に誤解されたり、無視されることも。それを避ける方法を説明しよう。

## 6章 唯一無二のつもり？
### ――想像との「ズレ」をなくす

そう思っているなら、考え直したほうがいい。あなたのプロジェクトが「数ある中の1つ」だという認識を持つことが、正しい予測とリスク管理のカギになる。

# 7章 再現的クリエイティブ

## ——「創造はロマン」vs「創造は管理できる」

計画はプロジェクトを台無しにする、と言われる。自分の才能を信じ、計画など立てずに思い切って飛び込んだほうが、よい結果が得られるのだと。これはすばらしい心意気だし、その正しさを裏づけるすばらしい物語もある。だが、本当にそうなのだろうか?

# 8章 一丸チームですばやくつくる

## ——「一体感」で全員の士気を高める

ゆっくり考えて周到な計画と予測を立てることは重要だが、すばやく動いて実行するためには、強力なチームが欠かせない。立場も利害も異なる多様な人や組織を、連帯意識を持つ「チーム」にまとめ、同じ「実行」という目的に向かって進ませるには、どうしたらいいのだろう？

# 9章 スモールシング戦略

## ——小さいものを積み上げて巨大にする

小さいもの、つまり基本の構成要素を手に入れよう。あなたのほしいものができあがるまで、それをどんどん組み合わせる。この方法で、ソーラーセルがパネルになり、パネルがアレイになり、アレイがメガワット級のソーラーファームになる。

## 終章 「見事で凄いもの」を創る勝ち筋
### ——メガプロジェクト研究が導く11の経験則

装丁　三森健太（JUNGLE）
カバーイラスト　かざまりさ
DTP　天龍社
編集協力　株式会社鷗来堂
編集　梅田直希（サンマーク出版）

本文中の数字のルビは巻末の原註と対応している。
また、〔 〕は訳者による註を表す。

章

# 1 ゆっくり考え、すばやく動く

## ――「じっくり計画」が成功の鍵

大型プロジェクトの実績は想像以上にひどい。だが解決策はある。急がば回れだ。

デンマークは半島と東部の多くの島からなる国だ。デンマーク人は、古くから渡し船の運転や橋の建設を得意としていた。そのため、政府が1980年代末に「グレートベルト」プロジェクトを発表したのも、当然の成り行きと言えた。これは首都コペンハーゲンのあるデンマーク最大の島と、2番めに大きい島を2本の橋で結ぶという壮大な計画で、そのうちの1本は世界最長の吊り橋となる予定だった。

計画にはヨーロッパで2番めに長い鉄道用海底トンネルの建設も含まれ、デンマークの企業が工事を請け負った。これは興味深いことだった。なぜならデンマーク企業はトンネル掘削の経験がほとんどなかったからだ。

私はこのニュースを、橋やトンネルの建設に従事する父と一緒に見ていた。「馬鹿な話だ」と父は腹立たしげに言った。「あれだけ大きい穴を掘るのに、なんで経験者を雇わないのかね」

## 掘り出した途端、浸水した海底トンネル

プロジェクトは出だしからつまずいた。

まず4台の巨大なトンネル掘削機の納入が1年遅れた。次に、掘削機を地中に入れたとたん、機械の欠陥が発覚して設計変更が必要になり、さらに5か月の遅延が生じた。そしてようやく、掘削機は海底をゆっくり掘り始めた。

海上では橋の建設業者が、海底の土砂を取り除くための巨大な浚渫《しゅんせつ》船を配置して、現場の準備を整えた。[1] 作業中は船を固定するために太い支持脚が海底に降ろされた。作業が終わり支持脚を引き上げると、海底に深い穴が残り、そのうちの1つは偶然にもトンネルの進路上に空いていた。だがその時点では橋の建設業者もトンネルの掘削業者も、その危険性に気づいていなかった。

掘削開始から数週間後のある日、4台の掘削機のうちの1台を停止して、点検作業をしていた。現場は沖合約250メートル、水深約10メートルの海底だ。すると、掘削機の前方から水が浸入してきたので、掘削に不慣れな作業員が、水を汲み出すポンプを持ってきて、マンホールからケーブルを引き込んで機械につないだ。そのとき突然、トンネル内に大量の海水が流れ込んできた。水の勢いからして、トンネルのどこかに穴が開いたのは明らかだった。作業員は直ちに退避させられ、ポンプやケーブルを取り外してマンホールを閉じる暇もなかった。

その結果、穴から入った海水が、掘削機とトンネル全体を冠水させただけでなく、開いたマンホールを通って並行する別のトンネルとその中の掘削機までをも水浸しにしてしまったのだ。

幸い死傷者は出なかったが、トンネルに流入した塩水は酸のように金属や電子機器を溶かした。私は当時プロジェクトの技術者に直接聞いたのだが、掘削機を取り出して、トンネルの水を抜き、穴をふさぐよりも、トンネルを放棄して一からすべてをやり直すほうが安くすんだという。だがその案は、体面が悪過ぎるとして政治家に却下された。案の定、プロジェクトは工期と予算を大幅に超過した。

こんな物語は大型プロジェクトの歴史では珍しくもない。だがこの事件は、私自身がある大型プロジェクトを手がけるきっかけになったのだ。

そのプロジェクトとは、「大型プロジェクトのデータベース構築」である。データベースは今も拡大を続け、現時点でこの種のデータベースとしては世界最大を誇る。

このデータベースは、プロジェクトを成功させるために何が必要か、必要でないのか、どうすればプロジェクトを改善できるかについて、多くのことを教えてくれる。

## 人は危険なほど「楽観的」になる――120%が29%になる

浸水事故からの復旧を経て、グレートベルト橋とトンネルはようやく完成したが、プロジェクトが予算を大幅に超過したことは誰の目にも明らかだった。だが、正確にどれだけ超過したのだろう?

プロジェクト運営者は、超過率はプロジェクト全体で29%だと発表した。私がデータを掘り下げて独自に分析したところ、この数字は控えめにみても楽観的と言わざるを得なかった。私の計算では、実際の超過率はプロジェクト全体で55%、トンネル単体では120%と出た(これらは最終投資決定時の見積もりを基準とした、実質ベースの控えめな数字である）。それでも運営者は29％という数字を公の場でくり返し、私はそのたび訂正を求めた。とうとう運営者は世論調査を実施し、私の数字が世論に支持されていることを知って引き下がった。その後の国の監査で私の数字が裏づけられ、論争はようやく決着した。[2]

この経験から私が得た教訓は、メガプロジェクト管理で使われる数字が、ワシントン大学公共問題学教授ウォルター・ウィリアムズの言う、「正直な数字」とは限らない、ということである。[3]

プロジェクトが成功したかどうかの判断は、単純に見えて実はとても難しい。どんな大型プロジェクトでも、さまざまな段階でさまざまな当事者がさまざまな数字を山ほど発表する。その中から正しい数字、妥当で信頼できる数字を探し当てるには、相当なスキルと労力を要する。数字に慣れている研究者でさえ、判断を間違うことがある。[4]

そのうえ大型プロジェクトにつきものの大金と評判、政治が、ことをさらに複雑にする。利害関係者は数字を都合よく操作する。それは不正ではない。いや、普通は不正ではない。たんに怠惰な人間の性質のなせるわざだ。膨大な数字の中から正しいものを探し当てるより、数字を都合よく操作したほうがずっと楽なのだ。

## 「先のこと」となるときちんと予測できない

これは深刻な問題である。プロジェクトは、「一定の期日までに、一定のコストで完成させ、一定の便益（たとえば収益、コスト削減、乗客数、発電量など）をもたらす」という約束の下で実行される。

では、プロジェクトが約束通りに実現する確率はどれくらいあるのだろう？　これ以上ないほど単純な質問だ。だが驚いたことに、私が1990年代に研究を始めた当時、それに答えられる人は1人もいなかった。データは収集も分析もされていなかった。

当時は予算が10億ドルを超えるプロジェクトが、「メガプロジェクト」と呼ばれ始めていた時代だ。巨大なプロジェクトに累計何兆ドルもの資金がつぎ込まれていたことを考えると、実に不可解なことだった。

私たちのデータベースは、輸送プロジェクトから始まった。ニューヨークのホランド・トンネルや、サンフランシスコの公営高速鉄道（BART）システム、ヨーロッパの英仏海峡トンネル、それに20世紀に建造された橋やトンネル、高速道路、鉄道。

5年かけて、チームとともにこれら258件のプロジェクトを分析し、この種のものとしては世界最大のデータベースを構築することができた。[5] とうとう2002年に数字を発表し始めると、大きな波紋が広がった。[6] なぜならそれは前例のない試みだったし、何よりデータによって悲惨な実態が明らかになったからだ。

**「1910年から1998年までに実施されたプロジェクトのコスト見積もりは、最終コストを平均28%も下回っていた」**と、ニューヨーク・タイムズが私たちの調査結果を要約して報じている。「誤差が最も大きかったのは鉄道プロジェクトで、実際のコストは見積もりを(インフレ調整後の数字で)平均45%も超過した。橋・トンネルの超過率は34%、道路は20%。**見積もりの9割が、実際のコストより低かった**」。[7] 工期と便益の誤差も同じくらいひどいものだった。

しかも、これらは控えめな解釈だ。測定方法を変えて、より早い段階の数字を用い、インフレを考慮すれば、さらにひどいことになる。[8]

そんな折、世界的コンサルティング会社のマッキンゼーから、ITプロジェクトのデータ分析で協力してほしいとの依頼があった。

マッキンゼーの研究員は、最大で100億ドル規模の超大型ITプロジェクトを調べ始めたところだったが、暫定的な分析結果があまりにも悲惨なのを見て、「いくら輸送プロジェクトがひどいと言っても、ITプロジェクトの比ではないですよ」と言ってきた。

私は笑った。ITがそこまでひどいはずがないと思ったのだ。だがマッキンゼーと共同調査を行った結果、実際にITプロジェクトの実態が輸送プロジェクトに輪をかけてひどいことが判明した。**とはいえ、「予算超過、工期遅延、便益過小」というパターンは、大まかには同じだった。**

これは衝撃的な発見だった。たとえば、橋やトンネルを想像してほしい。次に、アメリカ政府の医療保険サイト、HealthCare.govを思い浮かべてみよう。これは医療保険制度改革、通称「オバマケア」が提供する医療保険の登録サイトだが、開設直後からシステム障害が相次いだ。あるいは、イギリス国民健康保険（ＮＨＳ）のＩＴシステムを想像してほしい。

こうしたＩＴプロジェクトは、鉄骨ではなくプログラミングコードでできていて、輸送インフラとはあらゆる点でかけ離れているように見える。なのに、なぜどちらも予算超過、工期遅延、便益過小という、統計的に非常に類似した結果を示しているのだろう？

続いて私たちはオリンピックをはじめとする「メガイベント」を分析したが、やはり同様の結果が出た。巨大ダム？　同じだ。ロケット？　防衛？　原子力発電？　どれも同じだった。石油・ガス、採掘プロジェクトもそうだ。そのうえ、美術館やコンサートホール、高層ビルの建設のようなごく一般的なプロジェクトまでもが、このパターンに当てはまった。私は驚いてしまった。[10]

しかも、これは特定の国や地域に限ったことではなかった。**世界中どこでも同じパターンが見られた。**[11]効率性で知られるドイツにさえ、目を覆いたくなるようなコスト膨張や無駄の事例がある。たとえばベルリンのブランデンブルク新空港は、予算を数十億ユーロ超過して、予定より数年遅れの2020年10月に開業し、わずか1年後に倒産の危機に陥った。[12]

精密時計と時間に正確な鉄道で知られるスイスさえ、お粗末なプロジェクトの例には事欠かない。たとえばスイスアルプスのレッチュベルク基底トンネルは完成が遅れ、予算の2倍のコストがかかった。

## 「予算超過、期間延長、便益過小」のくり返し

あまりにも明確なこのパターンを、私は「メガプロジェクトの鉄則」と名づけた――予

算超過、工期遅延、便益過小のくり返し、である。[13]

メガプロジェクトの鉄則は、ニュートン力学の法則のような、同じ原因が同じ結果を生むという意味での「法則」ではない。私が研究するのは人間だ。社会科学でいう「法則」は、確率的な法則である（自然科学にも確率的な法則はあるが、アイザック・ニュートンはあまり関心を払わなかった）。大型プロジェクトが予算と工期をオーバーし、便益が期待を下回る確率は非常に高く、その信頼性は高い。

２５８件のプロジェクトから始まったデータベースは、今では南極を除く全大陸１３６か国の20種超の計１万６０００件を超えるプロジェクトを収録し、その数は今も増え続けている。

あとで紹介するように、最近のデータには、小さいが重要な新傾向が見られるが、大まかな構図は変わらない。予算内・工期内に完了するプロジェクトは、全体の8・5％に過ぎない。**予算・工期・便益の3点ともクリアするプロジェクトは、わずか0・5％**だ。

言い換えれば、91・5％のプロジェクトが、予算か工期、またはその両方をオーバーする。そして99・5％のプロジェクトが、予算超過か工期遅延、便益過小、またはそれらの組み合わせに終わる。約束通りに実現するプロジェクトは当たり前か、せめて一般的であってほしい。だがそうなるプロジェクトはほとんどない。

**メガプロジェクトの鉄則:**
*「予算超過、工期遅延、便益過小のくり返し」*

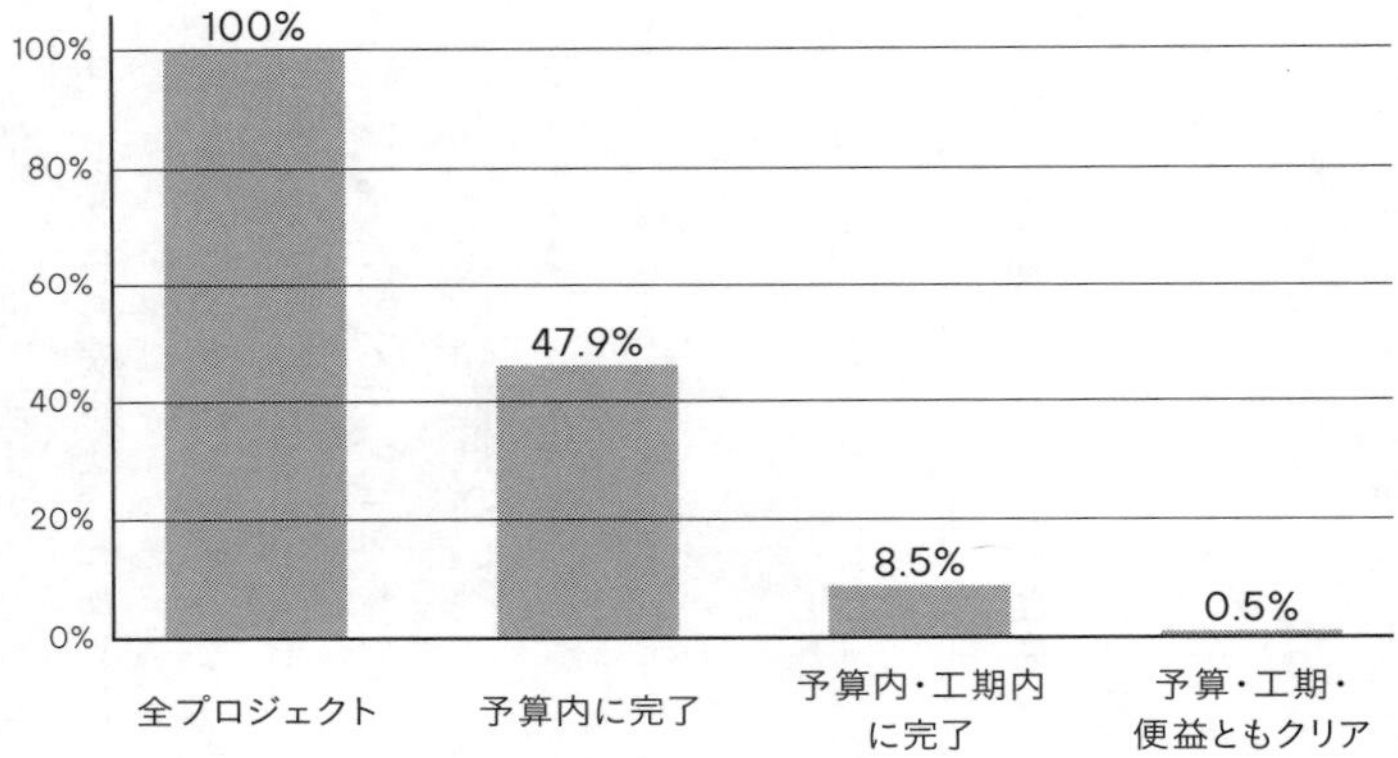


メガプロジェクトの鉄則を図で表すと、上のようになる。

そして、予算、工期、便益の3拍子揃った0・5%のプロジェクトは、この図では肉眼でほとんど見えない。この実績のひどさはいくら強調しても足りないほどだ。

大型プロジェクトを検討している人にとって、これは憂慮すべき問題である。だが、これらの数字は陰鬱とはいえ、全貌を伝えてはいない——**実態はこれよりはるかにひどいのだ。**

## 「計画にゆとりを持たせる」の暗愚

私の経験から言うと、ほとんどの人が、

予算と工期の超過が一般的だということは知っている。だがそれが「どれだけ一般的なのか」は知らず、私の数字を見てショックを受ける。

とはいえ、大型プロジェクトの運営では、超過（とくにコスト超過）を考慮に入れて対策を講じなくてはならないことは、ほとんどの人が間違いなく知っている。よくある対策は、予算に「ゆとり」を持たせることだ。必要にならないことを願いながらも、万一に備える。そのゆとりはどれくらい取ればよいのだろう？　典型的には10％から15％の予備費が計上されることが多い。

たとえば、あなたがとくに用心深い人だとしよう。あなたは大型ビルの建設を計画し、20％の予備費を計上して、不測の事態に対応できるつもりでいる。だがその後あなたは私の研究を読んで、ビル建設プロジェクトのコスト超過率が平均62％であることを知った。

これは心臓が止まるような、下手するとプロジェクト自体が止まってしまうような数字だ。さいわいあなたのスポンサーは、このリスクに応じた予備費の計上を了承し、プロジェクトにゴーサインを出した。今や予算には、62％もの予備費が組み込まれた。現実世界ではそんなことはほぼ許されないが、あなたは数少ない幸運な1人だ。

では、これで安心と言えるだろうか？　答えはノーだ。**実際、これでもまだリスクを大**

**幅に過小評価している。**

なぜならあなたは、コストが予算を超過するとしても、超過率はせいぜい平均の62％程度だと仮定しているからだ。なぜそう仮定したのか？

コスト超過率が、よくある釣り鐘型《ベルカーブ》の「正規分布」に従うのであれば、この仮定は正しい。サンプリングや平均、標準偏差、大数の法則といった統計学的手法の多くは、正規分布を前提としている。正規分布の考え方は文化や人々の意識にまで浸透し、私たちはこれをもとに直感的にリスクを把握する。正規分布では数値の大半が中央に集中し、「裾（テール）」と呼ばれる分布の両端には、極端な外れ値はほとんどまたはまったく存在しない。こうした分布は「裾の薄い（シンテール）」分布と呼ばれる。

一例として、人間の身長は正規分布に従う。住んでいる場所にもよるが、ほとんどの成人男性の身長は175センチ近辺に集中し、世界一背が高い人でもその1・6倍程度でしかない。[14]

だが正規分布は唯一の確率分布ではないし、最も一般的な分布ですらない。だからその意味では「正規」ではない。確率分布には、極端な外れ値がずっと多く裾の厚い、「**ファットテール**」と呼ばれるものもある。

## プロジェクトが吹っ飛ぶ――コストオーバーが「ファット」になる

たとえば富の分布はファットテールだ。これを書いている今、世界一の大富豪は平均的な人の313万4707倍もの資産を持っている。もし人間の身長が人間の富と同じ分布を持つとすれば、世界一背の高い人の身長は、平均的な人の1・6倍どころか、国際宇宙ステーション（地上400キロ）の13倍もの高さの5329キロになってしまう。[15]

そんなわけで、私たちにとって重大な問題は、「プロジェクトの結果は正規分布に従うのか、それともファットテール分布なのか？」である。私のデータベースによると、**ITプロジェクトはファットテール**だ。ITプロジェクトの18％で、実質ベースのコスト超過率が50％を超える。そしてコスト超過率の平均値は448％だ！　しかもこれは平均でしかないから、裾に含まれるITプロジェクトの多くで、それをはるかに上回る超過が発生していることになる。つまり、ITプロジェクトは正真正銘のファットテールである。[16]

核廃棄物貯蔵プロジェクトも同様だ。オリンピックもそうだ。原子力発電も。大型水力発電ダム、空港、防衛、大型ビル、航空宇宙、トンネル、採掘、高速鉄道、都市鉄道、在来鉄道、橋、石油、ガス、水関連のプロジェクトのすべてがそうである（くわしくは付録A

を参照してほしい）。

実際、ほとんどのプロジェクトタイプがファットテール分布に従う。裾がどれだけ「厚い」のか、つまりどれだけの割合のプロジェクトが極端な結果に終わるのか、そしてその場合の極端が「どれだけ」極端なのかは、タイプによって異なる。今挙げた例は、裾が最も厚いものから最も薄い（それでも十分厚い）ものまで――つまり恐ろしいほどのコスト超過が発生するリスクが最も高いものから最も低い（それでも十分高い）ものまで――順に並んでいる。[17]

ファットテールではないプロジェクトも、少数だが確実に存在する。これは重要な事実だ。これがどういう意味を持つのか、そしてこの事実をどう活用するかは、9章で説明しよう。

だがさしあたっては、次の単純明快な恐ろしい教訓をかみしめてほしい。ほとんどの大型プロジェクトは、ただ計画通り実現しないリスクがあるだけではないし、ただ大失敗に終わるリスクがあるだけでもない。**破滅的な失敗に終わるリスクがあるのだ。**

それはなぜかと言えば、リスクそれ自体がファットテールを持つからだ。そう考えると、プロジェクトマネジメントの論文に、プロジェクトリスクのファットテール性を体系的に分析したものがほとんどないのは実に不可解なことだ。

プロジェクトがファットテールで終わるとは、実際にはどういうことをいうのだろう？「ビッグ・ディグ」の愛称で知られる、ボストンの高架高速道路の地下化プロジェクトがその典型例だ。

ボストン市はこのプロジェクトを１９９１年に開始したが、その後の16年にわたって遅延に悩まされ、予算の3倍ものコストを費やす羽目になった。またＮＡＳＡのジェームズ・ウェッブ宇宙望遠鏡は、現在地球から約１６０万キロ離れた地点にあるが、工期12年の予定が19年を要し、最終コストは予算を４５０％オーバーする88億ドルに上った。カナダの銃器登録ＩＴ化プロジェクトは予算を５９０％超過し、スコットランド議会議事堂は予定より3年遅れて２００４年に開所し、コスト超過率はバグパイプも吹っ飛ぶ９７８％だった。

## 想定外が「予想通り」起きる

ナシーム・ニコラス・タレブはよく知られているように、めったに起こらないが、起これば甚大な影響をおよぼす事象を「ブラックスワン」と呼んだ。今挙げたような破滅的結果に終わるプロジェクトは、関係者のキャリアを破壊し、会社を破綻させるといった、さまざまな悪影響をおよぼすことがある。こうしたプロジェクトは間違いなくブラックスワンに相当する。

ブラックスワン的結果が小売大手Kマートに与えた影響を考えてみよう。

Kマートは2000年、ウォルマートとターゲットからの競争圧力に対抗するために、2つの大型ITプロジェクトに着手したが、コストがかさみ、それが直接の引き金となって2002年に破産申請した。[18] また、別のITプロジェクトの大失敗が、世界的なジーンズメーカー、リーバイ・ストラウスに与えた影響はどうだろう？ プロジェクトの当初予算は500万ドルだったが、損失は2億ドルに膨らみ、CIOは追放された。[19]

さらにひどい目に遭った企業幹部もいる。サウスカロライナ州の原子力発電所建設プロジェクトでは、トラブルにより工期に大幅な遅れが生じた。担当した建設会社のCEOは、司法省の2021年のプレスリリースによれば、「プロジェクトを継続させるために」当局から情報を隠蔽したとして、連邦刑務所での2年の懲役と520万ドルの罰金を科された。[20]

このようにブラックスワン的結果は、プロジェクトにも、それを率いる人たちにも重大な影響を与える。

企業幹部や政府高官ではない人や、ごく小規模なプロジェクトを運営する人は、こういう話を聞いても、「自分には当てはまらない」と思いたくなるかもしれない。

だがそう思ってはいけない。**私のデータによれば、小型プロジェクトもファットテールを免れない。**また、自然物であれ人工物であれ、複雑系〔各構成要素が相互に作用し合い、全体として機能するシステム〕の内部では、**正規分布よりファットテール分布のほうが典型的**だ。そして私たちの住環境や労働環境は、ますます複雑性と相互依存性を増している。

都市は複雑系だ。市場も複雑系だ。エネルギーの生産・流通もそうだ。製造、輸送、金融、ウイルス、気候変動、グローバリゼーション等々、挙げればキリがない。もしあなたのプロジェクトが野心的で、多くの人や要素が関わっているなら、それは間違いなく複雑系に組み込まれている。

この特徴はあらゆる規模とタイプのプロジェクトに当てはまり、個人の住宅リフォームもけっして例外ではない。

数年前のこと、イギリス・BBCの歴史的建造物の改修に関する番組で、あるロンドンの夫婦が取り上げられた。夫婦は田舎の古民家を購入し、業者から全面リフォームの見積もりを取ったところ26万ドルと言われ、その金額で契約を結んだ。

18か月後、プロジェクトはまだ完了にはほど遠い状態で、夫婦はすでに130万ドルもの金額を費やしていた。[21] これはファットテール分布によく見られるコスト超過だ。そしてもちろん、これは異例でも何でもない。3章ではNYブルックリンでのリフォームが制御不能に陥り、不運で不用意な家主が破滅的なコスト超過を被った事例を紹介しよう。

このロンドンの夫婦は、リフォームにお金をつぎ込み続けられるほど裕福だったと見える。同様に、大企業であればプロジェクトが暴走しても、借入を増やして対応できるかもしれない。政府なら債券発行や増税という手もある。

だが私たち一般人や中小企業は、莫大な富も持たず、債券発行や増税もできないから、プロジェクトがファットテールに突き進めば破綻するしかない。だからこそ、大企業幹部や政府高官などよりも、さらに真剣に危険を受け止める必要があるのだ。

そのためにはまず、プロジェクトが失敗する原因を理解しなくてはならない。

## 破滅の窓――「長い取り組み」が成功を蝕む

前に述べた、私のデータベースが明らかにしたパターンが、強力な手がかりになる。**失敗するプロジェクトはズルズル長引きがちだが、成功するプロジェクトはスイスイ進んで**

**完了する。**

なぜだろう？　プロジェクト期間を「**開いた窓**」と考えるとわかりやすい。**期間が長くなればなるほど、窓は大きく開く。そして窓が大きく開けば開くほど、大きく邪悪なブラックスワンが窓から飛び込んできてトラブルを起こすリスクも増大する。**

どんなものがブラックスワンになるのだろう？　ほとんど何でもだ。たとえばそれは、選挙の番狂わせや株価大暴落、パンデミックなどの、衝撃的なできごとかもしれない。２０２０年1月に新型コロナが発生すると、２０２０年東京オリンピックから００７映画「ノー・タイム・トゥ・ダイ」まで、世界中のあらゆるプロジェクトが遅延、延期、中止となった。この種のできごとが1日やひと月、1年に起こる確率はきわめて低いかもしれない。だがプロジェクトの実施決定から完了までの期間が長くなればなるほど、確率は上がっていく。

これらの事例では、低確率だが恐ろしいブラックスワンそのものが、プロジェクトを大きく揺るがし、ブラックスワン的結果を招いた。つまり破滅の窓を割って飛び込んでくるブラックスワンそれ自体が、ブラックスワン的結果を生んだということだ。

だがプロジェクトを打ちのめし、葬り去るのは、なにもブラックスワンのような衝撃的事件だけとは限らない。ありふれたできごとがそうした結果を招くこともある。たとえば、将来有望な政治家の伝記が売れるかどうかは、刊行時にその政治家が活躍し続けているかどうかにかかっている。これに水を差すできごとはいくらでもある。スキャンダルや落選、病気、死。政治に飽きて別の仕事に鞍替えするといった単純なことでさえ、プロジェクトを台無しにする。ここでもやはり、プロジェクトの実施決定から完了までの期間が長くなればなるほど、こうしたできごとが起こる確率は高くなる。ささいなできごとでも、めぐり合わせが悪ければ壊滅的な結果を招くことがあるのだ。

世界中の人々にとって、エジプトの砂漠の「突風」ほどありふれたできごともないだろう。だが2021年3月23日、スエズ運河の巨大コンテナ船エヴァーギヴンの船首に吹きつけて座礁を引き起こしたのは、まずい状況で起こった突風だった。船は6日間も運河をふさぎ、数百隻の船舶の往来を遮断して、世界貿易に1日当たり100億ドルの損失をもたらし、世界中のサプライチェーンを震撼させた。[22] サプライチェーンのトラブルに悩まされた人々やプロジェクトは気づかなかったかもしれないが、そもそもの原因は、遠い砂漠の突風だった。[23]

複雑系の研究者ならこのとき起こったことを、「システムのさまざまな部分（風、運河、船、サプライチェーンなど）の動的な相互依存性が、強力な非線形的反応と増幅を引き起こした」

と説明するかもしれない。やさしく言い換えると、**小さな変化が組み合わさって大惨事をもたらした**、ということになる。

複雑系ではこれがごく頻繁に起こるため、イェール大学の社会学者チャールズ・ペローはそうした事象を「**ノーマルアクシデント（起こるべくして起こる事故）**」と呼んだ。[24]

## 「窓」を早く閉める

複雑性と相互依存性が増している現代世界では、ノーマルアクシデントが起こる確率が高まっているが、それは今に始まったことではない。中世のことわざにも、「釘が抜けて蹄鉄が外れ、蹄鉄が外れて馬が倒れ、馬が倒れて乗り手が死に、乗り手が死んで戦《いくさ》に負け、戦に負けて国が滅んだ」とある（このほかにもいろいろなバージョンがある）。

ベンジャミン・フランクリンは1758年の著書でこのことわざを紹介し、「わずかな怠《おこた》りが大きな災いを招くことがある」と警告した。

ここでのキーワードは、「**ことがある**」だ。ほとんどの場合、釘が抜けても災いは起こらない。こういったできごとがいくつか重なれば、多少困ったことになるかもしれないが、せいぜい馬1頭や騎士1人を失う程度だろう。だがめぐり合わせが悪ければ、抜けた釘が大惨事を引き起こしかねない。

劇的なものであれ、ありきたりでささいなものであれ、どんなできごともプロジェクトを揺るがし、破滅に至らせることがある——もしもそれがプロジェクト実施中の、窓が開いている間に起これば。

対策は何か？ **窓を閉めよう。**

もちろんプロジェクトは瞬時には終わらないから、窓を閉めっぱなしというわけにはいかない。だが、スピードアップしてさっさと終わらせれば、窓が開いている時間を劇的に短縮することができる。これは、あらゆるプロジェクトでリスクを下げる主要手段である。

ひとことで言えば、**短く収めよう！**

## 「厳しい期限」は間違っている

プロジェクトをできるだけ早く終わらせるにはどうしたらいいのだろう？

パッと頭に浮かぶ最も一般的な方法は、厳しい期限を設け、速攻で開始し、関係者全員を猛烈に働かせることだろう。やる気と意欲がカギだ。経験的に2年かかりそうなプロジェクトを、1年で終えると宣言する。プロジェクトに精魂傾け、日夜邁進する。部下を厳しく管理し、早くやれとハッパをかけ、ローマのガレー船の出航を知らせる銅鑼《ドラ》のごとく尻をたたき続ける。

**これはよくある方法だが、間違っている。**デンマークのコペンハーゲンには、それを物語るモニュメントがある。

デンマーク王立歌劇団の本拠であるコペンハーゲン・オペラハウスは、この国の巨大海運会社マースクの創業者、アーノルド・マースク・マッキニー・モラーのビジョンから生まれた。1990年代末、モラーは90年近い人生を振り返り、自分の足跡を目に見えるかたちで後世に伝えたいと考えた。そのために、港に面した目立つ場所に立派な建造物を建てることにし、できるだけ早急に完成させることを望んだ。

開所式にデンマーク女王の臨席を賜り、人生の晴れ舞台にしたかった。建築家のヘニング・ラーセンに工期を訊ねると、5年という答えが返ってきた。「4年で頼むぞ！」とモラーは言い渡した。[25] 銅鑼が激しく打ち鳴らされ、期限は守られた。2005年1月15日、モラーは女王とともに開所式に出席した。

だが急がせたツケは大きかった。それも、コスト超過だけではない。建築家のラーセンは建物のできばえに驚愕し、汚名をそそぐために、彼が「霊廟《れいびょう》」と揶揄した不可解な構造を弁明する本を書いたほどだ。
ことわざに言うように、**「急ぎは無駄を生む」**のだ。

オペラハウスが払ったツケは、この種の突貫工事の代償としてはまだましなほうだった。2021年にメキシコシティで起こった地下鉄高架橋崩落事故は、その後に行われた3つの独立調査により、性急でずさんな工事が原因だったことが判明した。
市の依頼で調査を行ったノルウェーの会社は、この悲劇が「建設工程の不備」によって引き起こされたという結論に達し、市の司法長官による報告書でもこれが確認された。[26]ニューヨーク・タイムズも独自調査を行い、強力な市長の在任中に橋を完成させるために、市が工事を急がせたことが主な原因と断定した。「完成を急ぐあまり、全体計画が確定する前に工事が開始され、最初から欠陥だらけの地下鉄線が生まれた」と同紙は結論づけている。[27]高架橋崩落は26人の命を奪った。急ぎは無駄だけでなく、悲劇も生むのだ。

## もっと「前」に時間をかける

プロジェクトをすばやく完遂するための正しい方法を理解するために、プロジェクトが

2つのフェーズに分かれていると考えてほしい。

かなり単純化した説明だが、そう考えるとわかりやすい。最初のフェーズが「計画(プランニング)」、次が「実行(デリバリー)」だ。呼び方は業界によってまちまちで、映画業界では「開発」と「制作」、建設業界では「設計」と「建設」などと呼ばれる。だが基本の考え方はどこも同じだ。**まず考え、それから動く。**

プロジェクトはビジョンから始まる。ビジョンはプロジェクトの漠然とした完成イメージでしかない。計画フェーズではただのビジョンを、信頼性の高い実行のロードマップとなる、徹底的に調査、分析、検証された詳細な計画に変えなくてはならない。

ほとんどの場合、計画はコンピュータや紙、物理的な模型を使って立てられるから、このフェーズはそれほどコストがかからず、リスクも少ない。**余裕があれば、計画にたっぷり時間をかけても問題ない。**しかし、実行となると話は別だ。実行フェーズでは大金が投入されるため、プロジェクトがリスクにさらされやすくなる。

たとえば、新型コロナの感染拡大が始まろうとする2020年2月に、ハリウッドの監督が実写映画に取り組んでいたとしよう。このプロジェクトはどれだけの損害を被るだろう?　それはプロジェクトがどの段階にあるかによって異なる。

もし脚本を書き、絵コンテを切り、ロケ撮影の予定を立てている段階なら、パンデミックは問題だが、災難ではない。実際、コロナ禍でもほとんどの作業が継続されるだろう。だが、もしパンデミックが勃発したときに、監督が100人のクルーを引き連れて、ニューヨークの街角でギャラの高い映画スターの撮影を行っていたら？　あるいは、映画が完成し、劇場公開をひと月後に控えているときにコロナ禍が始まり、映画館が休館になったら？　その場合は問題ではなく、災難になる。

**計画フェーズは安全な港で、実行フェーズは荒波での航海だ。**だからこそ、伝説的映画スタジオのピクサーでは、「監督は映画の開発フェーズに何年もかけることを許されている」と、共同創業者のエド・キャットムルは言う。ピクサーは「トイ・ストーリー」に始まり、「ファインディング・ニモ」や「Ｍｒ．インクレディブル」「ソウルフル・ワールド」などの時代を代表するアニメーション映画を制作してきた。

もちろん、アイデアを開発し、脚本を書き、絵コンテを描き、それを何度となくくり返すことにも、コストはかかる。だがこの段階であれば、「試行錯誤のコストは少額ですむ」[28]。

この膨大で緻密な作業のおかげで、奥深く詳細で精緻で確実な計画ができあがる。ここでしっかり仕事をしておけば、制作フェーズに入ってからの作業はわりあい円滑、迅速に進む。これは大事なことだとキャットムルは強調する。なぜなら制作に入ると「コストが一気に膨らむ」からだ。

計画をゆっくり進めるのは、ただ安全なだけでなく、優れた方法でもあると、ピクサーの監督たちは指摘する。なにしろアイデア開発やイノベーションは時間のかかるプロセスだし、さまざまな手法やアプローチを取った場合の影響を検討することには、もっと時間がかかるのだから。複雑な問題をひもとき、解決策を考え、それを検証するのには、さらに時間がかかる。**計画を立てるためには考える必要があるが、創造的で多面的で注意深い思考は、ゆっくりとしたプロセスなのだ。**

エイブラハム・リンカーンは、「木を切る時間が5分あったら、最初の3分は斧を研ぐのに使いたい」と言った。[29] これが、大型プロジェクトにふさわしいアプローチだ。円滑で迅速な実行を確保するために、計画立案に思慮と労力を注ごう。

ゆっくり考え、すばやく動く――これが成功のカギだ。

「ゆっくり考え、すばやく動く」は、今に始まった考え方ではない。たとえば1931年に急ピッチで進められたエンパイア・ステート・ビルの建設は、まさにこのアイデアを体現していた。それに、少なくともローマ時代には存在していたと言える。ローマ帝国の偉大な初代皇帝カエサル・アウグストゥスは、「ゆっくり急げ」を座右の銘にしていた。

だがたいていの大型プロジェクトは、「ゆっくり考え、すばやく動く」方式で進められることはない。「すばやく考え、ゆっくり動く」方式が一般的だ。そしてそれがどういう結果を生むかは、大型プロジェクトの実績にはっきり表れている。

## うまくいかなくなるのではない、最初からうまくいっていない

本書のこれからの流れを示す前に、カリフォルニア高速鉄道に話を戻そう。

有権者の承認を得て建設が開始した時点で、「計画」のように見える文書や数字はたくさんあった。だが輸送プロジェクトの専門家で、州議会が招集したカリフォルニア高速鉄道内部検討グループの座長を務めるルイス・トンプソンは、プロジェクトの実行開始時にあったのは、せいぜい「ビジョン」や「願望」に過ぎなかったと指摘する。[30] 実行フェーズに入ったとたん問題が噴出し、工事が遅々として進まなくなったのも無理はない。

残念だが、これが典型的なパターンだ。プロジェクトというプロジェクトが、形だけの性急な計画立案を経て、すばやく始動する。**計画が実行に移されるのを見て、誰もが満足する。だが計画フェーズで見過ごされ真剣に検討されなかった問題がすぐに露呈し、急い**

**で事態の収拾に奔走する。するとまた別の問題が発生し、さらに奔走する。**

私はこれを「故障と修理のループ」と呼んでいる。このループに陥ったプロジェクトは、タールの沼から這い上がろうともがくマンモスに似ている。

プロジェクトが「うまくいかなくなる」と言うが、この言い方には語弊がある。**プロジェクトはうまくいかなくなるのではない。最初からうまくいっていないのだ。**

ここで重大な疑問が湧いてくる。「ゆっくり考え、すばやく動く」が賢明なアプローチなら、なぜ大型プロジェクトのリーダーはその逆のことをやってしまうのだろう？　この問いへの答えは次の2章で示したい。

3章では、「すばやく考え、ゆっくり動く」の沼に陥らずにプロジェクトを始動させる方法を説明する。

計画立案とはフローチャートを埋めることだと誤解している人が多い。そして、実際にそれですまされることがとても多い。だがそんなことではいけない。4章では、「ピクサー・プランニング」と私が呼ぶ方法をくわしく見ていこう。これは映画スタジオのピクサーが実践する手法で、シミュレーションと試行錯誤の反復により、創造的で緻密、詳細、確実な計画を立て、円滑で迅速な実行を確保する方法をいう。だが本書では「ピクサー・

プランニング」の用語と手法を、ピクサーで行われているものに限らず、有効性が実証された計画、つまり「計画という名に恥じない計画」を立案するためのあらゆる手法を指すものとする。

5章では、大型プロジェクトの計画立案と実行において、経験が果たす重要な役割を説明する。いやむしろ、経験がこれほどまでに軽視、誤解、無視されていなければ果たせる「はずの」役割、と言ったほうがいいかもしれない。

6章では、予測について考える。プロジェクトにはどれだけの時間とコストがかかるのか？　最初に間違った予測を立ててしまうと、失敗は免れない。さいわい、解決策はある。そしてそれは意外なほど簡単な方法だ。

計画立案に重点を置くこのアプローチに反対する人もいるだろう。大型プロジェクト、とくにクリエイティブな映画や芸術的建築作品、革新的ソフトウェアなどのプロジェクトでは、思い切って飛び込み、とにもかくにも始動させ、困難を創造性で乗り越えるほうがよい結果が出る、という考えがある。7章ではこの手法の成功例とされるものを検証し、**それが完全に間違っている**ことを、データによって示したい。

だがどんなにすばらしい計画も、それを実行に移す強固なチームがいなければ成功しない。8章では、ある巨大プロジェクトが、利害の異なる数百社を束ねて、一致団結した果敢で強力なチームをつくり、予算内、工期内に、期待された便益を実現した例を見ていこう。

9章では、それまでの章のテーマを踏まえて、「モジュール性」というコンセプトを紹介する。モジュール性は莫大な可能性を秘めている。ウェディングケーキから地下鉄までの多種多様なプロジェクトのコスト削減、品質向上、工期短縮に役立つだけでなく、インフラの建設方法を一新させ、地球を気候変動から守ることさえできるのだ。

だがその前に、「なぜプロジェクトは性急に開始されることが多いのか」という疑問に答えなくてはならない。そこで、ある急ぎすぎた男の物語を、そして彼がアメリカの絶景を台無しにしかけたいきさつを語ろう。

2章

# 本当にそれでいい？

## ――「早く決めたい」衝動に賢く抗う

もし大型プロジェクトでは「ゆっくり考え、すばやく動く」手法が賢明なアプローチだというのなら、なぜ多くの人がその逆をしてしまうのだろう？　プロジェクトをとにかく早く始動させたいからだ。始動させることはもちろん必要だが、あなたが考えるようなやり方ではいけない。

1941年7月当時、アメリカ合衆国は第二次世界大戦に参戦していない最後の大国だった。だがこの状態がいつまでも続くとは考えられていなかった。

大統領フランクリン・デラノ・ローズヴェルトは国家緊急事態を宣言し、アメリカの小規模な平時軍を拡大して、ヨーロッパと太平洋地域でのファシズムとの戦いに耐える巨大な軍隊に変えようとしていた。

アメリカ陸軍省は首都ワシントンDCの複数のビルに分散していたが、この状況を鑑み、本部にふさわしい庁舎が早急に必要となった。それは大きな建物でなくてはならない。また直ちに建設されなくてはならない。それが、陸軍建設部門を統括するブレホン・B・サマーヴェル准将の出した結論である。

ブレホン・サマーヴェルは、やると決めたら必ずやり遂げる男だった。彼は技術者で、直近ではニューヨークのラガーディア空港などの大型施設を、想像を絶する速さで建設してきた実績があった。「サマーヴェルは部下たちを週7日間、容赦なく働かせ、ギリギリまで追い込んだ」と、作家のスティーヴ・ヴォーゲルが、ペンタゴンの優れた建設記『ペンタゴンの歴史』（未邦訳）に書いている。[1]

## いびつな5角形《ペンタゴン》——「ペンタゴンの用地はここしかない」

7月17日木曜日の夕方、サマーヴェルは部下たちに一斉命令を出した。床面積が50万平方フィート（約4万6452平米）——エンパイア・ステート・ビルの約2倍——のオフィスビルを設計せよ。ただし、船舶や戦車の建造資材となるスチールを多用する、高層ビルであってはいけない。ワシントンDC（コロンビア特別区）は建設用地が不足しているため、ポトマック川を渡ったバージニア州の、最近まで飛行場として使われていた土地を充てる。建物の半分は6か月で完成、稼働させ、全面開業は1年後とする。月曜の朝一で私の机に設計計画を置いておくように、と准将は申し渡した。それが指示のすべてだった。

サマーヴェルの部下たちがすぐに気づいたように、この土地は建設に不向きな氾濫原の湿地だった。彼らはこれに代わる建設用地を血眼で探し、800メートルほど上流に行ったところに、アーリントン国立墓地と川に挟まれた、「アーリントン試験農場」と呼ばれる平地を見つけた。サマーヴェルは建設地の変更を承認した。

アーリントン農場は、5本の道路に囲まれた、いびつな土地だった。必要な面積を確保するために、5辺に囲まれた土地をめいっぱい使用することにした。その結果できたのが、いびつな5角形の建物の設計案である。ひどく醜悪だったが、土地には「ぴったり合っていた」と、製図工がのちに語っている。[2]

月曜の朝、計画はサマーヴェルの机に置かれていた。サマーヴェルはこれを承認した。そして計画を陸軍相に見せ、熱く売り込み、承認を得た。次に議会小委員会に諮り、さらに売り込み、全会一致の承認を得た。それから陸軍相が計画を内閣に諮り、ローズヴェルト大統領のお墨つきを得た。**ここまでにかかった時間は、きっかり1週間だった。**

これを数十年後に読んでいるあなたは、物語の結末を知っているつもりかもしれない。ペンタゴンは実際に建設され、第二次世界大戦で重要な役割を果たし、世界で最も有名な建造物の1つになった。つまり、ペンタゴンは大型プロジェクトの迅速な計画・実行の模範例なのだろう、と。

そうではない。先ほど、この建物が「いびつ」だったと書いた。だが今日私たちの知る国防総省《ペンタゴン》は、いびつではなく、均整が取れている。そしてそれは、サマーヴェルの元の計画から生まれたものではない。**あの計画はついぞ実行されることはなかった。なぜなら、それはとんでもない計画だったからだ。**

その理由を知りたい人は、この地を毎年訪れる数百万人の観光客に倣って、ポトマック川を渡り、アーリントン墓地の真ん中に立ってみればいい。ここは小高い丘になっていて、遠景には国会議事堂やワシントン記念塔など、ワシントンDCの壮麗な建造物や記念碑が見える。丘のなだらかな斜面は緑の芝生で覆われ、整然と立ち並ぶ多くの墓石が、ここが南北戦争以来の戦死者や退役軍人の永眠の地であることを教えている。その中でもひときわ目立っているのが、ジョン・F・ケネディの墓である。

そしてこの目と鼻の先、この美しくもほろ苦い風景のど真ん中に、かつてアーリントン農場と呼ばれた土地が――ブレホン・サマーヴェルが世界最大の醜悪なオフィスビルを建てようとした土地が――あるのだ。たとえば、エッフェル塔の周りに無骨な高層ビルを建設したらどうなるだろう？　サマーヴェルの計画はそれほどひどいものだった。

1941年に計画が公表されると、新聞が社説で糾弾した。「アーリントン墓地の高みから望むワシントンの絶景が、幾重にも続く醜悪な平屋根によって汚されることになる。これは冒涜的行為である」[3]

## 「まず行動」が視野狭窄を生む

サマーヴェルのために弁護すると、当時アメリカは世界的危機のただ中にあり、美観や文化にまで配慮する余裕がなかったのかもしれない。選択の余地はなかったのだ、と。

だが、選択の余地はあった。アーリントン農場から南に2キロほど離れたアーリントン墓地の絶景の外れに、「物資集積場」の跡地があった。

この土地はすべての要件を満たしていた。サマーヴェルの批判者がここを見つけてきて、建設地の変更を迫った。すったもんだの末に要求は通った。今日のペンタゴンがあるのはこの場所である。おかげでアーリントン墓地からの眺めは台無しにされずにすみ、またこの土地には十分な広さがあったので、建物の5辺の長さを均等にして対称的なかたちにすることができた。建物の機能性、経済性、美観は向上した。

それではなぜサマーヴェルは元の設計の承認を得る前に、それよりずっと条件のよい土地の存在に気づかなかったのだろう？　また、なぜ承認を与えた側も、計画の欠陥を指摘しなかったのか？

それは、**サマーヴェルの計画がばかばかしいほど性急で表面的だったからだ。**そのせいで、誰もほかの土地を探して、複数の候補地を比較考量しようなどとは考えなかった。最初に目をつけた土地を唯一の候補地とみなし、とにかく建設を始動させようとした。こうした視野狭窄《きょうさく》は、あとで説明するように、人間の心理メカニズムに深く根ざしていて、大型プロジェクトの成功をさらに妨げるのだ。

ローズヴェルトの内務長官を長年務めたハロルド・イケスは、大統領がサマーヴェルの元の計画をその場で承認するのを見て仰天した。「これもまた、『考えるより行動』の典型例である」と日記にしたためている。これは大型プロジェクトに絶望的なほど頻繁に当てはまる言葉である。[4]

## 人は慎重に考えるより早く1つに決めたい——固定化への心理

ブレホン・サマーヴェルは、「愚か」や「無分別」とはほど遠い人物だった。彼の計画を承認した、フランクリン・ローズヴェルト大統領などの要人もそうだ。だが彼らはこのときに限っては、明らかに愚かで無分別な方法で計画を進めた。実に理解しがたいことだ。だが、なぜそうしてしまうのかを理解しなくてはならない。なぜならこの物語は、(とくにスピードという点で)極端な点はあるにせよ、大型プロジェクトの典型的な進め方だからだ。

最初に目的や目標を慎重に設定せず、代替案を検討することも、問題やリスクを調査することも、そのための解決策を考案することもしない。代わりに、形だけの分析を行い、1つの決定にすぐさま固定化し、その他のあり得る選択肢をすべて無視する。

学者の言う**「固定化(ロックイン)」とは、ほかに選択肢があるかもしれないのに、それが唯一の選択肢であるかのようにふるまい、結果として予想以上のコストやリスクを負ってしまう、人や組織にありがちな傾向**をいう。即座に行動に移れば、その後必ず問題が生じる。たとえば1章で説明した「故障と修理のループ」も、そうした問題の1つだ。

このように、時期尚早に1つの選択肢に決めてしまう（コミットしてしまう）現象を、私は**「コミットメントの錯誤」**と名づけた。これは行動科学で特定されたどんなバイアスにも劣らない、重要な行動バイアスだ。

ペンタゴンの物語で唯一異例だったのは、サマーヴェルの計画が承認されたあとで、強力な政治的人脈を持つ集団がその欠陥を暴き、現在のペンタゴンがある場所にプロジェクトを移した点だ。コミットメントの錯誤にとらわれ、性急に開始されたプロジェクトが、このようなハッピーエンドで終わることはめったにない。

プロジェクトの目的を熟考し、それを実現する方法を慎重に考えたほうが、性急に決めてしまうよりもよい結果に終わりやすいのは、何の秘密でもない。「慌てて行動、ゆっくり後悔」は、何世紀も前からある金言だ。これの「行動」を「結婚」に置き換えた別バージョンもある。

また小説家のデイヴィッド・フォスター・ウォレスは、『無限の戯れ』（未邦訳）の中で、この古い助言は「タトゥーのためにあるような言葉」だと書いている。タトゥーであれ、結婚であれ、大型プロジェクトであれ、慎重に考え抜く必要があることは重々わかっているのに、なぜそうできないことが多いのだろう？

## 情報を歪めるとあとで跳ね返ってくる

タトゥーや結婚については本書はお役に立てそうにないが、大型プロジェクトについては、その原因をいくつか挙げることができる。

1つめは、私が**「戦略的虚偽表明」**と呼ぶもの、すなわち**戦略目的のために、情報を意図的かつ体系的に歪めたりごまかしたりする傾向**だ。[5]

契約を勝ち取りたいときや、プロジェクトの承認を得たいときは、表面的な計画が都合がよい。重要な問題や課題を隠しておけば、コストと時間の見積もりを低く抑えられるから、契約を成立させたり、プロジェクトの承認を得たりしやすい。

だが計画フェーズで見過ごされた問題は、実行フェーズに入ると、重力法則のように確実に、予算超過と工期遅延となって跳ね返ってくる。そしてその頃には、プロジェクトは後戻りできないほど先に進んでしまっている。戦略的虚偽表明のねらいはまさに、「後戻りできない地点までプロジェクトを進める」ことにあるのだ。これは政治力学であり、そうなれば失敗は避けられない。

2つめが、心理メカニズムである。

2003年、私はハーバード・ビジネス・レビューの誌上で、ノーベル賞受賞者で現代を代表する心理学者のダニエル・カーネマンと激論を戦わせた。カーネマンが少し前に同誌に発表した、人間が間違った決定を下してしまう原因が心理メカニズムにあるという共著論文に私は反論した。人間の心理が影響をおよぼすことは、当然私も理解している。問題は、政治と比べて、どちらの影響が大きいのかだ。[6]

活字での議論のあと、私はカーネマンに招かれて、直接会ってさらに議論を深めた。また私からカーネマンにもメガプロジェクトの計画者を紹介して、彼らの経験を直に聞いてもらった。最終的に、私たちはお互いの見解を――私は心理、カーネマンは政治の重要性を――受け入れた。[7]

どちらの影響が大きいかは、意思決定とプロジェクトの性質によって決まる。カーネマンが行うような実験室実験では、利害の衝突はほとんど起こらない。そこには主導権争いもなければ、希少な資源の奪い合いも、強力な個人や組織も、どんな種類の政治力学も存在しない。

プロジェクトがこの状況に近ければ近いほど、カーネマンとエイモス・トヴェルスキーをはじめとする行動科学者が明らかにしたように、心理の影響が大きくなる。だが**プロ**

**ジェクトの規模が拡大し、意思決定がおよぼす影響が大きくなればなるほど、お金や権力がものをいうようになる。**強力な個人や組織が決定を下し、利害関係者の数が増え、それぞれが自分の利益のために行動すると、「政治」が幅を利かせる。そして重点は心理から戦略的虚偽表明へとシフトする。[8]

とはいえ、どんなプロジェクトも、意思決定を下すのが人間だという点で共通している。そして人間のいるところには必ず心理と権力の両方が作用する。

まずは心理について考えよう。

## わかっていても「直感」を信じたくなる

人間はきわめて楽観的な生き物だ。だから自信過剰に陥りやすい。[9] ほとんどのドライバーが、自分の運転技術は平均以上だと考えている。[10] ほとんどの起業家が、ほかの似たような企業が失敗しても、自社は成功すると信じている。[11] タバコを吸う人は、自分はほかの喫煙者よりも肺がんになりにくいと思っている。[12]

心理学研究はこうした例に事欠かない。

楽観主義と自信過剰がここまで広く見られることを考えると、これらは個人にも集団にも、何かしらの有益な効果をもたらしているはずだと推論できる。そしてこの推論を裏づける研究や経験が多くある。

大型プロジェクトを構想し、実現させるには、楽観主義と「やればできる」の姿勢が必要なのは間違いない。結婚して子どもを持つことにも、なんなら朝起きることにもこれが当てはまる。

だが、もし飛行機に乗り込むときに、パイロットが「燃料はなんとか足りるだろう」と笑っているのを聞いたら、とっとと飛行機を降りたほうがいい。なぜなら、これは楽観的になる時でも場所でもないからだ。

プロジェクトの楽観主義に関する私の経験則は、「楽観的であるべきなのは客室乗務員であって、パイロットではない」、だ。パイロットに絶対的に求めたいのは、現実をじっくり分析して、できる限り正しくとらえようとする姿勢だ。同じことが、大型プロジェクトの「燃料計」である、予算とスケジュールに対する考え方についても言える。

楽観主義が過ぎると、非現実的な予測を立て、目的を見きわめず、よりよい選択肢を見過ごし、問題の特定も対処もせず、不測の事態に備えなくなる。それにもかかわらず大型プロジェクト（やその他のあらゆる人間の営み）では、あとの章で説明するように、楽観主義が邪魔して現実的な分析が行われないことが多い。

「楽観主義は広くはびこり、根強く、高くつく」とカーネマンは指摘する。その理由は、彼がトヴェルスキーとの共同研究で示した通りだ。[13]

現代心理学の基本的知見の1つに、迅速で直感的な「瞬間的判断」が、人間の意思決定における標準（デフォルト）の情報処理システムだという考えがある。心理学者のキース・スタノヴィッチとリチャード・ウエストは、これを「システム1」と名づけた。

これに対し、意識的な推論を行うのは、「システム2」という別のシステムだ。[14] システム1と2の主な違いは、スピードにある。システム1のほうが速いから、どんなときも先に情報を処理する。システム2は遅く、システム1のあとでしか起動しない。どちらのシステムも、正しいこともあれば間違うこともある。

瞬間的に判断を下すためには、情報をえり好みしていられない。そこで、カーネマンが「自分の見たものがすべて」と名づけた前提をもとに判断する。**手持ちの情報が、意思決定に必要なすべてだと決めてかかる**のだ。

システム1が迅速で直感的な判断を下したあとで、もし時間の余裕があれば、意識的思考のシステム2を使ってゆっくり慎重に考え、一度下した判断を補ったり、完全に覆したりすることもできる。だが現代心理学のもう1つの基本的知見として、**私たちはいったん**

**直感的に「こうだ」と思い込むと、その判断をゆっくり慎重に徹底して吟味することはほとんどない。**何であれ、システム1が下した判断を迷わず自動的に受け入れてしまうのだ。

## 人は「最初に浮かんだこと」に固執してしまう

ここで注意したいのは、直感的判断を「感情」（怒り、恐れ、愛、悲しみなど）と混同しないことだ。私たちは感情に駆られたときも、性急な結論に飛びつくことが多い。だが強い感情が論理や証拠の裏づけに欠け、信頼に足る判断基準にならないことは、少なくとも頭が冷静なときは、誰でもわかっている。賢明な上司は、たとえ部下に怒りがこみ上げても、一晩寝て頭を冷やしてから処遇を決めるべきだと知っている。

しかしシステム1が下す直感的判断は、感情として経験されるのではなく、真実のように「感じられる」から、たちが悪い。そして「真実」を得た今、それを元に行動するのはまったく合理的なことのように思える。カーネマンも、システム1は「結論に飛びつくマシン」だと言っている。

だからこそ、楽観バイアスは強力なのだ。ほとんどの新興企業がたどる倒産の運命を、自社だけは避けられると信じる起業家は、その信念の根拠がエビデンスの合理的な評価ではなく、心理的バイアスだと指摘されれば、きっと気分を害するだろう。そう言われても真実のようには感じられない。真実のように感じられるのは、自分の会社が成功するということなのだ。

カーネマンとトヴェルスキーの研究は、なぜシステム1が判断ミスを犯すのかに焦点を当てている。だが忘れないでほしいのは、迅速な直感的判断が、非常に役に立つ場合が多いということだ。だからこそ、システム1がデフォルトの情報処理システムになっているのだと、ドイツの心理学者ゲルト・ギーゲレンツァーは指摘する。[15]

別の心理学者ゲーリー・クラインは今から数十年前、人が仕事や家庭で意思決定を行う方法を研究し始めた。彼がすぐに気づいたことに、それは古典的な意思決定理論が教える、「取り得る選択肢を整理し、慎重に吟味して、一番よいものを選ぶ」方法とはかけ離れていた。

一般に、人は仕事の内定を受けるか蹴るかといった重要な意思決定を下すときでさえ、こうした慎重な検討は行わない。[16] 代わりにクラインが示したように、**最初に頭に浮かんだ選択肢をもとに、頭の中ですばやくシミュレーションを行う。うまくいくようならそれを実行するし、そうでなければ、次の選択肢をもとにまた同じ手順をくり返す。**

この手法がとくに有効なのは、限られた時間で、いつも行っているような決定を下すときだ。またあとで説明するように、専門家による意思決定でもこの手法が絶大な効果を発揮することがある。だが間違った状況で用いられれば、失敗を招くのだ。

## あらゆる判断が「感覚的」に行われている

ブレホン・サマーヴェルがペンタゴンの建設地を決定した方法を思い出してほしい。最初の候補地は飛行場跡地だった。一見よさそうに見えたから、この土地に合わせて建物を設計するよう部下に命じた。だが部下は土地が建設に適さないことに気づき、代わりにアーリントン農場という別の候補地を探してきた。サマーヴェルはそれを受け入れたが、このときも、よい選択肢がほかにもあるのではないかとは考えもしなかった。サマーヴェルは間違った状況で、標準的な意思決定プロセスを用いていたのだ。

それはよく知った身近な問題ではなかったから、十分な時間をかけていろいろな土地を見て回ることもできたはずだ。彼は豊富な実績を積んでいたが、大型オフィスビルの計画や建設に関わったことはなく、ワシントンDCやバージニア州で仕事をしたこともなかった。ある意味では、少なくともこのプロジェクトの計画に関しては、初心者も同然だった。

これは大型プロジェクトの計画フェーズで起こりがちな展開だ。大型プロジェクトには、私たちにとって自然に感じられる、迅速で直感的な意思決定は向いていない。なのにそうした方法で判断を下してしまうのは、それが「自然に感じられる」からだ。

もし人間がつねに瞬間的判断と非現実的な楽観主義に傾きがちで、そのせいで判断ミスを犯しているとしたら、それは困ったことだ。私たちはそうした手痛い経験から教訓を学ぶべきではないだろうか？

まったくもってその通りだ。そのためには、まず経験に目を向ける必要がある。だが残念なことに、私たちは経験に目もくれないことが多いのだ。

## ホフスタッターの法則——「もっと早くできる」と思ってしまう

カーネマンとトヴェルスキーは40年前の研究で、**人が作業にかかる時間を実際よりも少なく見積もってしまう傾向にある**ことを明らかにした。たとえその見積もりが不合理だということを示す情報があっても、その傾向は変わらない。彼らはこれを「計画の錯誤」と名づけた。

ハーバード大学ロースクール教授のキャス・サンスティーンと私は、この概念が、コストの過小評価と便益の過大評価にも当てはまることを示した。[17] 物理学者で作家のダグラス・ホフスタッターは、この傾向を「ホフスタッターの法則」と茶化してこう言っている。「ホフスタッターの法則を考慮に入れても、いつも予想以上の時間がかかる」[18]

計画の錯誤が広く見られることは研究で明らかになっているが、身の回りにもそんな例はあふれている。土曜の夜に20分で市内に出るつもりが、40分かかって約束に遅れた――この前も、そのまた前もそうだった。子どもを15分で寝かしつけるつもりが、30分かかった――いつもと同じだ。今度こそは学期末レポートを早めに仕上げるつもりが、朝までかかってギリギリで提出した――毎度のことだ。

わざと少なく見積もっているわけではない。この現象に関する多くの実験で、被験者は契約を勝ち取りたいとか、プロジェクトの資金を得たい、自分の記念碑を建てたいなどの野望を持っていないから、少なく見積もる動機がまったくない。それなのに、過度に楽観的な予測を立ててしまう。

ある実験は、学生に学業やプライベートのさまざまなタスクの所要時間を、信頼度（確率）別に示してもらった。たとえば、50％の確率で1週間以内に完了し、60％の確率で2週間以内に完了するなど、最大99％までの予測を立ててもらった。驚いたことに「99％の確率で」、つまり「ほぼ確実に」終わると宣言した時間で実際にタスクを終わらせた人は、

45%に過ぎなかった。[19]

私たちがこうまでも一貫して予測を誤るのは、一貫して経験を軽視しているからに違いない。そして私たちは実際に、いろいろな理由で経験を軽視する。

将来のことを考えるときは、過去は眼中にないし興味もないから、過去の経験など調べない。たとえ前例を知ったとしても、「今回は違う」と言ってやり過ごす（人生のどの瞬間も、ある意味では唯一無二だから、そう言えなくもないが）。またはカーネマンの研究が明らかにした、人間の怠惰な性向のせいで、わざわざ調べようとしないのかもしれない。

どんな人も計画の錯誤を免れない。たとえば、あなたが週末に仕事を家に持ち帰ったとしよう。十中八九、思ったほど進まないはずだ。それも一度だけでなく、何度も。それはなぜかと言えば、予測を立てるときに経験を考慮していないからなのだ。

## あなたは常に「ベストケース」を想定している

では、私たちは実際にどうやって予測を立てているのだろう？

まず、家で仕事をしている自分の様子を頭に描く。そしてそれをもとに、週末どれだけの仕事ができるかをすばやく直感的にイメージする。それは本当らしく感じられるから、それをそのまま予測にする。

だがその予測は間違っている可能性がとても高い。なぜならこのとき思い描くのは、仕事をしている「自分の」姿だけだからだ。フォーカスが狭いせいで、働くあなたを邪魔する周りの人やものごとはすべて視界から消える。

言い換えると、**あなたは「ベストケース（最良の場合）」のシナリオを想像している**。これはよくあることだ。私たちが考える「ベストゲス（最良の推測）」のシナリオ、つまり最も起こりそうなシナリオは、ベストケース・シナリオとほとんど変わりがない。[20]

ベストケース・シナリオを予測の基準にするのは、大きな間違いだ。**ベストケース・シナリオが実現することはめったにないし、その可能性すらないこともある**。週末にあなたの仕事時間を奪うかもしれないできごとは、病気や事故、不眠、旧友からの電話、家族の急用、配管の故障等々、数限りなくある。

つまり、週末に起こり得るシナリオは数え切れないほどあるが、その中で、あなたの仕事時間に食い込むようなできごとがまったく起こらないシナリオはたった1つ、ベストケース・シナリオだけだ。だから月曜の朝になって、思ったほど仕事が進んでいなくても、驚くに当たらない。だがそれでも私たちは驚いてしまう。

もしこういった気軽な予測が、大型プロジェクトでコストや工期の見積もりを出す方法とはかけ離れていると思うなら、考え直したほうがいい。一般にそうした見積もりは、プロジェクトをタスクに分割し、タスクごとにコストと工期の見積もりを出し、それらを足し合わせて算出される。過去の類似プロジェクトの結果という意味での「経験」は、たいてい無視され、どういう場合に予測が外れるかが注意深く検討されることもほとんどない。

つまり、これは実質的にベストケース・シナリオに基づく予測であり、その精度は、あなたの頭に最初に浮かんだ予測とほぼ変わらないのだ。

## 実行したいのは「前に進んでいる」感じがほしいから

ときに「行動あるのみ」という言い回しで表される、行動へのバイアス（実行重視の姿勢）は、ビジネス界では一般的であり、必要とされている。

時間の浪費は危険を招く。「ビジネスではスピードが肝心だ」と、ジェフ・ベゾスはアマゾンの有名なリーダーシップ原則に書いている。[21]「多くの意思決定や行動はやり直すことができるから、大がかりな検討を必要としない。計算した上でリスクを取ることには価値がある」

ただし、ここで注意したいのは、ベゾスが実行重視の対象を、やり直すことができる「可逆的」な意思決定に周到に限定していることだ。この種の意思決定で時間を無駄にしすぎるな、とベゾスは諭す。何かを試してみよう。うまくいかなかったら、やり直したり、別の何かを試したりすればいい、と。

これはまったくもって筋の通った考え方だが、大型プロジェクトの決定の大半には適さない。なぜなら、やり直すことが非常に難しいか、コストがかかりすぎるため、実質的に「不可逆的」だからだ。ペンタゴンを建てたあとで、景色が台無しになることがわかったからといって、取り壊して別の場所に建て直すわけにはいかない。

こうした実行重視の姿勢が組織文化に組み込まれると、可逆性のただし書きは忘れ去られてしまう。残るのは、一見どんな状況にも当てはまりそうな、「行動あるのみ！」のスローガンだけだ。

「経営幹部向け教育クラスの受講生を調査したところ、幹部はタスクを計画しているときよりも、実行しているときのほうが生産的だと感じていることがわかった」と、経営学教授のフランチェスカ・ジーノとブラッドリー・スターツは書いている。「とくに、時間に追われているときは、計画立案に労力を費やすのは無駄だと感じる傾向にある」[22]

これをより一般的な行動に置き換えると、大型プロジェクトに関する決定を下す企業幹部などの権力者は、計画立案にじっくり時間をかけるよりも、手持ちの情報だけを見て瞬間的に判断を下したがる、ということになる。[23] これはジェフ・ベゾスの提唱する実行重視ではなく、「計画軽視」の姿勢である。

こういうふうに説明されれば、これがまずい考えだということはすぐわかる。だが忘れないでほしいのだが、**この考えを生んでいるのは、プロジェクトをとにかく早く始動させ、作業が始まるのを見届け、プロジェクトが前進している具体的な証拠を得たいという欲求である。**

この欲求自体はけっして悪いことではないし、プロジェクトの関係者全員がこの欲求を持たなくてはならない。**問題なのは、計画立案をないがしろにし、まるでプロジェクトに本格的に着手する前に片づけるべき、厄介事のように扱うこと**なのだ。

計画立案は、プロジェクトのれっきとした一部である。**計画立案の前進は、プロジェクトの前進、それも最もコスト効率の高い前進だ。**

この事実を無視すれば、危険が待っている。その理由を説明しよう。

## 当初の予算が「頭金」化する

建築界のノーベル賞と呼ばれるプリツカー賞を受賞したフランスの建築家、ジャン・ヌーヴェルは、芸術的建築作品のコスト見積もりに潜む意図について赤裸々に語った。

「フランスでは何かを推進するための政治的手段として、理論上の予算が計上されることが多い。その金額は、4回に3回の割合で、実際のどんなコストとも一致しない。たんに政治的に許容できる金額というだけだ。本当のコストはあとになってから、政治家の都合のよいタイミングと場所で発表される」[24]

つまり、見積もりはそもそも正確ではなく、プロジェクトを売り込むための数字でしかないというのだ。はっきり言えば「ウソ」、体よく言えば「方便」ということになる。

アメリカの政治家も、こうした隠れた意図をおおっぴらに語っている。サンフランシスコ市長やカリフォルニア州議会議長を歴任したウィリー・ブラウンは、2013年にサンフランシスコ・クロニクル紙に寄稿した、ベイエリアの輸送インフラに関するコラムにこう書いた。

「サンフランシスコ・トランスベイ・ターミナルの工費が予算を3億ドル超過したと聞い

ても、驚くことは何もない。当初の見積もりが実際のコストを下回ることなど、はなからわかっていた。セントラル・サブウェイやベイブリッジ等の巨大建設プロジェクトで、実コストが算出されなかったのも同じことだ。だから放っておけ。都市計画の世界では、当初予算はただの頭金に過ぎない。実際のコストを最初から市民に知らせでもしたら、何も永久に承認されないだろう（斜体は著者）」[25]

ご想像の通り、ブラウンはこれを書いたとき、すでに政界から引退していた。

ある上級輸送コンサルタントから内々に聞いた話だが、昨今盛んに行われている「フィージビリティ・スタディ（実現可能性調査）」は、公正な分析というよりは、プロジェクトの実行会社に都合のよい、隠れみののような役割を果たしているという。「実行会社はほぼ例外なく、ただプロジェクトを正当化したい一心で、それを裏づけるような輸送量予測を出そうとしていたね」

彼らの望みはただ1つ、プロジェクトを始動させることだった。「なぜ見積もりはつねに低めなのかと、彼らに聞いたことがある。ただこう言っていたよ、『**本当の見積もりを出したら、何も建てられやしない**』と」[26]

この言葉がウィリー・ブラウンの主張に酷似しているのは、偶然ではない。

戦略的虚偽表明については、私もいろいろな分野の経営幹部から話を聞いている。ただし、主に内輪の席でだ。

私がアメリカの主要な建築デザイン雑誌に、戦略的虚偽表明に関する論説を書かせてほしいと売り込んだときも、編集長に断られた。読者にとっては、プロジェクトに関してウソをつくのは当たり前すぎてもはや常識だから、目新しさに欠ける、というのだ。「あなたの説明に当てはまる大型プロジェクトの例は、この国にあふれている」と彼は書いてきた。[27] だがそれは内輪の話だ。こうした内情が公に語られることはめったにない。

性急で表面的な計画は、見積もりを低く抑えるのに都合がよいどころか、とても役に立つ。問題や課題が見過ごされれば、見積もりが増えることもないからだ。

そしてその見積もりに絶大な自信を表明すれば、計画をさらにあと押しできる。モントリオール市長ジャン・ドラポーは、1976年のモントリオールオリンピックについて、コストが予算をオーバーすることはないと言い切った。「モントリオールオリンピックが赤字になるなど、男が妊娠するのと同じくらいあり得ないことだ」[28]

そんな風に断言すれば、いずれ恥をかくのは目に見えている。だがそれはずっと先のこと、ほしいものを手に入れたあとのことだ。引退したあとかもしれない。

## 危険な号令「穴を掘り始めろ」

無事契約締結と相成れば、次のステップは「地面にシャベルを入れる」ことだ。それも早急に。「とにかく始動させることが肝心だ」とウィリー・ブラウンは書いている。「地面を掘り始め、巨大な穴を開ける。そうすれば、穴を埋めるカネを用立てるほかに方法はなくなる」[29]

こうした物語は、ハリウッドにも昔からある。「私の取った戦術は、新手の映画を制作する監督の常套手段だった」と、映画監督のエリア・カザンが、1940年代末にコロンビア・ピクチャーズに映画の企画を売り込んだ方法について——引退後に——書いている。「作業を開始し、俳優と契約を結び、セットをつくり、小道具と衣装を集め、ネガを焼いて、スタジオを深入りさせる。いったん大金をつぎ込んでしまえば、ハリー〔・コーン、コロンビア・ピクチャーズ社長〕はわめき散らすしかなくなる。撮影を何週間も進めたあとで制作を中止すれば、損失を回収できなくなるからだ。それはカネだけじゃない、『体面』の問題でもある。とにもかくにも撮影を始めてしまうことが、私のねらいだった」[30]

この戦術は、伝説的映画スタジオのユナイテッド・アーティスツ（UA）でも取られた。1970年代末、新進気鋭のマイケル・チミノ監督は、ワイオミング州を舞台に「アラビアのローレンス」風の叙事詩的西部劇、「天国の門」を撮りたいと考えた。コストの見積もりは750万ドル（2021年の約3000万ドルに相当）。当時の映画制作費としては高額だが、大作映画としてはあり得ない金額ではなかった。UAはチミノから公開スケジュールを守るという言質を取り、契約を結んだ。

制作が始まった。最初の6日間で、すでに5日の遅れが出た。チミノは1万8000メートルのフィルムを回し、90万ドルかけて現像したが、「そのうち使い物になったのは1分半ほど」だったと、映画を統括したUAの幹部スティーヴン・バックは書いている。この本、『ファイナルカット――「天国の門」製作の夢と悲惨』は、ハリウッドの映画制作に関する、最も詳細かつ最も衝撃的な考察である。[31] UAはこの時点で警戒すべきだった。撮影開始後たった1週間でここまでの遅れが出たことから、当初の計画がまったく当てにならないことはわかったはずだ。

しかし、事態は悪化の一途をたどった。撮影は長引き、コストはどんどんかさんでいった。スタジオはとうとう制作の縮小を命じたが、チミノは突っぱねた。私は私のやり方でやる、とチミノは言い、経営陣は黙って金を出すしかなかった。チミノは契約を解除されれば、映画をよそのスタジオへ持って行くこともできたからだ。
経営陣は引き下がった。彼らは憤慨し、大失敗を恐れたが、手を引くにはもう深入りしすぎていた。チミノもエリア・カザンと同様、経営陣を後に引けない状況に追い込んだのだ。

今日「天国の門」はハリウッドで有名だが、よい意味での有名ではない。制作費は最終的に当初予算の５倍に膨張し、公開は予定より１年も遅れた。そしてあまりの酷評ぶりに、チミノは早々に上映を打ち切り、映画を再編集して半年後に再公開した。この映画も大コケし、ＵＡは倒産に追い込まれた。

この失敗でチミノの名声は地に墜ちたが、暴走したプロジェクトの代償を払うのは、失敗を招いた張本人でない場合が多い。モントリオールオリンピックのコストが予算を７２０％もオーバーしたとき、風刺漫画家は嬉々として妊娠したドラポー市長の絵を描いた。

だが、それがどうしたというのか？　ドラポーはオリンピックの誘致に成功した。モントリオール市は巨額の債務を完済するのに30年以上かかったが、それを負担したのはモントリオール市とケベック州の納税者だった。ドラポーは落選さえせず、オリンピックの10年後の１９８６年に引退した。[32]

# 「高いチケット」を買ったら吹雪にも突っ込む
## ――「サンクコスト」に捕縛される

だが、「なぜ戦略的虚偽表明が成功するのか」という疑問がまだ残っている。政治家のウィリー・ブラウンは、穴を掘ってしまえばプロジェクトに金を出し続ける「ほかに方法はなくなる」と書いたが、それは厳密に言えば正しくない。

理屈の上では、プロジェクトを中止し、建設用地を売却することもできる。ＵＡはコストが制御不能になった時点で、「天国の門」を見限り、手を引くこともできた。

だが現実は、ブラウンの言う通りだ。学者はこの現象を**「固定化」**や**「コミットメントのエスカレーション」**と呼ぶ[33]。コミットメントのエスカレーションが、コミットメントの錯誤のあとで起これば、さらに抜き差しならない状況に陥る。その結果は、大惨事か、少なくとも慎重な方法を取った場合よりもずっとひどい事態となることが多い。

なぜ私たちはこういう悪循環に陥りがちなのだろう？　これは心理学者や経済学者、政治学者、社会学者が数十年前から研究している、きわめて重要な問題だ。

２０１２年に行われたメタ分析では、多くの非定量的分析が除かれたあとでさえ、

１２０件もの研究が分析対象となった。[34] 当然だが、簡単な説明はない。だがすべての説明の中心にあるのが、**「サンクコスト（埋没費用）の錯誤」**の考え方だ。

プロジェクトに費やされたお金や時間、労力は、すでに失われていて回収できない。つまり「埋没」してしまっている。本来なら、プロジェクトにさらにリソースをつぎ込むかどうかを判断するには、そうすることが「今現在」理に適っているかどうかだけを考えなくてはならない。サンクコストは考慮に入れるべきではない。なのに、考慮に入れてしまう。ほとんどの人にとって、サンクコストを頭から追い出すのは、とてつもなく難しいことなのだ。そんなわけでますます「損の上塗り」をしてしまう。

たとえば２人の友人が、遠方で開催されるプロバスケットボールの試合のチケットを持っているとしよう。試合当日、大雪が降った。このとき、チケットに支払った金額——つまりサンクコスト——が高い友人ほど、吹雪を押して会場に向かい、さらに多くの時間とお金をかけ、リスクを負う可能性が高い。合理的に考えれば、すでに行った投資のことは忘れて、家でおとなしくしているべきなのに。

こうしたサンクコストの錯誤は、個人だけでなく、集団や組織全体が陥る問題でもある。[35]

この「吹雪に突っ込む」現象は、とくに政治の世界によく見られる。ときには政治家自身がそういう行動を取ることもある。だがたとえ合理的な政治家であっても、世間がサンクコストに惑わされるのを知っていれば、論理的な決定を下すより、あえて不合理な行動をとり続けるほうが政治的に安全だと考えるだろう。

カリフォルニア州のギャヴィン・ニューサム知事が、カリフォルニア高速鉄道プロジェクトを白紙に戻さず、縮小するにとどめたのも、おそらくサンクコストが世間にどう受け止められるかを熟慮したうえで、計画を白紙撤回すればすでに投資した数十億ドルを「どぶに捨てる」ような印象を与えかねない、と判断したからに違いない。

その結果、州の納税者はますます深みにはまり、縮小版のプロジェクト――最初に提示されていたら絶対に承認しなかったであろうプロジェクト――に、さらに数十億ドルをつぎ込む羽目になった。

いつの日か、カリフォルニアの「どこにも行かない新幹線」は、サンクコストの錯誤とコミットメントのエスカレーションの教科書的事例になるだろう。

## 「下した決断」は大統領でもくつがえすのがむずかしい

ブレホン・サマーヴェルにペンタゴンの計画を急がせたのが、心理と政治、どちらの要因だったかを確実に知る術《すべ》はない。だがほかの大型プロジェクトと同様、両方の要因が影響をおよぼしたと考えてよいだろう。

サマーヴェルはウィリー・ブラウンと同様、政治的手腕に長けていた。承認を得やすいように計画を「手直し」し、コストの見積もりを下げ、建物の階数や床面積を削るなどして、権力者にとって都合のよい数字を示した。

そのせいで必然的に計画と実績に大きなずれが生じたが、「サマーヴェルはコスト超過を気にもとめなかった」とスティーヴ・ヴォーゲルは書いている。[36] そしてウィリー・ブラウンと同様、彼も早く「穴を掘り始める」と心に決めていた。いったん大きな穴を掘ってしまえば、プロジェクトが中止になることはない。おまけにサマーヴェルは、システム1の即断即決と目標達成を何よりも重視する、陸軍技術部の「やればできる」文化の申し子だった。

心理的要因と政治的要因を、独立した別個のものとみなさないよう、気をつけてほしい。これらの要因は互いに補強し合うことが多く、大型プロジェクトではその傾向が強い。[37] とくに、両方の要因が表面的な計画と時期尚早な実行を招く場合は相乗効果が生じ、そのせいでプロジェクトが惨憺たる結果に終わりがちである。

サマーヴェルは、条件のよりよい「物資集積場」に建設地を変更するよう迫られると、激しく抵抗した。批判者たちをあしざまに言い、建設に適した土地はアーリントン農場しかないと断言し、アーリントン農場で「穴を掘り始める」よう、部下たちをせき立てた。

とうとう大統領が介入し、サマーヴェルに建設地変更を命じた。**ところがサマーヴェルはそれでもあきらめなかった。**大統領と一緒に集積場の視察に向かう車の中で、適切な土地はアーリントン農場しかありません、どうかご再考を、と食い下がった。「将軍殿」と、大統領はとうとう言った。「私はこれでも陸軍最高司令官なのだがね」。そしてとどめを刺すように、視察の終わりに物資集積場を指差してこう言った。「陸軍省の建物はあそこに建てることにした」[38]。これで決着がついた。サマーヴェルは渋々受け入れるしかなかった。

公平に見れば、ずさんな計画立案のすべての責任が、サマーヴェル将軍にあったわけではない――いや、ほとんどの責任でさえない。サマーヴェルはあの滑稽なほど慌ただしい最初の1週間に、陸軍長官と議会小委員会、それに大統領を含む内閣に計画を説明した。そしてどの場合にも突っ込んだ質問はされず、計画のあからさまな欠陥は露呈しなかった。そしてどの場合にも、計画は直ちに承認された。

要は、サマーヴェルの上司たちがきちんと仕事をしなかったのだ。ようやく欠陥が発覚して計画が中止されたのは、強硬な批判者の1人が大統領の叔父だったからでもある。この事実は、上司たちの職務怠慢と意思決定の恣意性を、ただただ浮き彫りにしている。

こうした意思決定のミスは、残念ながらペンタゴン建設に限ったことではない。表面的な計画立案は広く行われており、その欠陥が唯一明らかにされるのは、計画を監督し承認する権限を持つ人々が――政府計画の場合は、一般市民もこれに含まれる――その権限を正当に行使し、計画を真剣に討議する場合だけである。

だがほとんどの場合、彼らはこの責任を果たさず、代わりにずさんな計画を受け入れ、サマーヴェルがしたように吹雪に突っ込んでいく。そのほうがずっと楽だし、個人的な利益にも適うのだろう。だが計画をしっかり立てた場合ほどにはよい結果が得られないことは、火を見るよりも明らかだ。

## コミットしないことにコミットする

歴史や将軍の話はさておき、私たちが学ぶべき教訓は、サマーヴェルの最初のつまずきのように歴然としている――**「見たものがすべて」**だと、**つまり必要な情報や知識がすべ**

**て手元にあると思い込んではいけない。**

もしあなたがプロジェクトリーダーで、チームメンバーがこういう思い込みを持っていたら、指導するか、チームから外してしまおう。明白に思える結論で満足してはいけない。性急に決定を下せば、明らかな欠陥を見過ごすリスクがあるうえ、プロジェクトを大きく改善できる機会まで逃してしまう。

次章ではメガプロジェクトをいったん離れて、住宅リフォームのプロジェクトを取り上げ、やはり結論に飛びついたせいで、単純なキッチンのリフォームが大混乱と数年の悪夢と化した顛末を見ていこう。それから、世界で最も有名で最も成功した建造物の1つが、開かれた心と好奇心、そして〝問い〟から始まったことを説明したい。

本書で提唱する「ゆっくり考え、すばやく動く」手法は、サマーヴェルの取った手法の正反対である。欠陥を洗い出し、ほかの機会にも目を向けよう。早く決めてしまいたい衝動を感じたら――おそらく感じるだろう――結論を出す前に、この手法で慎重に検討しよう。[39] 最初から先入観を持たずに広い視野で考えよう。**つまり、早く決めてしまわないことを肝に銘じておこう。**

# 3章 「根本」を明確にする

## ――目的がくっきり頭にあれば間違った道具は取らない

プロジェクトは結論ありきで始まることが多い。その「結論」は、具体的なテクノロジーの開発かもしれない。だが結論から始めてはいけない。まずは問いかけをして、選択肢を検討しよう。プロジェクトを始めるときは、もっと学ぶべきことがあることを心にとめておこう。最も基本的な問いから始めよう――「なぜ?」

デイヴィッドとデボラの夫妻の「大型」プロジェクトは、自宅のキッチンのリフォームである。小さいプロジェクトのように聞こえるかもしれないが、彼らのキッチンは実際、とても小さい。

ブルックリンの瀟洒《しょうしゃ》なコブルヒル地区に19世紀に建てられた、レンガ造りの4階建てタウンハウス。この1、2階と地下部分が、デイヴィッドとデボラの夫妻の住まいだ。この建物は、ニューヨークで撮影されたどの映画のセットと言っても通るだろう。コブルヒル地区に並ぶタウンハウスはどれも背が高いが非常に狭く、階段は細く部屋は小さい。デイヴィッドとデボラの住居は全部で１１１平米で、キッチンはヨットの調理場ほどの広さだ。

キッチンリフォームは、エンパイア・ステート・ビルの建設に匹敵する難題にはとうてい思えない。だが彼らの慎ましいプロジェクトは、エンパイア・ステート・ビルとは大違いで、スケジュールは遅延し、予算を超過した。それも、ちょっとやそっとではない。**予定より18か月遅れ、予算を80万ドル以上もオーバー**したのだ。

この驚愕の結果をもたらした根本原因は、早く始動させたいという衝動ではなかった。むしろデイヴィッドとデボラは、ブレホン・サマーヴェルの慌てぶりとは対照的な方法を取った。

２人は２０１１年頃からキッチンリフォームの夢を温めていた。とうとうリフォームを決意したときも、いきなり始めたりせず、経験豊富な建築家を雇った。建築家はキッチンと小部屋の間の壁を取り払って、キッチンのスペースを倍にしてはどうかと提案し、夫妻はこのささやかな拡張案を受け入れた。建築家は数か月かけて詳細な図面を描き、ようやく計画を明らかにした。

「大きな図面のロールを抱えてきたよ」とデイヴィッドは回想する。「８通りの設計を見せてくれた。1つひとつをくわしく説明してから、なぜそれではダメなのかを解説し、それから次の図面を取り出して設計を説明し、またこんなことを言っていた。『実は、これも完璧ではありません。別の設計をお見せしましょう』って」

建築家が慎重に設計したリフォームの見積もりは、トータルで17万ドル。大金だが、物価の高いニューヨークではそんなものだろう。夫妻はリフォームを行うことに決めた。工事中は仮住まいに引っ越し、3か月後に戻る予定だった。

## 始まったとたん「追加」をしたくなる

「プロジェクトは始まったとたんに変形し、崩壊し始めた」とデイヴィッドはため息をつく。

施工業者は1階のキッチンに来ると、その場で飛び跳ねて床板の具合を確かめた。何かがおかしかった。古いキッチンを取り外し、その下を見て理由がわかった。「1840年代に手抜き工事が行われ、その後も放置されていたせいで、建物全体を支えられるだけの構造がなかったんだ」。1階の床をいったん全部取っ払って、そこから地下の建物の基礎部分に鉄骨梁と支持材を入れることになった。

夫妻はショックから立ち直ると、古くて見栄えの悪い床板について考えた。どうせ一度はがすのだから、古いものを戻すより、全部新しくしてしまったらどうだろう？　キッチンの床はどのみち交換しなくてはならない。「床を半分だけ新しくして、残りはそのまままってわけにはいかないだろう？」。夫妻は1階の床の総張り替えを決めた。

すると今度は、キッチンの隣のリビングに備えつけられた、雑な素人仕事のレンガの暖炉が気になり始めた。この際、これも取り替えてしまおうか？

そして、リビングにはさらに気に入らない部分があった。リビングの真横の階段脇に、小さな化粧室があった。デイヴィッドの母親が「品がない」とけなした部屋だ。あれを動かしたらどうだろう、床が撤去されている間なら簡単に移動できるし、と夫妻は考えた。「建築家は図面を一から引き直した」とデイヴィッドは言う。

また、どうせ地下を工事するのだから、地下に降りる階段を動かして、小さい洗濯・乾燥室をつくったらどうだろう？「そんなわけで、新しい設計が行われ、新しい図面が引かれ、さらに遅れが出た」。そして新しい計画を立てるたび、複雑で悪名高いニューヨークの役所に申請手続きをする必要があった。

どの変更も無謀ではなく、気まぐれでもなかった。1つひとつが理に適っていた。そして1つの変更が別の変更を呼んだ。だが界隈の不動産価格は上昇していたから、いつか住まいを売れば、リフォーム代金の少なくとも一部は回収できそうだった。

プロジェクトはこうしてキッチンから断片的にどんどん広がり、ついには1階全体を完全に取り壊して再設計し、総入れ替えをすることになった。

だが話はそこで終わらない。2階のメインのバスルームは悪趣味な上にカビていた。せっかく仮住まいに移り、業者に来てもらっているのだから、ついでにここも直してもらえば、将来的にやり直す手間が省けるわよ、とデイヴィッドの母親は勧めた。たしかにその通りだ。この変更も別の変更を、そしてまた別の変更を呼んだ。結局2階全体も完全に取り壊し、再設計、総入れ替えをした。

「17万ドルの予定が40万ドルになり、60万ドル、そして70万ドルになった」。**リフォームの最終的な総コストはおよそ80万ドル**だったとデイヴィッドは言う。この莫大な金額を賄うために、デイヴィッドは引退を先延ばしにせざるを得ないだろう。しかも、この金額には仮住まいの費用は入っていない。当初の予定は3か月だったが、デイヴィッドとデボラがリフォーム後の家に戻ったのは、1年半も後のことだった。

リフォームはついに完成し、全面リフォームのできばえには誰もが目を見張った。だが夫妻にとって、それは小さな慰めでしかなかった。もし最初から全面リフォームを計画していたら、設計も市への申請も一度ですんだし、業者は最も効率的な順番で作業を進められただろう。そしてお金と時間、心労の代償は、デイヴィッドとデボラが実際に払ったよりずっと少なくすんだはずだ。

プロジェクトはどこからどう見ても災難でしかなかった。

## よい計画は「疑問」から始まる

デイヴィッドがゆっくり考え、建築家が設計に労を惜しまなかったことは、疑いようがない。それでも、彼らの立てた計画——あれが計画と呼べるのであれば——はまずかった。このことは、「ゆっくり考える」という私のアドバイスの重要なポイントを浮き彫りにする。**「ゆっくり」することそれ自体がよいわけではない**。デイヴィッドとデボラのように、長年夢を温めながら、ただ空想するだけという場合もある。組織は延々会議をして、堂々めぐりの議論をくり返すだけのこともある。

さらに、あの建築家が行ったような綿密な分析は、どんなに時間と労力をかけても、視点が狭すぎれば、計画の根本的な欠陥や現実とのずれを発見し対処することはできない。そのうえ、**下手に綿密なせいで、実際以上に確実な計画だという誤解を与えかねない**。外観だけで中身のない、張りぼての建物のように。

政府や官僚的企業にとって、この手の分析はお手のものだ。カリフォルニア高速鉄道のプロジェクトはまさにそうやって、着工までの10年以上を「計画立案」に費やし、膨大な資料や数字を作成しながら、計画らしい計画を生み出すことができなかった。

これに対し、よい計画立案は、模索し、想像し、分析し、検証し、試行錯誤する。これは時間のかかるプロセスだ。つまり、**よい計画を立てた結果として「ゆっくり」になるのであって、「ゆっくり」すればよい計画ができるのではない。**

よい計画を生み出すのは、幅広く深い「問い」と、創造的で厳密な「答え」である。ここで注意してほしいのは、**「答え」の前に「問い」が来る**ことだ。問いが答えの前に来るのは当たり前、いや、当たり前であるべきだが、残念なことにそうなってはいない。プロジェクトは必ずと言っていいほど、答えから始まる。

デイヴィッドとデボラのプロジェクトは、「キッチンをリフォームしよう」から始まった。これは答えであって、問いではない。たいていのプロジェクトがそうであるように、2人の目的は明白で、考えるまでもないように思われた。唯一の問いは「いつ」始めるかで、それが決まるとすぐに詳細な計画を立てた。プロジェクトの目的を問わなかったことが、失敗の根本原因だった。

## 「なぜそれをするのか」をまず固める

世界に誇る建築家のフランク・ゲーリーは、けっして答えから始めない。「私はタルムード（ユダヤ教の経典）を読んで育った」と、私が2021年にインタビューしたときゲーリーは語ってくれた。「タルムードは問いから始まる」。これはユダヤ教では当然のことだと彼は言う。「ユダヤ人はどんなことにも疑問を投げかけるんだ」[1]

ゲーリーの言う「疑問を投げかける」とは、猜疑《さいぎ》や批判ではないし、ましてや攻撃や破壊でもない。学びたいという、開かれた心を持って問いかけることだ。ひとことで言えば、**「探究」**にあたる。

「好奇心を持つんだ」と彼は言う。これは前章で見た、「見たものがすべて」だと錯誤してしまう、人間の自然な傾向の正反対である。ゲーリーは、もっと学ぶべきことがあるはずだという前提に立ち、おかげで錯誤の罠に陥らずにすんでいる。

このスタンスで、ゲーリーはクライアントに会うと、最初にじっくり時間をかけて話し合う。といっても、雑談や社交辞令を交わすのとは違うし、ゲーリーが建築理論をぶったり、湧き上がるビジョンを語ったりするわけでもない。

ゲーリーがするのは、問いかけだ。好奇心だけを持って、クライアントのニーズや願望、恐れなど、彼らがゲーリーのドアを叩くきっかけとなったあらゆることを聞き出している。そしてこの会話は、単純な問いから始まる。**「なぜこのプロジェクトを行うのですか?」**

プロジェクトがこのようにして始まることはほとんどない。だがすべてのプロジェクトがそうあるべきだ。

## 目的に合わせて「アイデア」を動かす

フランク・ゲーリーの最も有名な建築物、まだ新進のスターだった彼を建築界の頂点に押し上げた建築物は、なんと言ってもビルバオ・グッゲンハイム美術館(以下、グッゲンハイム・ビルバオ)だろう。スペインのビルバオにある、近現代美術専門のこの美術館は、ほかに類を見ない、光り輝く壮観な建物で、中で展示されている作品と同様、それ自体が芸術作品である。

グッゲンハイム・ビルバオは当然のように、ゲーリーの想像力と才能の賜《たまもの》として称賛されている。もっとシニカルな人なら、建築家が肥大したエゴと個性をほしいままに発揮する、「スター建築家」現象の産物と片づけるかもしれない。

どちらの説明も間違っている。

ゲーリーは1990年代にこのプロジェクトを初めて打診されたとき、ビルバオに飛んで、スペイン北部のバスク州の政府高官と会った。プロジェクトの依頼主である州政府は、ソロモン・R・グッゲンハイム財団に資金を提供して、ビルバオ・グッゲンハイム美術館の建設と運営を任せる計画を立てていた。そしてそのために、1909年に倉庫として建設された優美な廃ビルをすでに選定していた。この建物の改築を手がけてもらえないでしょうか？

ほかの建築家なら、「いいえ、結構です」と言って立ち去るか、またはデイヴィッドとデボラの建築家のように、「はい喜んで」と言って直ちに仕事に取りかかっただろう。ゲーリーはどちらでもなかった。彼は質問をした。まずは最も基本的な質問だ。**「なぜこのプロジェクトを行うのですか？」**

バスク州はかつて重工業や造船業の中心地として大いに繁栄していた。だが今やその栄華は見る影もなかった。「ビルバオはデトロイトほどひどくはないが、それに近かったね」とゲーリーは後年に語っている。「鉄鋼業が消え、海運業が消えた。とても寂れていたよ」[2]

ビルバオは外国人が名も知らない、色あせた遠くの街で、スペインやマドリードに毎年押し寄せる、膨大な観光客の恩恵をまるで受けていなかった。グッゲンハイム美術館なら、ビルバオに観光客を呼び込み、経済を活性化できると州政府は考えた。オペラハウスがシドニーとオーストラリアに与えた恩恵を、ビルバオとバスク州にもたらしてくれる建物がほしい。なんとかしてビルバオを再び世界地図に載せ、成長を取り戻したいのだと、高官たちは訴えた。[3]

ゲーリーは古い倉庫を見て回った。建物自体は気に入ったが、そのような目的のプロジェクトにふさわしいとは思えなかった。建物を解体して一から新しい美術館を建てることもできるが、ほかの用途に使える建物を壊してしまうのはしのびない。

ゲーリーには別のアイデアがあった。彼は川沿いの工場跡地に目をつけていた。改築のことは忘れましょう、と彼は言った。この川沿いの土地に、目を見張るような新しい美術館を建てるのです。[4]

政府高官はこのアイデアを受け入れた。それも当然のことだった。経済活性化という野心的な目標を達成するためには、観光客を呼び込むことが欠かせない。建物を改築して、その中に新しいグッゲンハイム美術館をつくれば、理屈の上では大きな注目を集められるかもしれない。

しかしその可能性が現実にどれだけあるというのか？　改築が世界に衝撃を与え、世界中から観光客を呼び寄せたことが過去にあっただろうか？　そんな例は思いつかない。だが、すばらしいロケーションに新しく建てられた斬新な建物なら、世界の熱い注目を集められるし、実際に集めている。シドニー・オペラハウスのように、膨大な観光客を引きつけている実例がある。

大変な挑戦であることに変わりはないが、それでもバスク州の望みを実現できる可能性は高いと、ゲーリーは論じた。

## 「達成したいこと」を最後まで見失わない

そうして完成した建物は、建築の批評家や一般人からも一様に絶賛され、グッゲンハイム・ビルバオは一躍世界の脚光を浴びた。観光客はビルバオに押し寄せ、お金を落としていった。開館後の3年間で、かつてスペインの知られざる辺境だったビルバオに400万近くもの観光客が詰めかけ、経済効果は10億ドル(2021年の金額)に達した。[5]

グッゲンハイム・ビルバオが、フランク・ゲーリーの想像力と才能、そしてプライドによって生み出されたのは間違いない。だがこの建物の原型を形づくったのは、プロジェクトの「目的」だった。

ゲーリーの実績を見ればわかるように、彼はもっとささやかで地味な建物を設計することもできた。実際、ビルバオの数年後にも、フィラデルフィアの小規模な美術館の改築を手がけている。

**だがビルバオのクライアントは壮大な目的を持っていた。だから、それを最善の方法で実現するために、ゲーリーは美術館を今ある場所に、今あるかたちでつくったのだ。**

**プロジェクトは、それ自体が目的であることはなく、目的を達成する手段に過ぎない。**高層ビルの建設や、会議の開催、製品の開発、本の執筆等々は、それ自体を目的として行われるのではない。ほかの目的を達成するために行われる。

これは単純で当たり前のことだ。だが、2章で説明した「見たものがすべて」の錯誤に陥り、明白で議論の余地のなさそうな結論に飛びつくとき、私たちはこのことをいとも簡単に忘れてしまう。もしデイヴィッドとデボラが最初に、「リフォームの目的は何ですか？」と聞かれていたら、2人はきっと肩をすくめて、「すてきなキッチンがほしい」のようなことを言っただろう。これは、目的と手段を混同した人が言いがちなことだ。

**プロジェクトを始めるときには、手段と目的のもつれをほどいて、「自分は何を達成し**

**たいのか?」をじっくり考え、心理メカニズムのせいで性急な結論に飛びつきたくなる衝動に、なんとかしてストップをかけなくてはならない。**フランク・ゲーリーの、「なぜこのプロジェクトを行うのですか?」の問いかけが、そのカギを握る。

たとえば政治家が、島と本土を結びたいと考えたとしよう。橋の建設にはいくらかかるのか?　どこに橋を架けるべきか?　工期はどれくらいか?　こうしたことを細かく議論すれば、立派な計画を立てたような気になるかもしれない。

だが実際には、「橋を架けるのが一番だ」という答えから始めてしまっている。もしその代わりに、「なぜ」島と本土を結びたいのかを考えれば——たとえば通勤時間の短縮や、観光客の誘致、緊急医療へのアクセス改善のためなど——最初に「目的」にフォーカスし、次にその目的を実現するための「手段」の議論に移るだろう。これが正しい順序だ。新しいアイデアはここから生まれる。トンネルはどうだろう?　フェリーは?　ヘリポートは?　ニーズを満たすために島と本土を結ぶ方法はいくらでもある。

目的によっては、物理的に結ぶ必要すらないかもしれない。高品質のブロードバンドサービスは、わずかなコストでいろんなニーズを満たせるだろう。それに、島を「結ぶ」ことは必要でも得策でもないかもしれない。たとえば緊急医療のアクセス向上が目的なら、一番よいのは島に医療施設をつくることだろう。

だが答えから議論を始めてしまうと、こういったアイデアはけっして生まれない。

十分な情報をもとに、**「何のために、なぜやるのか」を明確に理解すること、そして最初から最後までそれをけっして見失わないことが、成功するプロジェクトの基本である。**

## フローチャートを「逆」から埋める

プロジェクトプランニングで使われる基本ツールに、フローチャートがある。フローチャートは、何を、いつ行うべきかを書き込んだボックスを、時系列順に左から右へと流れるように配置した図で、右端のボックスに書かれた目的が達成されたとき、プロジェクトは完了する。

この単純な図は、計画フェーズの初期段階にも役に立つ。この図を見れば、プロジェクトそれ自体が最終目的なのではなく、目的（右端のボックス）を達成する手段であることが一目瞭然だからだ。


**プロジェクトの計画立案は、まずフランク・ゲーリーの問い（なぜこのプロジェクトを**

**するのか？）を考え、右端のボックスに何が入るべきかを慎重に検討することから始まる。**それを行って初めて、その左に並ぶ数々のボックス、つまり目的を実現するための最善の手段について考えることができる。

私はこれを「右から左へ考える」手法と呼んでいるが、他の分野にもいろいろな呼び名で呼ばれる、基本的に同じコンセプトがある。

たとえば都市や環境計画には、「バックキャスティング」という用語がある。トロント大学教授のジョン・B・ロビンソンが、エネルギー対策を論じるためにつくった造語だ。バックキャスティングは、予測（フォアキャスティング）とは逆に、まず未来のあるべき姿を描き、そこから逆算して、それを実現するために必要なことを考えていく。[7] カリフォルニア州の水需要を考えるためのバックキャスティングでは、25年後のカリフォルニアの理想像を描くことから始め、この幸福な結果を実現するために、供給や水消費量、環境保護などの面でどんな対策が必要かを考えた。[8]

「セオリー・オブ・チェンジ（変革の理論）」は、政府機関や非政府組織（NGO）が識字率向上や衛生環境改善、人権擁護等々の社会変革について考える際に用いる、同様のプロセスだ。やはり最初に目標を定義してから、それを実現するための行動方針を考える。

シリコンバレーはこれらの世界とはかけ離れているが、テック界にも基本的に同じ手法がある。**「顧客体験から始めなくてはいけない。**そこから逆算して、テクノロジーまでたどらなくては」と、スティーブ・ジョブズはアップルの１９９７年世界開発者会議で語った。

「テクノロジーありきで、それをどうやって売るかを考えるのは本末転倒だ。私はこの間違いを、おそらくこの会場にいる誰よりも多く犯してきた。それを証明する傷跡も残っている」。今日、「逆から進める（ワーキング・バックワーズ）」はシリコンバレーのスローガンになっている。

## 目的を見失うと「顧客」が消える
### ――ジョブズはかつて「情熱」で失敗した

「右から左へ考える」ことができない最も一般的な理由は、「右」の目的を見失うからだ。スティーブ・ジョブズでさえ、顧客体験から始め、そこからテクノロジーに向かって逆算していくことの大切さを力説したあとで、この過ちを犯している。

その最も悪名高い例が、アップルのパワーマックＧ４キューブだ。２０００年に発売されたこのコンピュータは、透明ケースの中に浮かぶ立方体で、今見てもすばらしく未来的に見える。電源ボタンさえなく、手をかざせばスイッチが入る。いかにもクール、いかにもスティーブ・ジョブズらしい。そして、まさにそこに問題があった。

G4はアップルの顧客像と、彼らに最もふさわしいプロダクトを考えて設計されたのではなかった。G4のコストと性能、美観の組み合わせを形づくったのは、スティーブ・ジョブズの情熱だった。先鋭的ではあったが、アップルの顧客には似つかわしくなかった。G4は失敗に終わり、1年後に多額の損失を計上して、生産終了となった。[10]

だが「逆から進める」方法も、右端のボックスに何が入るのかをしっかり考えておかないと失敗する。それをしなければ、どんなプロジェクトも計画立案の詳細と困難の嵐に翻弄され、もともと漠然としか理解していなかった目的さえもが視界から消えてしまう。するとプロジェクトは思わぬ方向に逸れ始める。デイヴィッドとデボラのキッチンリフォームの華々しい脱線ぶりが、その好例だ。

アマゾンのジェフ・ベゾスは、この危険を重々承知していた。そして、同社の経営理念の柱である「お客様へのこだわり」から逸れないために、巧妙な方法を考案した。

一般に組織では、プロジェクトが首尾よく完了し、社外に発表する準備ができると、最終ステップとして、広報部が2種類の文書を作成する。1つは、新しい製品・サービスがどんなもので、なぜ顧客に役立つのかをまとめた、ごく短いプレスリリース（PR）。もう1つは、価格や機能、その他の問題をよりくわしく説明した、「よくある質問（FAQ）」である。ベゾスがアマゾンで考案した方法は、プロジェクトの「最後」に来ることが多いこのステップを、「最初」に持ってくることだ。[11]

アマゾンで新しいプロジェクトを売り込もうとする人は、まず短いPRとFAQを書く。PRの最初の数行で、プロジェクトの目的を打ち出さなくてはならない。その後行われるすべての作業は、このPRとFAQを起点として、逆から進められる（ワーキング・バックワーズ）。そして重要なことに、どちらの文書もわかりやすい言葉で書かなくてはならない。

## 「オプラ語り」であらゆる面をシンプルに、わかりやすくする

「僕は『オプラ語り』と呼んでいたよ」と元アマゾン幹部で、ベゾスのために何度もPR／FAQを書いた、イアン・マカリスターが教えてくれた。[12]「ほら、オプラ〔・ウィンフリー、テレビ番組の司会者〕はゲストが何かをしゃべると、観客のほうを向いて、誰にでもわかる簡単な言葉で言い直してくれるだろう？」

平易な言葉を使うと、専門用語やスローガン、技術用語によって、欠陥を覆い隠せなくなる。思考がむき出しになる。曖昧な考えや、生煮えの考え、非論理的な考え、根拠のない考えがあぶり出される。

プロジェクトの売り込みは、経営陣との1時間の会議で行われる。アマゾンの会議ではパワーポイントのプレゼンテーションや、その他ビジネス界の一般的なツールが禁止されているから、PR／FAQを紙で配布し、最初に全員がそれをじっくり黙読する。それから最初の感想を出し合う。このとき、早いうちから他人の考えに影響を受けてしまわないように、立場が下の人から順に発表する。

続いて、提案者が資料を1行ずつ説明し、意見がある人は自由に発言する。「この細部に関する議論の段階が、会議の最も重要な部分だ」と、元アマゾン幹部のコリン・ブライアーとビル・カーは書いている。「厳しい質問が飛び交う。主要なアイデアと、それらを表現する方法をめぐって、丁々発止の議論がくり広げられる」[13]

会議が終わると、提案者は出された意見を踏まえてPR／FAQを書き直し、それを再度経営陣に発表する。このときも同じプロセスがくり返される。次も。そのまた次も。何度も試行錯誤をくり返すうちに、提案はあらゆる面にわたって検証、強化されていく。また、これは関係者が最初から深く関与する参加型のプロセスなので、最終的に完成したコンセプトは、提案者からCEOまでの全員によって等しく明快に理解されている。最初から全員の足並みがそろうというわけだ。

## 「クールなアイデア」は無料でもいらない

とはいえ、どんなプロセスも完全無欠ではない。あるときジェフ・ベゾスは、「ジェスチャー操作に対応する(これも手かざしだ!)3D機能搭載のスマートフォン」というアイデアを思いつき、これに惚れ込んだ。そしてみずからPR/FAQを共同執筆して、「アマゾン・ファイアフォン」のプロジェクトを立ち上げた。

当時アマゾンでデジタルメディア担当副社長を務めていたビル・カーは、2012年にファイアフォンのことを初めて知ったとき、「スマホにバッテリー消費量の多い3D対応画面をほしがる人なんているのだろうか」と疑問に思ったという。[14] それでも、1000人以上の社員を巻き込んで開発が進められた。ファイアフォンは2014年6月に約200ドルで発売されたが、売れ行きはかんばしくなかった。やがて半額に値引きされ、ついには無料になったが、それでも誰もほしがらなかった。

1年後、アマゾンはファイアフォンの販売を終了し、数億ドルの損失を計上した。「ファイアフォンの開発者が指摘していた通りの理由で失敗した。それがばかばかしくてね」とあるソフトウェア・エンジニアは言う。

**「なぜ?」という問いかけが意味を持つのは、全員が気兼ねなく発言でき、意思決定者が聞く耳を持っているときだけだ。**「多くの関係者が、ファイアフォンはうまくいくはずがないと思っていた」と、ジャーナリストでアマゾンに関する本を数冊書いているブラッド・ストーンは結論づける。「だが頑固なリーダーに議論を挑み、打ち負かすだけの気概や賢さを持つ者は1人もいなかったようだ」[15]

**右から左へ考えることが難しいのは、それが自然なことではないからだ。**私たちにとって自然なのは、「見たものがすべて」と考え、目の前にあるものだけに集中することである。そして、クールなアイデアに惚れ込んでいるときや、プロジェクトの設計にのめり込んでいるとき、細部に没頭しているときはなおさら、右端のボックスは目に入らない。トラブルが始まるのはここからだ。

## 迷ったら「概要」に立ち返る

ロバート・カロのアドバイスを聞いてみよう。

カロは現代アメリカの最も偉大な伝記作家で、リンドン・B・ジョンソン大統領や、ニューヨークの創造主と呼ばれたロバート・モーゼスの生涯を丹念な調査で描き出した、長く奥深い作品で知られる。カロはこれらの本の執筆に長い年月を費やした。

そんな彼も、超大作プロジェクトに着手する際に同じ方法を取っている。右端のボックスを埋めるのだ。

「これは何に関する本なのか？」と自問する。「何が言いたい本なのか？」

カロはいつも「本を2つか3つの段落に要約する」ことを自分に強いている。[16] これらの段落で、本のテーマをごく簡潔に表してみる。

だが、簡潔だからといって、簡単なわけではない。カロは下書きを書いては捨て、書いては捨てを果てしなくくり返す。自分の書いた概要を、膨大な調査と照らし合わせる作業を、ときには何週間も続ける。「その間ずっと自分に言い続けるんだ。『いや、それは私がこの本でやろうとしていることじゃない』と」。そして機嫌が悪くなる。「家に帰ると、妻は何時間も私に寄りつこうとしない」

それでも苦労の甲斐はある。とうとう満足のいく概要を書き上げると、机の前の壁に貼っておく。そうすれば目的を見失いようがなくなる。

その後の数年間の執筆で、調査のジャングルに分け入り、その複雑さに途方に暮れたときは、必ずこの概要に立ち返って、今書いているものと突き合わせる。「これは概要と釣り合いが取れているだろうか?」と自問自答する。「違和感はないだろうか? 文章は悪くないが、概要に釣り合わないな。なら、捨ててしまうか、釣り合わせる方法を考えよう、と」

つねに目に入る場所に目的が貼ってあれば、けっして道に迷うことはない。これが、右から左へ考えるということだ。

## 目的が「明確」になるまで掘り下げる

今が2011年だと考えてほしい。デイヴィッドとデボラは小さなキッチンでコーヒーを飲みながら、キッチンリフォームについて話し合っている。

プロジェクトをしっかり進めるためには、どんなことを話し合う必要があるだろう？　その会話はフランク・ゲーリーの質問、「なぜこのプロジェクトを行うのか？」から始めなくてはいけない。

2人はたぶん、最初はわかりきったことを言うだろう。たとえば「キッチンで料理をする時間を増やしたい」など。だがそれは表面的な答えだ。もっと深く考える必要がある。誰のために料理をするのか？　ゲストのためなら、それは家族だろうか？　友人、それとも同僚？　なぜその時間を増やしたいのか？

では、右端のボックスにはどんなことを書けばいいのだろう？　それはデイヴィッドとデボラがどんな暮らしをし、どんなことを望み、大切にしているのかを深く知らなければ決められないが、ここでは仮に、「家に人を呼んでもてなしたい」だったとする。

これをさらに深掘りしよう。何のためにもてなすのか？　**プロジェクトには明確な目的が必要だ。**そしてそれはいい加減なことでは決められない。目的こそがプロジェクトの要《かなめ》なのだから、しっかり考えておかなくてはならない。

家で人をもてなすことが目的なら、それを実現する最善の方法は何だろう？　キッチンリフォームはどうしても必要だが、それで目的は果たされるだろうか？

ゲストはキッチンだけでなく、あの雑なつくりの暖炉があるリビングルームや、見苦しい化粧室にも入ることになる。そう考えただけでゾッとするなら、むさ苦しいキッチンだけが障害でないことに気づくだろう。化粧室をどこかへ移し、暖炉をやり直す必要がある。目的を達成するために何が必要かをじっくり検討すれば、リフォームの途中でいろいろな問題が浮上して、場当たり的にプロジェクトを拡大していく代わりに、ほかにどんなリフォームを考えるべきかという最初の話し合いの中で、問題に気づくはずだ。

そして、どうせ大がかりなリフォームのために仮住まいに移るのだから、将来必要になりそうなほかの工事もやってしまおう、ということになるかもしれない。そうすればすべてを一度に終わらせることができるし、業者に多くの作業を並行して一度にやってもらったほうが、何度にも分けて頼むより安くつくだろう。

また、リフォームの範囲がこうやって——現実ではなく会話の中で——広がっていけば、必ずお金の話になる。これだけの費用を負担できるのか？　それは、夫妻の今の懐事情だけでなく、将来計画にもかかってくる。

ここに引っ越してきてから不動産価格は右肩上がりだから、売却すればリフォーム資金の一部は確実に回収できるだろう。だが、そもそも売る気はあるのか？　引退までここに住み続けるのか？　その後はどこに住むのか？　これらはまだまだ先のことで、今考える必要はないかもしれないし、または今考えるべき重要なポイントなのかもしれない。それは、きちんと話題にしてしっかり確かめないことにはわからない。

デイヴィッドとデボラはこの会話をきっかけに、リフォームの範囲を少し、または大きく広げるかもしれない。あるいは目的を拡大して、たとえば「あらゆる面で快適に過ごせる家にして、住まいの価値を最大限に高める」ことをめざし、全面リフォームを決意するかもしれない。

また、コストと懐事情、引退後の人生設計を天秤にかけて、リフォーム範囲を縮小するかもしれない。全面リフォームはお金がかかりすぎるし、部分的にやっても意味がないと判断して、リフォーム自体を断念することも考えられる。

はたまた、毎年夏を過ごす田舎の別荘にお金をかけるか、リフォームのお金を投資に回したほうがいいと考えるかもしれない。

だが、確実に言えることが2つある。第一に、デイヴィッドとデボラは、実際に行ったような方法でリフォームをしようなどとは夢にも思わなかったはずだ。第二に、今挙げたどの方針も、実際よりもはるかにましな結果を生んだはずだ。設計も申請も一度ですませ、最も効率的な順番で迅速にまとめて工事を終わらせ、コストも時間も苦痛もずっと少なくすんだだろう。

また、より根本的なことを言えば、プロジェクトは制御不能に陥らず、熟考して立てた計画を逸れることもなかったはずだ。状況に翻弄されずに、意図した通りの結果を実現できただろう。

**【追記】**

実はここまで、デイヴィッドとデボラの物語の重要な部分に触れていない。あのタウンハウスが4階建て・地下つきの建物だったことを思い出してほしい。夫妻の持ち分は下の2階と地下だけで、上の2階は隣人が所有している。夫妻は法律に従い、キッチンリフォームの計画に隣人の署名をもらったが、隣人は夫妻の計画について真剣に話し合うこともせず、もちろん、自分たちも一緒にリフォームをしようなどとは考えもしなかった。

それは残念なことだった。というのも、デイヴィッドとデボラが18か月の地獄をようやくくぐり抜けたところで、隣人はその仕上がりを見ていたく気に入り、同じことを同じ方法でやろうと決めたからだ。デイヴィッドとデボラと同様、隣人も右端のボックスに入る目的や、それを達成するための最善の手段をじっくり考えなかった。おまけに、夫妻と同じ施工業者まで雇った。

結果は同じだった――ただ、苦難がもう2年続くことになった。上階の工事は下階に粉塵をまき散らし、ダメージを与えることもあった。デボラはついに耐えられなくなり、工事が終わるまでよそで暮らした。デイヴィッドは窓がベニヤ板で覆われていた3か月間、暗がりの中で過ごしたこともある。ほとほとうんざりして、友人宅に1年転がり込んだ。

夫妻が行った工事の一部は、隣人の工事によって解体され、やり直された。夫妻が最も絶望した瞬間は、レンガの外壁に倒壊の恐れがあることが判明し、取り壊してレンガを積み直す必要が生じたときだ。夫妻の負担は18万ドルとなった。

デイヴィッドがざっと計算したところ、夫妻と隣人のそれぞれが合計100万ドルずつを、この小さなタウンハウスの改修に費やしたことになる。もし最初にこの金額でのリフォームを提案されていたら、「とんでもない」と言って却下していたと、デイヴィッドは断言する。

だが結局それを行う羽目になったのは、「『これをやりたい』という狭い視野にとらわれたまま」、リフォームに着手したからだという。もし夫妻がゲーリーの質問からプロジェクトを始め、右から左へ考え、そして隣人も話し合いに交えていたら、狭い視野にとらわれることもなかった。だがそうはしなかった。

なにしろ、ほんの小さなキッチンのリフォームなのだ、失敗しようがないだろう？

# 4章 ピクサー・プランニング
## ――アイデアは「灰色のモヤモヤ」から始まる

人間は何かを一発で成功させるのがとても苦手である。その反面、工夫を重ねるのはとても得意だ。賢明な計画立案者は、人間のこの基本的性質を踏まえて、試行と学習を何度もくり返す。ピクサーやフランク・ゲーリーのような方法で計画を立てるのだ。

これから2つの芸術作品の物語を語ろう。

1つは、シドニー港の岩がちな岬の上に立つ建物だ。シドニー・オペラハウスはヨットの帆や雲、鳥の翼を思わせる、優雅な白い曲面の屋根を重ねたデザインである。量産型の建物とは一線を画したこの外観は、見る者を高揚させる。

半世紀前の完成時、それまでのどんな建物とも違うその姿は、世界に衝撃を巻き起こした。オペラハウスはオーストラリアの誇らしいシンボルとなり、世界的名所となった。

「人類の創造性を象徴する、まぎれもない傑作である」と、ユネスコの専門家による評価報告書は称えている。2007年にはタージマハルと万里の長城と並んで、ユネスコの世界遺産に登録された。存命の建築家による建造物が世界遺産になったのは、これが初めてだった。[1]

2つめの傑作は、すでに見たビルバオ・グッゲンハイム美術館、アメリカの著名彫刻家リチャード・セラをして、「20世紀建築における最大の偉業の1つ」と言わしめた建物である。[2] 2010年の世界の主要な建築家と建築専門家を対象とする調査では、ほかを大きく引き離して、1980年以降の最重要建造物に選ばれた。[3]

シドニー・オペラハウスとグッゲンハイム・ビルバオを、20世紀の最も偉大な建造物とみなす人は多い。私も同感だ。

シドニー・オペラハウスの設計は、1人の天才建築家から生まれた。彼の名はヨーン・ウッツォン。オペラハウスの国際設計コンペで優勝したとき、ほぼ無名の存在だった。

グッゲンハイム・ビルバオも天才から生まれた。真に独創的で、どんなカテゴリーにも属さない建築家、フランク・ゲーリーが設計したこの建物は、彼の最高傑作と言っていいだろう。

だがこの2つには違いがある。それも大きな違いだ。

シドニー・オペラハウスの建設は、正真正銘の大混乱に陥った。次から次へと問題が発生してコストが膨張し、当初5年の予定が14年を要した。総工費は当初見積もりの15倍を超えたが、これは1つの建造物として史上最大級の超過率である。さらに痛ましいことに、シドニー・オペラハウスはウッツォンのキャリアを破壊した。

対して、グッゲンハイム・ビルバオは、予算内かつ工期内に完成した。正確に言うと、**コストは予算を3％下回った。**[4] また期待を上回る便益をもたらし、1章で見た、予算、工期、便益の3拍子揃った、希有な「0・5％」のプロジェクトの1つに数えられる。この大成功によって、フランク・ゲーリーは世界的建築家にのし上がり、その後も世界中のクライアントから依頼を受け、数々の傑作を生み出し続けている。

これらの対照的な事例から学ぶべきことは多い。

## 上向きの学習曲線——人間の「得意な方法」で効率よく進む

「計画立案」は、いろいろな意味を含む概念だ。

計画立案と聞いて、受動的な活動を思い浮かべる人も多いだろう。じっと座って、頭をひねり、宙を見つめ、やるべきことを模索する。組織で言えば、報告書をまとめ、マップや図表を色分けし、作業予定を立て、フローチャートのボックスを埋めるといった、型にはまった行動とみなされることもある。この方法で立てられた計画は、見かけは時刻表のようで、中身はさらに面白味に欠ける。

この説明に当てはまる計画立案は非常に多い。これは重大な問題だ。計画立案を、抽象的で形式的な思考と計算の行為とみなすのは、とんでもない誤りである。

優れた計画立案の特徴は、これらとはかけ離れている。その特徴はラテン語の動詞「エクスペリリ」にとらえられている。エクスペリリはすばらしい2つの英単語、エクスペリメント(実験する)とエクスペリエンス(経験する)の語源で、「試みる」「試す」「証明する」などの意味がある。

人が何かを学習するプロセスを考えてみよう。あれこれ試し、工夫を凝らし、何が有効か、有効でないのかを見きわめ、これらをくり返しながら学習する。つまり、実験を通して経験を生み出していく。専門用語で言えば**「経験的学習」**である。**人間は工夫を重ねて学ぶことに長けている。**

これは幸運なことだ。というのも、人間は何かを一発で成功させるのはとても苦手だからだ。

工夫に必要なのは、粘り強さと、何より失敗から学ぼうとする姿勢である。「1万回失敗したのではない。うまくいかない方法を1万通り見つけるのに成功したのだ」と、発明家のトーマス・エジソンは言った。

これはけっして誇張ではない。エジソンは電球のフィラメントとして使える、安価で耐久性の高い素材を見つけようと奔走し、ありとあらゆる素材で何百回と実験を重ね、とうとう炭化竹《たんかちく》が使えることを発見した。[5]

計画立案での「実験」では、プロジェクトのシミュレーションを行う必要がある。条件をいろいろ変更して、どうなるかを模擬体験する。右端のボックスに到達する助けになる有効な変更は残し、無効なものは捨てる。こうした試行錯誤と真剣な検証を経て、シミュレーションはクリエイティブで厳密で詳細な計画、つまり信頼性の高い計画になるのだ。

だが人間の優れたところは、自分の経験だけでなく、他人の経験からも学べる点にある。エジソンは実用的な電球をつくろうとした過去の科学者や発明家の成果を学んで、電球のフィラメントの実験を行った。いったんエジソンが問題を解決すると、実験しなくても、ただエジソンの方法を調べるだけで、誰でも実用的な電球をつくれるようになった。

とはいえ、たとえ私がエジソンの解決策を知っていたとしても、初めて電球をつくるときはきっと苦戦するはずだ。時間がかかるだろうし、できあがった電球は使いものにならないかもしれない。そこでもう一度つくってみると、ちょっとましなものができる。これを何度もくり返すうちに、どんどんよくなっていく。これを**「上向きの学習曲線（ポジティブ・ラーニングカーブ）」**と呼ぶ。

試行錯誤を重ねるたび、より簡単に、より安価に、より効率的にできるようになる。[6] そうした反復もまた経験であり、計り知れない価値がある。古いラテン語のことわざにあるように、「反復は学習の母」なのだ。

よい計画は、実験または経験を周到に活用する。優れた計画は、実験と経験の両方を徹底的に活用する。本章では計画立案に実験を活かす方法、次章では経験を用いる方法を説明しよう。

## 計画の穴――「下書き」が見事だとだまされる

悪い計画は、実験も経験も活用しない。シドニー・オペラハウスの計画は「とても悪い計画」だった。

オーストラリアの美術評論家ロバート・ヒューズは、ヨーン・ウッツォンが設計コンペに提出した案を、「見事な落書きでしかない」と片づけた。[7] これは少々大げさな評だが、大げさすぎるというほどではない。ウッツォンの設計案はあまりにも大まかで、コンペの設計要件さえ満たしていなかった。だがそのシンプルなスケッチは、まぎれもなく見事だった。いや、見事すぎたのかもしれない。審査委員がスケッチに惚れ込んで反対を退け、そのせいで多くの疑問が残ったままになってしまった。

主な問題は、ウッツォンの構想の中核をなす、「シェル」と呼ばれる曲面状の薄い外壁にあった。2次元の紙面上では美しく見えたが、それらを立たせるにはどんな3次元構造が必要なのか？　どんな資材で、どうやってつくるのか？　どの疑問にも答えは出ていなかった。ウッツォンは建築技術者にさえ相談していなかった。

この時点でコンペの主催者は、ウッツォンの勝利を称えた上で、必要なだけの時間をかけてアイデアを試し、他人の経験を参考にして、本格的な計画を立てるよう、彼に要請すべきだった。そうした計画があれば、建設に必要なコストと時間を正しく見積もり、予算の承認を得たうえで、建設を開始することができただろう。これが、「ゆっくり考え、すばやく動く」のアプローチだ。

だが実際に行われたのはその正反対だった。シドニー・オペラハウスは「すばやく考え、ゆっくり動く」の典型例だ。

オペラハウスのプロジェクトを主導したのは、ニュー・サウス・ウェールズ州首相のジョー・ケイヒルである。ケイヒルは州首相を長年務め、いまやがんを患っていた。

彼も政治家の例に漏れず、自分は後世に何を残せるだろうと考えるようになった。そしてやはり政治家の例に漏れず、自分が推進した公共政策だけでなく、目に見える立派な建物のかたちで名を残したいと考えた。

だがこの夢は、オーストラリア労働党の同僚たちには理解されなかった。当時ニュー・サウス・ウェールズ州では深刻な住宅・学校不足が続いていたため、贅沢なオペラハウスに公的資金を投入するのは馬鹿げていると一蹴された。

古典的な政治的ジレンマに直面したケイヒルは、古典的な政治戦略に出た。コストを少なく見積もったのだ。彼にとって都合のよいことに、コンペの審査委員会に提出された見積もりは、計画の穴を楽観的な前提で埋め、ウッツォンの設計を有力候補の中で最も安価と結論づけていた。

## 「性急」な着手で何が起きるのか?

ケイヒルは進行を急がせた。計画がどんな状態であろうと、1959年2月には建設を開始する、と宣言した。州選挙が1959年3月に控えていたのは、偶然ではなかった。とにかく建設を始めて、「私の後任が中止にできないところまで工事を進めておけ」と指示した。[8] まさに2章で論じた、「穴を掘り始める」戦略である。

そしてまさにケイヒルの思うつぼになった。彼が1959年10月に亡くなったとき、オペラハウスの建設は着々と進んでいた——ただ、何を建設しているのかは誰も知らなかった。最終設計はまだ決定されず、図面さえ引かれていなかったのだから。

その間、ヨーン・ウッツォンは作業を進めながら、前途多難を痛感していた。プロジェクトがまだ製図段階にあったなら、何も問題はなかった。だがすでに建設が進んでいた。いずれ未解決の問題や予想外の難題が浮上して、遅延と赤字の悪循環に陥るのは目に見えていた。ウッツォンは奮闘し、当初案よりもかなり直立した、巧妙な設計を考案して、曲面状のシェルを立たせるという難問をとうとう解決した。[9] しかし、大惨事を避けるにはもう手遅れだった。

性急に着工したせいで、コストが急激に積み上がっていった。完成した部分をダイナマイトで爆破解体してやり直すこともあった。案の定、プロジェクトは政治スキャンダル化した。新任の担当大臣はウッツォンを軽んじ、虐げて苦しめ、報酬の支払いさえ拒否した。

ウッツォンは建設途中の1966年、シェルがまだほとんど立てられず、内装も手つかずの状態で、事実上解任され、交代させられた。[10] 彼は家族とともに極秘出国し、報道陣を避けるために、ドアが閉まる寸前に飛行機にすべり込んだ。

1973年10月、オペラハウスはイギリス女王エリザベス2世によって開かれた。音響はオペラに不向きで、主に建設工程の混乱と構想者のウッツォンの解任のせいで、構造的欠陥も多かった。この華々しい建物を生み出した当のウッツォンは式にも行かず、その名が言及されることもなかった。[11]

ウッツォンは二度とオーストラリアの地を踏むことなく、完成した傑作をその目で見ないまま、2008年に祖国で亡くなった。まさにオペラのような悲劇である。

## 「ズームイン」と「アウト」をくり返す——木も森も見る

それに比べて、ビルバオ・グッゲンハイム美術館の誕生は、はるかにドラマ性に欠け、はるかに幸せな物語だ。川沿いの土地に美術館を建てるよう政府高官を説得したのはゲーリーだったが、それでも彼は設計を受注するためにコンペに勝つ必要があった。

ゲーリーは設計案をまとめるために、彼が「遊び《プレイ》」と名づけた集中的なプロセスでアイデアを練った。このプロセスで用いられる最も単純な方法は、紙にラフ画を描くこと。何も知らない人の目には謎めいて見える、ごく大まかなイメージ図だ。だがゲーリーが主に使うのは、模型《モデル》である。

最初は大小の積み木をいろいろ動かして、機能的で、見た目にも美しい組み合わせを探していく。グッゲンハイム・ビルバオの設計では、事務所の建築家のエドウィン・チャンとともに、積み木で原型を制作し、そこに白紙をねじってつくったさまざまな形を加えていった。1つひとつの変更を子細に調べ、残すべきか捨てるべきかを議論した。次に、木と段ボールで助手が制作した別の模型を使って、同じプロセスを何度もくり返した。「1日にいくつもの模型をつくり、矢継ぎ早にアイデアを試しては捨て、試しては捨てた」とゲーリーの伝記作家、ポール・ゴールドバーガーが書いている。[12]

2週間の試行錯誤を経て完成した設計案は、コンペで優勝した。だがその後も試行、学習、反復のプロセスは続けられた。

ゲーリーはキャリアを通して模型をつくり続けている。彼のスタジオは模型だらけで、倉庫には数十年分の模型が収められている。最初にある縮尺の模型をつくり、次に違う視点から見るために、別の縮尺の模型をつくる。**ある側面にフォーカスした模型をつくった**

**かと思うと、それから一歩下がって全体を俯瞰する。**

建物がすべての視点からどう見えるか、うまく機能するのかを十分理解できたと納得するまで、こうしたズームインとズームアウトをくり返す。新しいアイデアをたゆみなく試し、結果をチームやクライアントと話し合い、何が有効なのか、有効でないのかを判断する。そして、これは彼のプロセスのほんの始まりに過ぎない。

## 「試作品」で完成しておく

グッゲンハイム・ビルバオの設計を受注してから、ゲーリーとチャンはこうした試行錯誤に2年近くを費やした。その間、作業は積み木や段ボールのアナログの世界から、CATIA《キャティア》（コンピュータ支援3次元対話式アプリケーション）と呼ばれるソフトウェアを利用した、最先端のデジタルシミュレーションへと移った。[13]

CATIAは、もとは1977年にフランスの航空宇宙大手ダッソーによって、飛行機設計のために開発されたソフトで、ゲーリーのために、3次元の複雑な建物の設計に適用できるように改変されている。CATIAは驚くほど詳細で精密な設計を可能にし、ゲーリーの想像力と作品をほかのどんなツールよりも強力に支えている。

ゲーリーはかつては直線的な造形を主体としていたが、その後曲面を多用し始めると、設計を現実に落とし込むことができずに、完成した作品に失望することが多くなった。ゲーリーは私に、初めて曲線を取り入れた作品の写真を見せてくれた。1989年にドイツのヴァイル・アム・ラインに建てられた、ヴィトラ・デザイン博物館だ。

美しい建物だが、背面のらせん階段の屋根に、意図的につくったようには見えない「でっぱり」が見える。[14] そしてそれは彼の意図したものではなかった。ゲーリーは頭の中の構想を、実際に建設可能な2次元の図面に反映させることができなかった。

構想が実現しなかったのは、施工業者の過失ではなかった。ゲーリーの構想が、現実の設計に落とし込まれていなかったのだ。だがCATIAは、飛行機の機体のような精緻な曲線や、超音速の航空力学のような精密な物理学を扱えるように開発されたソフトだ。ゲーリーとチームはCATIAを利用することで、あらゆる形状を使って実験を行い、どれが建設可能か不可能かを確実に判断できるようになった。

ドイツであの不格好な屋根をつくったわずか3年後、ゲーリーは1992年バルセロナ夏季オリンピックのために、巨大な魚のオブジェ「フィッシュ」を完成させた。これはゲーリーがCATIAだけを用いて行った最初の設計であり、CATIAがあってこそ実現した設計である。

流れるような躍動感あふれる造形が実現した。ビルバオ・グッゲンハイム美術館がオープンしたのは、その5年後だった。ドイツの「でっぱり」から、たった8年後のビルバオの優美な曲線への大転換は、技術的にも美的にも見事としか言いようがない。それは建築史上のどの建築様式の転換にも劣らないほど劇的な、そして喜ばしい転換だった。

CATIAには計り知れないポテンシャルがあった。ゲーリーとチームがこっちの曲線を変え、あっちの形状を変えると、コンピュータはそれらの変更が建物のあらゆる側面に与える影響をすばやく計算する。たとえば構造的整合性（自立するか？）や、配線・配管の機能性（稼働するか？）、コスト（予算内に収まるか？）などへの影響が即座に判明する。

試行錯誤は加速した。ゲーリーはCATIAの機能を存分に活かし、どんどんアイデアを試していった。ビルバオ・グッゲンハイム美術館は、最初にコンピュータ上で完全に建設された。この**「デジタルツイン（デジタルの双子）」（ゲーリーが初めて制作してから何年もあとにできた用語）が完成してから、ようやく現実世界での建設が始まった。**

## 設計変更ゼロの「波打つ壁の76階建てタワー」

このアプローチは大胆な芸術性だけでなく、めざましい効率性も実現した。たとえばゲーリーが手がけたニューヨークの76階建ての超高層マンション、「エイト・スプルース・ストリート」の例がある。

ゲーリーは、風ではためく布のように波打つステンレスの外壁という、鮮烈なアイデアを考案した。だがこれを実現するには、壁の1つひとつのピースを工場で製造し、それを現場で組み立てる必要があった。すべてのパーツを継ぎ目なく組み合わせて、壁の実用的な機能を提供しつつも、はためく布の美しい幻想をつくり出さなくてはならない。しかもそのコストは、一般的な外壁のコストを大幅に上回ってはいけない。

これらの条件をクリアするには、徹底した検証が必要だった。「あれを手でやっていたら、設計工期内に2、3回の検証をくり返すのがせいぜいだったね」と、ゲーリーの会社の建築家テンショウ・タケモリは指摘する。[15] だがデジタルシミュレーションの力を借りて、「数千回の反復が可能になった。おかげで高い効率性を実現し、平坦なカーテンウォールとほぼ同等にまでコストを下げられたんだ。**工事途中の設計変更が一度もなかったことが、**

精度の高さを物語っている。76階建てのタワーにしては、かなりすごいことだろう?」。

ゲーリーはグッゲンハイム・ビルバオで世界的名声を得た何年もあとに、人気アニメ「ザ・シンプソンズ」に本人役で声の出演をした。シンプソン家の母マージがこの高名な建築家に、地元のコンサートホールの設計を依頼する手紙を書く。ゲーリーは郵便受けに届いた手紙を読むなり、丸めてポイと投げ捨ててしまう。だが、地面に落ちたしわくちゃの形を見て目を丸くし、「フランク・ゲーリー、あんたは天才だ!」と叫ぶ。

シーン変わって、ゲーリーがコンサートホールの模型を住民にお披露目するが、それはグッゲンハイム・ビルバオにそっくりだった……というオチだ。[16] ゲーリーはのちに出演を激しく後悔するようになった。冗談でやったのに、みんな信じてしまったのだ。「あれには悩まされているよ」とテレビのインタビュアーに答えて言った。「シンプソンズを見た人は、あれが本当だと信じてしまったんだ」[17]

フランク・ゲーリーが天才なのは間違いないが、あのアニメでの彼の仕事ぶりは、それ以外のすべての点で間違っている、いや正反対だ。

ゲーリーがグッゲンハイム・ビルバオの計画立案で実現した緻密さと精度は、建築の世界では――またそれ以外のどの世界でも――当時も今もきわめて異例である。私はこれまでゲーリーと、彼のスタジオや、オックスフォード大学での招待講演、それに道端でも、何度か話をしているが、彼はつねづね**緻密な計画がカギ**だと言っていた。

「私たちの会社では、クライアントの予算と条件に合ったものをつくれるという確信が持てるまでは、建設開始を許可しない。利用可能なあらゆるテクノロジーを駆使して、構造要素をできるだけ正確に定量化することで、不確定要素を減らしているよ」[18]

また、こうも言っていた。「ビジョンを実現できることをクライアントに保証したい。それを無理のないコストで実現できることを保証したいんだ」と。[19]

グッゲンハイム・ビルバオとシドニー・オペラハウスの計画立案の違いは、いくら強調しても足りない。前者はプロジェクトを成功させる「ゆっくり考え、すばやく動く」の模範例で、後者はプロジェクトを失敗させる、「すばやく考え、ゆっくり動く」の悲劇的な例である。その意味で、これらの傑作の物語は、建設だけにとどまらない、多くのことを教えてくれる。

## ピクサーは「灰色のモヤモヤ」から始まる

現在ピート・ドクターは、「カールじいさんの空飛ぶ家」「インサイド・ヘッド」「ソウルフル・ワールド」の3作品でオスカーを受賞した映画監督である。彼は１９９５年の世界初のフルＣＧアニメーション映画「トイ・ストーリー」をはじめ、時代を象徴する名作を連発している映画スタジオ、ピクサー・アニメーション・スタジオのクリエイティブ・ディレクターも務める。

だがドクターが入社した１９９０年、ピクサーはほんの小さな会社で、デジタルアニメーションはまだ揺籃《ようらん》期にあり、ドクターは若くて世間知らずだった。

「ウォルト・ディズニーのような人は、眠っている間にひらめくのかと思っていたよ。突然『そうだ、ダンボだ！』なんて叫んでね」とドクターは笑う。「アイデアが完成した状態で降りてきて、最初から最後まで物語をスラスラ語れるんだと思っていた」[20]

経験を積んだ今は、映画の物語がそんなに簡単に生まれないことを知っている。**「それは灰色のモヤモヤから始まる」**と彼は言う。

「灰色のモヤモヤ」を、劇場で公開されるオスカー受賞作品に変えるためにピクサーが用いているプロセスを、ドクターは長い会話の中でくわしく説明してくれた。

その方法は、ゲーリーがグッゲンハイム・ビルバオの設計で用いたプロセスとはまったく違うのだろうと、私は思っていた。なにしろアニメーション映画と美術館は、オペラハウスと風力発電所ほどかけ離れているのだから。ところがドクターが教えてくれたプロセスは、ゲーリーのプロセスと本質的にとてもよく似ていた。

1つめの共通点は時間だ。ピクサーの監督は、アイデアを探し、映画のコンセプトを練り上げるのに、数か月かけることを許される。この時点でのアイデアは、いずれ木になる種のように、最小限のものでしかない。たとえば「料理好きなフランスのネズミ」「気むずかし屋のじいさん」「少女の頭の中」など。**「たったそれだけ。キャッチーで、興味をそそるアイデアであればいいんだ」**とドクターは言う。[21]

そして最初の小さな一歩として、そのアイデアがどういうふうに物語の土台になるかを説明する、12ページほどのあらすじを書く。「主に、何が起こるかを説明するんだ。舞台はどこか？　どういう状況なのか？　どんなことが起こるのか？」とドクター。このあらすじは、監督や脚本家、アーティスト、経営陣からなる集団に渡される。

「全員がそれを読んで、批評や質問、懸念をぶつける。監督はそれらを持ち帰ってあらすじを書き直す」。その後、論評と書き直しのラウンドが再度くり返されることもある。

## ピクサーの「原型」のつくりかた

ドクターによれば、いったん「物語の大筋が決まる」と、脚本の執筆が始まる。最初の草稿は120ページほどで、このときも同様のプロセスが「2回ほどくり返される」。そして、監督はこれ以降のどの段階でも、誰からのどんなフィードバックも取り入れる義務はないのだと、ドクターは強調する。「ここにアイデアがあるよ、使うも使わないも君の勝手だ、という感じでね。監督に唯一求められるのは、脚本をよくしていくことだけ」

この工程は、脚本を書いたことがある人なら誰でも、少なくとも大まかには知っているだろう。だが脚本がある程度かたちになると、ピクサーは一風変わったことをする。監督が5人から8人のアーティストのチームと組んで、脚本全体の詳細な絵コンテ（ストーリーボード）を描く。そしてそれらを写真に撮ったものをつないで動画にし、映画のラフバージョンを作成するのだ。絵コンテ1枚が映画時間の約2秒に相当するから、90分の映画なら約2700枚の絵コンテが必要になる。この動画に、社員がセリフを吹き込み、簡単な音響を加える。

こうして映画全体のラフな原型ができあがる。ここまでの所要期間は3、4か月。「だから、かなり大きな投資になるね」とドクターは言う。それでも、実際のアニメーション制作にかかるコストに比べれば、大した金額ではない。

次に、プロジェクトに関わっていない人たちを含む大勢の社員を集めて、この試作映像を上映する。「誰も何も言わなくても、聴衆が映画を気に入っているのか、いないのかはすぐわかる」とドクター。「何か言われる前から、どこを直すべきかがわかることが多い」

また監督は「ブレイントラスト」と呼ばれる、ピクサーの監督経験者の集団からも批評を受ける。「たとえば『あの部分がわからなかった』『メインキャラに共感できなかった』『最初はよかったが途中で混乱した』というように。いろいろな部分が槍玉に挙がる」

この最初の試写会後、「試作のかなりの部分が削り落とされるんだ」とドクターは言う。脚本は大幅に書き換えられ、新しい絵コンテが描かれ、動画に編集され、新しいセリフが吹き込まれ、音響が加えられる。このバージョン2もブレイントラストを含む観客に見せられ、監督は新しいフィードバックを得る。

これをくり返す。

もう一度。またもう一度。そしてもう一度。

一般にピクサー映画は、脚本から観客のフィードバックまでのサイクルを8回くり返す。「バージョン1から2への変化は「たいていとても大きいね」とドクター。「バージョン2から3への変化も、かなり大きい。うまくいけば、その後は使える要素が増えていくから、変化はどんどん小さくなっていく」

## 「バージョン9」で公開

ドクターがアカデミー賞を受賞した「インサイド・ヘッド」の劇場公開版では、物語の舞台は少女の頭の中で、少女の感情をつかさどる、「ヨロコビ」「カナシミ」「イカリ」などの5人のキャラクターが登場する。

だが初期のバージョンには、それよりずっと多くのキャラクターがいた。それぞれが、ドクターが心理学者や脳科学者に相談して選んだ感情をつかさどり、他人の不幸を喜ぶ「シャーデンフロイデ」や、物憂げな「アンニュイ」というキャラクターまでいた。またキャラクターには人間の名前がついていて、どの感情を代表しているかは、行動から察するようになっていた。

これは失敗だった。「あまりにもややこしすぎた」とドクターは苦笑する。そこでキャラクターの数を絞り、名前もわかりやすくした。大手術だったが、うまくいった。

のちの細かい点を詰めるラウンドで、こんなことがあった。このときの脚本では、「ヨロコビ」が、意思決定を行う司令室から遠く離れた心の奥で迷子になり、「司令室に戻らなきゃ!」と何度も言うことになっていた。これは、行動の目的と重要性を観客に伝える大事なセリフなのだが、そのせいで、ヨロコビが自己中心的でいけすかない人物のように思える、という指摘があった。

ドクターはどうしたか? このセリフを別のキャラクターに与えたのだ。「そこで『カナシミ』に、『ヨロコビ、あそこに行かなきゃダメよ!』と言わせたんだ」。些細な変更だが、「キャラクターの印象ががらりと変わったよ」とドクターは言う。

この徹底した、疲弊するプロセスを8回ほどくり返すうちに、監督のコンセプトが細部に至るまで厳密に検証される。ゲーリーが物理的模型とCATIAで建物のシミュレーションをするように、映画のシミュレーションも徹底的に行われる。それがすんで初めて、ピクサーの最先端コンピュータを使った本物のアニメーション制作が開始されるのだ。

シーンを1コマずつつくる。有名俳優に声を吹き込んでもらう。プロの作曲家による楽曲を録音する。音響効果を作成する。これらすべての要素を統合して、世界中の劇場で公開されテレビで放映される実際の映画がとうとう完成する。

**「公開版はバージョン9くらいかな」**とドクターは言う。

## アイデアはたいていうまくいかないが問題ない

このプロセスには「信じられないほどの労力がかかる」と、ドクターは認める。だがピクサーのような反復的なプロセスにはそうするだけの価値がある。その理由は4つある。

第一に、自由に実験することができるからだ。エジソンもこの方法で大成功を収めた。**「ばかばかしいアイデアを試せる自由が必要なんだ。そして、アイデアはたいていの場合うまくいかない」**とドクターは言う。

このプロセスではうまくいかなくても問題ない。ダメなら別のアイデアを試し、さらにまた別のアイデアを試すことができる。そうするうちに、エジソンの電球のような光輝く何かが見つかる。「一発で成功しなくてはならないのなら、確実に成功するとわかっていることだけしかやらなくなる」。そして創造性を生命線とするスタジオにとって、それは緩やかな死を意味する。

第二に、このプロセスでは大まかなアウトラインから細かいディテールに至るまでのあらゆる部分が精査、検証される。おかげで実行フェーズに入る前に、曖昧な点がすべて解消される。

これが、よいプランニングと悪いプランニングの基本的な違いである。悪いプランニングでは、問題や課題、不明点が先送りにされるのがつねだ。シドニー・オペラハウスがトラブルに陥ったのも、そのせいだった。ヨーン・ウッツォンは最終的に問題を解決したが、すでに時遅く、コストは膨張し、工事には何年もの遅れが出ていた。ウッツォンは解任され、その評判は地に墜ちた。また、問題が最後まで解決されないプロジェクトも多い。

シリコンバレーでもこの種の失敗は一般的で、それを指す名前まである。「ヴェイパーウェア」とは、鳴り物入りで発表されるものの、誇大宣伝を実現する方法が見つからず、いつまで経ってもリリースされない、蒸気《ヴェイパー》のように実体のないソフトウェアをいう。

一般に、ヴェイパーウェアは不正ではない。というより、最初から不正を目的としているわけではない。**多くの場合、素朴な楽観主義と、がむしゃらな本気に駆り立てられている。それでも一線を越えれば不正になってしまう。**

元ウォール・ストリート・ジャーナル記者で作家のジョン・キャリールーは、シリコンバレー史上最悪のスキャンダルの背後に、この力学が働いていたと指摘する。カリスマ的な19歳のCEO、エリザベス・ホームズが創業したセラノス——取締役会にジョージ・シュルツとヘンリー・キッシンジャーの元国務長官も名を連ねた——は、画期的な血液検査技術を開発したと謳い、投資家から13億ドルを集めた。[22] だがそれは幻に終わり、ホームズは詐欺罪で有罪判決を受け、セラノスは数々の訴訟を起こされ解散に追い込まれた。[23]

## トラブルを「前半」のあいだに解決する

第三に、ピクサーのような反復的プロセスは、心理学で「説明深度の錯覚」と呼ばれる、基本的な認知バイアスを克服するのに役立つ。

たとえば、あなたは自転車が走る仕組みを知っているだろうか？　ほとんどの人は知っている「つもり」でいるが、簡単な図に描いて説明することができない。自転車のほとんどの部品がすでに描かれた図があっても、正しく描き上げられない。

「人は複雑な現象を、実際よりもはるかに正確に、整合的に、深く理解しているつもりでいる」と研究者は結論づけた。計画者にとって、説明深度の錯覚が危険なのは明らかだ。

だがこの錯覚は、ほかの多くのバイアスとは違って、簡単に解消できることも明らかになっている。**理解しているつもりのことを説明しようとして、実はわかっていないことを**

**自覚すれば、錯覚が解ける**のだ。

ピクサーの監督はこの反復的プロセスによって、自分が物語で伝えたいことを、大きいものから小さいものまですべてくわしく説明させられる。おかげで、錯覚は高価な問題を引き起こしがちなアニメーション制作段階に入るずっと前に解消する。[24]

このことは第四の理由とも関係している。

1章でも触れたように、計画立案にはコストがそれほどかからない。もしかすると、絶対額では「安い」とは言えないかもしれない。ピクサーでは、監督が率いる脚本家とアーティストの少人数のチームが映画のラフを制作するが、これだけの人員を何年も働かせるのには相当なコストがかかる。それでも、劇場公開版のデジタルアニメーション制作に必要な、数百人の精鋭人材や最先端テクノロジー、映画俳優の声当て、大物作曲家の楽曲提供などのコストに比べれば、たかが知れている。だから、実験的映像を何度もつくり直すコストは、相対的に「安い」と言える。

このコストの差が重要な理由は単純だ。**大型プロジェクトではトラブルが起こるのは確実で、「いつ」起こるかだけが問題だからだ。**反復的プロセスによって、その「いつ」が「計画フェーズ中」になる確率を大幅に高めることができる。

これが大きな違いを生む。たとえ映画のバージョン5で重大なトラブルが発覚して、すべてのシーンを書き直す必要が生じたとしても、時間とコストの損失は比較的軽くすむ。だが同じトラブルが制作フェーズで発覚して、すべてのシーンを制作し直さなくてはならないとしたら、膨大なコストと危険な遅延が発生し、プロジェクト全体が頓挫するかもしれない。

この単純な違いは、ほぼすべての分野のプロジェクトに当てはまる。**計画を立てる間に、打てるだけの手を打っておこう。そして、計画はエクスペリリ（実験＋経験）をもとに、ゆっくり、徹底的に、反復的に立てよう。**

もちろん、ピクサーのすばらしい成功の理由は、優れた開発プロセスのほかにもたくさんあるが、それでもピクサーがハリウッド史上前例のない成功を収めているのは、このプロセスによるところが大きい。ピクサーは、ただ高評価で高収入の名作を制作しているだけでなく、それらを前例のないほど一貫して制作しているのだ。

第一作の「トイ・ストーリー」を公開した1995年にほぼ無名の新興企業だったピクサーは、その10年後にエンターテインメント界の巨人ディズニーによって、（2021年の金額で97億ドルで）買収された。そのうえディズニーは、ピクサーのCEOだったエド・

キャットムルに、長年低迷していた名門ウォルト・ディズニー・アニメーション・スタジオの社長を兼務してほしいと求めたのだ。

これが吉と出た。キャットムルはピクサーでヒット作を連発しながら、ディズニー・アニメーションの立て直しにも成功した。現在彼はピクサーからもディズニーからも退いているが、ピクサーでは彼の指揮下で開始された22件のプロジェクトのうちの21件、ディズニーでは11件のうちの10件が公開にこぎ着けた。ハリウッドの100年あまりの歴史の中で、ここまでの成功率は前代未聞である。

このプロセスはそれほど有効なのだ。

## 「前のめり」に計画をつくる——試して、何度も手を入れる

シリコンバレーの事情にくわしい読者は、1章からずっと引っかかるものを感じているかもしれない。世界のIT産業の中心地であるシリコンバレーは、史上最も成功し最も影響力のあるビジネスエリアだが、そこで活躍する起業家やベンチャーキャピタリストは時間をかけてじっくり計画を立てたりしない。なんなら、「計画」や「プランニング」という言葉を毛嫌いさえしている。

シリコンバレーのスタートアップの間では、たとえ未完成であってもプロダクトをすばやく提供し、ユーザーからのフィードバックを取り入れて改良していく方法が一般的だ。これが、起業家のエリック・リースが2011年の同名の著書で広めた、「リーン・スタートアップ」方式である。[25] そしてそれは、プロジェクトが失敗する主要因として、本書の冒頭から私が槍玉に挙げてきた、ゆっくり慎重に計画する前にプロジェクトを進める方式に酷似している。シリコンバレーの成功は、私の提唱する方法の強力な反例になる、とあなたは思っているかもしれない。

だが実は、リーン・スタートアップ方式は、私のアドバイスとまったく矛盾しない。もし矛盾が生じるとすれば、計画立案のあり方を狭く限定する場合だけだ。

私の考える計画立案とは、じっと座って考えることだけではないし、定型的で形式的な計画を立てることでももちろんない。アイデアを試し、機能するかどうかを確かめ、その学びを踏まえて別のアイデアを試す。**計画立案は「能動的なプロセス」である。計画立案には「行動」が伴う。**

計画立案は、プロジェクトを本格的に実行する前の試行錯誤と学習であり、この段階の慎重で徹底的で広範な検証が、実行を円滑かつ迅速に進めやすくする。

これはフランク・ゲーリーが、グッゲンハイム・ビルバオとそれ以降のすべてのプロジェクトでやっていることであり、ピクサーが画期的な映画を制作するたびにやっていることだ。またあとで説明するように、急成長中の風力・太陽光発電が化石燃料を追い越すために世界中で取っている方法だ。そしてこれは、リーン・スタートアップ方式の柱でもある。

エリック・リースは、スタートアップの置かれている環境が「とてつもなく不確実」なため、開発したプロダクトが市場に受け入れられるかどうかを事前に知ることは不可能だと指摘する。「顧客がほしいと口で言うものや、ほしがると私たちが考えるものではなく、彼らが本当に求めているものが何なのかを学ぶ必要がある」と彼は書いている。そしてそれを知るためには、「実験」をするしかない。「実用最小限のプロダクト」をつくり、それを消費者の目の前に置いて、彼らがどんな反応を見せるのかを確かめる。そこで学んだ教訓をもとに、プロダクトに変更を加えて再び提供し、このサイクルをまたくり返す。

試行錯誤を重ねるうちに、最終製品がゆっくりかたちをなしていくこの段階を、リースは構築フェーズと名づけた。私は「試行、学習、反復」するうちに、プロダクトの設計が変化していく、計画フェーズと呼んでいる。用語を除く唯一の違いは、検証の方法だけだ。

コストや安全性、時間などを気にしなくてよいのなら、現実世界の現実の人々の目の前で、あなたがやりたいと思っていることを実際にやってみて、反応を確かめるのが理想的だ。NASAがアポロ計画で取ったのも、この方法だった。地球から月まで往復するために必要な1つひとつのステップ――ロケットを月周回軌道に乗せる、乗組員が月着陸船に移動する、着陸船を母船とドッキングさせる等々――を検証するために、独立したミッションを遂行した。1つのステップをマスターしてから、次のステップへと移った。検証可能なすべてのステップを習得して初めて、アポロ11号を月へと送った。

## 「あとから修正」できないときは?

だがこの種の検証は、大型プロジェクトではコストがかかりすぎるため、ほぼ不可能だ。アポロ計画には、2021年の金額で約1800億ドルものコストが費やされた。[26] さらに、このやり方は危険を招くこともある。アポロ計画の宇宙飛行士は全員死を覚悟してミッションに挑み、3人が死亡した。

「実用最小限のプロダクト」方式は、この不可能な理想にかなり近い。十分な検証を行い、プロダクトの品質を「実用最小限」の水準にまで高めてから、現実世界にリリースして、貴重なフィードバックを得る。

だがこの方法も、適用できるプロジェクトが限られている。高層ビルを建て、世間の評判を確かめてから、解体して別のビルを建てることはできない。開発途中の旅客機を飛ばして、墜落しないことを確かめるわけにもいかない。

セラノスが苦境に陥った一因は、元記者のジョン・キャリールーが気づいたように、一般にソフトウェア開発で用いられるシリコンバレー方式を取ったことにある。ソフトウェアなら当初の不具合や失敗が許容されるとしても、医療検査となればそうはいかない。

それにソフトウェアであっても、リーン・スタートアップ方式で度を超してしまうことはままある。不具合のせいでプロダクトが失敗して会社の評判を落としたり、セキュリティリスクやプライバシー侵害を招いたりすることもある。

現に、ケンブリッジ・アナリティカによる個人情報不正取得のようなスキャンダルに発展したり、インスタグラムが10代の少女の自己イメージに有害な影響を与えていると非難されたり、フェイスブック（現メタ）やツイッター（現X）で広まった誤情報が2021年のアメリカ国会議事堂襲撃事件を招いたと指摘されたこともあった。

こうした状況では、フェイスブックの「すばやく動いてぶっ壊せ」のようなモットーは、まったくの無責任に映る。ユーザーや政策立案者がシリコンバレーに対し、プロダクトのリリース前に不具合を発見して修正するよう要求するのも当然だ。

## 「仮想最大限」でトライする

「実用最小限のプロダクト」方式が無理な場合は、**「仮想最大限のプロダクト」**方式を試すといい。フランク・ゲーリーがグッゲンハイム・ビルバオやそれ以降の設計でつくったようなモデル、ピクサーが長編映画の撮影前に作成するような、きわめてリアルで精緻なモデルをつくるのだ。

とはいえ、仮想最大限のプロダクトをつくるには、必要なテクノロジーの利用が欠かせない。だがそれらを利用できない場合でも、それほど高度でないツールや、最先端とは対極にあるようなツールの中から探してみよう。

ゲーリーは普通の幼稚園にあるような積み木や段ボールの模型で、グッゲンハイム・ビルバオなどの多くの傑作の基本設計を行っている。ピクサーの映画のラフは高度なテクノロジーを使うが、絵を写真に撮って、セリフを録音し、それらを編集して簡単な動画にするのは、12歳児でもｉＰｈｏｎｅを使ってできることだ。

要するに、素人でも自宅で簡単に、イベントからプロダクト、本、住宅リフォームまでの多種多様なプロジェクトのシミュレーションと検証、試行錯誤ができる。テクノロジーを利用できないことは、この方式を導入する障壁にならない。

**本当の障壁は、計画立案を静的で抽象的、形式的な行為とみなす、その姿勢にある。**代わりにそれを「試行、学習、反復」の能動的な試行錯誤のプロセスとみなせば、ゲーリーやピクサーのように、いろいろな方法を使ってアイデアで「遊ぶ」ことができるのだ。

だからこそ、ピート・ドクターはピクサー・プランニングを、冷静かつ謙虚にとらえている。たしかにピクサーは、1つの映画プロジェクトに1億ドルを超える投資を行い、超優秀な社員と最先端のテクノロジーを持っている。だがピクサー・プランニングのプロセスは基本的には、自宅の工房でニンジンの皮むき器（ピーラー）を設計するのと変わらないのだと、ドクターは強調する。

「いいアイデアを思いつき、それをもとに皮むき器をつくり、友人に試してもらう。友人は指を切ってしまう。『わかった、返してくれ、直すから。ほら直したよ、もう一度試してみて』。そうやって改良していくんだ！」[27]

試行、学習、反復。どんなプロジェクトやテクノロジーであっても、この方法を用いれば、有効な計画を、最も効率よく立てることができるのだ。

5章

# 「経験」のパワー

## ——最初から「貯金」がある状態で始める

経験は何物にも代えがたいものだ。だがさまざまな理由から、経験は見過ごされ、軽視されることが多い。完全に誤解されたり、無視されることもある。それを避ける方法を説明しよう。

前章でシドニー・オペラハウスとビルバオ・グッゲンハイム美術館の計画立案と建設を比較した際、あえて触れなかった小さな違いがある。ヨーン・ウッツォンがあの先進的な作品で設計コンペに勝ったとき38歳だった（1918年生）のに対し、フランク・ゲーリーは62歳だった（1929年生）。

ほかの状況でなら、これくらいの年の差は何でもない。だがこの状況では大きな違いを生んだ。年齢は時間を反映し、時間とともに経験が積み重なる。2人の先見的な建築家が、それぞれの人生と業績を決定づけた作品を設計したときの年齢差を考えれば、経験値という点でも大きな差があったことがわかる。

## 経験は「どの場面」で生きるのか？

しかも彼らの経験値には、年齢だけでは測れない差があった。デンマーク人のウッツォンが建築学校を卒業したのは、祖国がナチス・ドイツ占領下にあった第二次世界大戦中のことである。デンマークでは戦中も戦後もほとんど仕事がなく、シドニー・オペラハウスを設計するまでこれといった業績を残していなかった。

対してゲーリーは、戦後の好景気に沸くロサンゼルスで初期のキャリアを積み、多くの小規模だが意欲的なプロジェクトを手がけた。グッゲンハイム・ビルバオに着手する頃には、ほとんどの建築家の一生分を超える経験を積んでいた。2人の建築家の経験値の差、いや大差も、シドニー・オペラハウスの建設が大惨事に終わり、グッゲンハイム・ビルバオが今なお模範例であることの大きな理由だ。

経験に価値があることは誰でも知っている。ほかの条件がすべて同じなら、経験を積んだ大工は経験不足の大工よりも優れている。大型プロジェクトの計画立案と実行では経験豊富な大工を雇うなどして、経験を最大限に活用すべきだということも、当たり前で、本来言う必要もないことのはずだ。
だが、このことは、声を大にして執拗に言い続ける必要がある。なぜならこれから見ていくように、大型プロジェクトでは必ずと言っていいほど、経験が活かされないからだ。実際、経験はほかの要因、とくに政治が優先されるとき、あえて軽視されることが多い。**政治とは、最初、最大、最長など、最上級のものをつくりたいという野望**である。

より基本的なことを言うと、経験が活用されないのは、経験がどれほど判断の質を高め、プロジェクトの計画立案や運営をどれほど向上させるかが十分に理解されていないからだ。アリストテレスは経験を「歳月の果実」と呼び、経験こそが「フロネシス」の源だと説いた。フロネシスとは、全体にとっての善が何であるかを知り、それを実現する能力、すなわち「実践知」である。アリストテレスは、フロネシスが「知性的な徳」の中で最も重要だと考えた。[1] 彼が正しかったことは、最近の研究でも裏づけられている。

この古代の知見をもっと活かしていかなければならない。

## 経験の軽視で「コスパ」が悪化する

1章で、デンマーク政府が経験の乏しい企業に海底トンネルの掘削工事を発注し、そのことに私の父が憤慨していたと書いた。そして父の懸念は的中した。

この会社を率いていたのがデンマーク人だったのは、偶然ではない。国内企業に仕事を発注することが、有力なコネをつくり、雇用を約束して世間の支持を得るための得策だということは、世界中の政治家の常識だ。たとえその国内企業が経験不足で、海外企業に比べて実績が劣るとしても、彼らの知ったことではない。

そしてこうした政治的理由で決定が下されるとき――実際によくあることだが――政治家はプロジェクトの目的よりも、ほかの利益を優先するようになる。このようなやり方は、控えめに言っても経済的に問題だし、モラルやリスクの問題が生じることもある。

そして、こういうやり方をするのは政治家に限らない。大型プロジェクトには大金と利己心が絡む。政治とは「限られた資源を誰が得るのか」を決定する活動だから、官民問わずどんな大型プロジェクトにも必ず政治が関わってくる。

そう考えれば、なぜカリフォルニア高速鉄道があれほどひどい事態に陥ったのかがわかる。アメリカには本格的な高速鉄道がなく、当然アメリカ企業は高速鉄道を建設した経験がほとんどなかった。カリフォルニア州が高速鉄道を真剣に検討し始めると、経験豊富な海外の企業、なかでもフランス国有鉄道（SNCF）が、単独受注ないしは開発の主要パートナーになることをめざして、カリフォルニアに拠点を構えた。しかし州政府は、海外企業ではなく、経験が乏しいアメリカ企業に建設を発注し、高速鉄道の経験がほとんど、またはまったくない責任者にそれを監督させたのだ。[2]

これはプロジェクトの運営方法としては最悪だが、政治的利益になるから、普通に行われている。

さらに目に余る例が、カナダにある。

カナダ政府は2隻の砕氷船を購入することを決定した際、実績のある海外メーカーではなく、カナダ企業に建造を発注した。政治とはそういうものだ。しかも、1隻めの経験を2隻めに活かせるよう、1社に2隻まとめて任せる代わりに、2社に1隻ずつ発注した。

契約の分割は「自然な学習向上をもたらさない」と、議会予算担当官イヴ・ジルーは報告書で指摘している。報告書によれば、そのせいで建造コストの見積もりは、当初の26億(カナダ)ドルから72億5000万ドルに跳ね上がった。

そこまでして、なぜ2社に分けたのか？ 1社はケベック州の、もう1社はブリティッシュコロンビア州の政治的に重要な地域にあった。政府は契約を分割したおかげで、2倍の政治的利益を得ることができたのだ――経験と数十億ドルという代償と引き換えに。[3]

## 「誰もやったことがない」がやめる理由でなく、ぜひやる理由になる

何かで「最初」になりたいという野望は、経験を軽視してしまうもう1つの原因である。20年前、この野望がいかに見当違いかを実感させられるできごとがあった。

当時デンマークの地方・高等・最高裁判所を管轄する裁判所管理局は、2つの大型ITプロジェクトを行うことを検討していた。1つは国内の不動産登記の完全電子化、もう1つは法的文書を含む、裁判所実務の完全電子化である。

私は計画の可否を決定する、裁判所理事会の委員を務めていた。[4] その頃私は巨大プロジェクトの研究を始めて10年ほどで、ITシステムはまだ研究対象ではなかったものの、計画に不安を覚えた。そうした計画を実際に行った人を1人も知らなかったし、**私の研究は市場や分野を「最初」に開拓することの危険性をはっきり示していたからだ。**そこで私は海外視察を提案した。過去に同様のシステムを開発した国があればそこから学べばいいし、まだどこもやっていないのであれば先送りにすればいい。

ところが事態は違う展開をたどった。しかるべき海外視察が行われ、帰国した視察団が

理事会で結果を報告した。これをやった国はほかにあったのか？「いいえ！」と興奮した答えが返ってきた。「わが国が世界初ですよ！」

私はてっきり「世界初」は、プロジェクトを中止すべき強力な理由になると思っていた。だが理事会にとって、**それは是非とも推進すべき理由になった。**誰もやっていないことに挑戦したいという心意気は、たしかに称賛に値する。だがそこには重大な問題が潜んでいるのだ。

2つの巨額のITプロジェクトは承認され、そしてたちまち大混乱に陥った。工期はどんどん遅延し、コストは予算を大幅に超過した。完成後も、新しいシステムはバグだらけでうまく機能せず、やがて政治スキャンダルに発展して、新聞の一面を賑わせ続けた。職員の中には神経をやられて休職した人もいた。

この苦難に唯一救いがあったとすれば、同様のプロジェクトを2、3、4番めに行う人々が、私たちの経験から学んで失敗を避ける道が開かれたことだ。

だが、実際に失敗から学んだのだろうか？　そうは思えない。大型ITプロジェクトが困難な状況に陥る例は、今も後を絶たない。プロジェクトの計画者が経験に価値を認めないのは、別の行動バイアスに陥るからでもある。それは「独自性バイアス」といって、**自分たちのプロジェクトはユニークで唯一無二だから、前例から学ぶことはほとんどない、**

**という思い込みだ。**[5] だからいつまで経っても学ばない。

## 先行者利益は「ほぼ幻」である

ここまで取り上げたのはすべて公共部門の例だ。民間部門の人は、こう反論するだろう。たしかに経験は重要だし、裁判所システムの電子化を世界に先駆けて行うメリットはないかもしれない。だが、世界初の製品を開発し、発売する企業は、いわゆる「先行者利益」を享受し、他社の経験から学べないというデメリットを補う以上のメリットを得ているのだ、と。[6]

しかし、**先行者利益は誇張されすぎている。**ある重要な研究は、市場をいち早く開拓した「パイオニア」企業と、パイオニア企業を追って市場に参入した「フォロワー」企業を比較した。

50種の製品にわたる500のブランドのデータを分析したところ、**パイオニアとして市場に参入した企業の半数近くが倒産していたのに対し、フォロワー企業の倒産率は8%にとどまった。また、生き残ったパイオニア企業の平均的な市場シェアが10%だったのに対し、フォロワー企業のシェアは28%だった。**

早期参入はたしかに重要であり、「初期の市場リーダーは長期的に非常に大きな成功を収める」が、「初期のリーダーが市場に参入したのは、パイオニア企業の平均13年後だった」と同研究は指摘する。[7]

先行者は一定の状況下でメリットを得ることもあるが、それと引き換えに、他社の経験から学べないという手痛い代償を払う、というのが今日の定説となっている。それよりよいのは、アップルがブラックベリーを追ってスマートフォン市場にすばやく参入したように、**「ファスト・フォロワー」となって、先行者から学ぶ**ことだ。[8]

## 「最大、最高、最長、最速」の甘い誘惑

人間は「最初」だけでなく、「最大」「最高」「最長」「最速」を求める野望にも駆り立てられる。これらの「最上級」を求める気持ちは、最初になりたいという野望に劣らぬほど大きな危険をはらんでいる。理由も同じだ。

シアトルの州道99号線トンネルを考えてみよう。シアトル市は今から10年前、臨港部に地下トンネルを建設して、老朽化した高架道路を地下化する計画を発表した。この試み自体は世界初ではなかったため、過去の豊富な先例から学ぶこともできたはずだった。

だがシアトル市は2階建て・往復2車線ずつの、世界最大の地下トンネルを建設することを決めた。政治家は鼻高々だった。「最大」は、「最初」に劣らぬほど話題性があり、ニュースになりやすいから、政治家にとっては好都合なのだ。

だが世界最大の地下トンネルを掘るには、世界最大のトンネル掘削機が必要だ。そんな機械は当然、過去につくられたことも、使われたこともない。これが世界初の機械になる。シアトル市は掘削機を特注し、機械はしかるべく設計、建造、納品された。価格は8000万ドルと、標準的な掘削機の2倍を超えた。そして、全長約2700メートルになるはずのトンネルを300メートルほど掘ったところで、掘削機は故障し、世界最大の「ボトルに入ったコルク栓」になってしまった。

壊れた掘削機をトンネルから取り出し、修理してトンネルに戻し、作業を再開するのに、2年の歳月と1億4300万ドルの追加コストがかかった。シアトルの新しい地下高速道路は、当然ながら予定より遅れて完成し、コストは予算を大幅に超過し、この先も係争中の訴訟のせいでさらに膨れ上がるのは必至である。

もしシアトル市が標準サイズのトンネルを2本掘ることを決めていたら、すでに広く利用されている、したがってより信頼性の高い、既製の掘削機を採用し、機械の操作に慣れたチームを雇っていたはずだ。ただ、政治家は世界一のトンネルを自慢することはできなかっただろう。

シアトル市のような見当違いを起こしがちな理由は、前に説明した政治的要因のほかにもある。それは、「経験は人に蓄積されるのであって、ものには蓄積されない。だから新しい技術を使うのは、未経験の大工を雇うのとは違って、危ういことではない」という思い込みだ。これは間違っている。実際には同じことなのだから。

前章の最後で、ピクサーのピート・ドクターが、新しいニンジンの皮むき器を設計する方法を説明していた。皮むき器をつくる。友人が使ってみて、指をケガする。設計を変更してつくり直し、友人がまた試す。この試行と学習の反復的プロセスを通して、皮むき器の設計は着実に改良されていく。**皮むき器にはこれらすべての経験が盛り込まれている。**皮むき器に経験を盛り込むこの方法は、ピート・ドクターがピクサーで映画をつくる方法とまったく同じだ。

それにこのプロセスは、正規の設計プロセスが終了した時点で終わらない。もし皮むき器が数百万個売れるヒット商品になり、何世代もの料理人によって使われ、使い勝手がよいために一度も設計変更されなかったとしたら、この皮むき器には、料理人たちの経験のすべてが、「保証」として組み込まれているとも言える。

これが、信頼性の高いテクノロジーである。

## モノに眠った「経験」を利用する

ドイツの哲学者フリードリヒ・フォン・シェリングは、建築を「凍れる音楽」と言い表した。この美しく記憶に残るフレーズを、私はこう言い換えたい。**技術は「凍れる経験」である**、と。

技術をこのようにとらえる場合、プロジェクトの計画者は、ほかの条件が同じなら、経験豊富な技術を選ぶべきだ。その理由は、住宅メーカーが経験豊富な大工を選ぶべき理由と同じである。

だがこのとらえ方は一般的ではなく、むしろ技術は新しければ新しいほどよいと考えられている。そのうえカスタム設計も、「ユニーク」「画期的」「独自」などと称賛される。

経験を正しく評価する意思決定者は、新しい技術を警戒するはずだ。なぜなら、それは「経験不足の技術」なのだから。また真に「唯一無二」のものには警鐘を鳴らさなくてはならない。

それなのに、「新しい」や「ユニーク」は避けるべき特徴どころか、セールスポイントとみなされることが多い。これは大間違いだ。計画立案者と意思決定者はたびたびこの間違いを犯す。プロジェクトが期待外れに終わる主な理由は、ここにある。

## 永遠の初心者症候群――五輪はつねに「初心者」だから変更の嵐

ここまで見てきたすべての不合理の集大成が、オリンピックだ。

1960年以降、オリンピック――パラリンピックと合わせて6週間にわたって行われる、4年に1度のスポーツの祭典――の開催費用は爆発的に高騰しており、現在では数百億ドル規模にまで膨らんでいる。**データが入手可能な1960年以降の夏季・冬季のすべての大会で、開催費用が予算を超過している。**私とチームが調査した20超のプロジェクトタイプのうち、コスト超過率がオリンピックを上回るのは、核廃棄物貯蔵だけである。

さらにおそろしいことに、オリンピックのコスト超過率は「べき乗分布」に従う、つまり極端な値を取る確率が驚くほど高い。誰もうらやましがらないたった1つのオリンピック記録である、「コスト超過率」の記録保持者はモントリオールで、1976年の夏季大会は予算を720%超過した。だがべき乗分布のせいで、どこかの不運な都市が記録を塗り替えるのは時間の問題だ。[10]

この惨憺たる実績にはいろいろな理由があるが、主な元凶はオリンピックが経験をあえて軽視していることにある。

オリンピックには常時開催地というものがない。代わりに国際オリンピック委員会（IOC）は、大会ごとに開催地の立候補を募り、大会を地域から地域へ、大陸から大陸へと移動させることを好む。

この方法はオリンピックのブランドを宣伝するにはうってつけだから、IOCの利益に適っている。ひとことで言えば、政治的に好ましい。

だがその反面、開催の権利を勝ち取った都市と国は、開催経験をまったく持たないことになる。たとえ過去に開催したことがあったとしても、はるか昔のことだから、関係者はすでに引退したか死んでいる。

たとえばロンドンは2度めを開催したが、1度めとは64年の間隔が開いていた。東京も2度めの開催は57年ぶり、ロサンゼルスは44年ぶりだ。

経験不足を補うために、開催都市は4年前か8年前の開催に関わった人や企業の協力を求めることもできるし、実際にある程度はそうしている。だがこの慣行が主流になることは、政治的にあり得ない。オリンピックには莫大な費用がかかるから、政府がうまみのある契約や雇用を地域に約束しなければ、開催の支持を得ることはできない。そして、雇われるのが地域住民であれ、開催経験者であれ、開催地は先に述べた理由から、そうした労働力を指揮した経験がない。

その結果、大会は4年ごとにくり返されるにもかかわらず、パフォーマンスは上向きの学習曲線をたどらない。オリンピックはつねに初心者によって計画、実行される。私はこの致命的な欠陥を、**「永遠の初心者症候群」**と呼んでいる。[11]

それに加え、オリンピックにはプライドと、トップをめざす競争が絡んでくる。オリンピックのモットー、「より速く、より高く、より強く」に則り、開催都市は施設の建設でも最上級をめざす。既成の設計や先例の焼き直しではなく、つねに唯一無二の——最初、最大、最高の、最もユニークな、最も美しい——ものをつくろうとし、経験をないがしろにする。

この症候群が最もよく表れているのが、コスト超過のオリンピック記録保持者、1976年モントリオール大会だ。「すべての建物が壮麗で、近代的で、複雑だった」と、建設技術者が2013年に発表したケーススタディに書いている、「その最たるものが、メインスタジアムである」。[12]

メインスタジアムを設計した建築家は、市長ジャン・ドラポーの個人的なお気に入り、ロジェ・タイイベールである。彼が構想したのは開閉式のドームで、屋根の開口部の上に、傾斜した高いタワーがドラマチックにそびえるデザインだ。この設計が「前代未聞」であることが、ドラポーとタイイベールをことのほか喜ばせたが、それは警鐘として受け止められるべきだった。

タイイベールの計画は、現実的な問題をまるで考慮に入れていなかった。「スタジアムの設計は施工性を考慮せず、内部には足場を組むスペースすらなかった」と技術者はケーススタディで指摘している。そのせいで数十台のクレーンが密に配置され、互いに干渉した。[13]

コストの爆発的増加と工期の大幅遅延を受けて、ケベック州政府はドラポーとタイイベールを追放し、湯水のように資金を投入して、死にものぐるいで開催に間に合わせた。開会式の日、スタジアムにはまだ屋根がなく、華々しい目玉になるはずのタワーは根幹だけの醜い切り株でしかなかった。[14]

大会後もコストの膨張は続いた。タワーは結局タイイベールが計画した通りには建設できないことが判明した。設計の代替案が考案され、ようやく屋根が設置されたのは10年後のことだ。不運や不具合、補修や交換が続き、コストはさらに跳ね上がった。

ロジェ・タイイベールが2019年に亡くなったとき、モントリオール・ガゼット紙は

「ケベック市が負債を完済するのに30年かかった」と死亡記事に書いた。「そして40年以上経った今も、市は機能しない屋根に悩まされている」[15]

スタジアムには大会前にその形状から「ビッグ・O《オー》」の愛称がつけられたが、すぐに「ビッグ・オウ（巨大債務）」に代わった。その意味で、このスタジアムは、近代オリンピック大会の非公式マスコットとみなされるべきかもしれない。

モントリオールはけっして例外ではない。ネットで「オリンピック　廃墟」と入れて画像検索すると、さらにひどい結果に終わったオリンピックの奇抜な施設がぞろぞろ出てくる。

## 「反復」が上達をもたらす

ビッグ・オウの対極にあるのが、エンパイア・ステート・ビルだ。

冒頭でも説明したように、この有名なビルは驚異的な速さで完成した。この功績は、工事を円滑、迅速に進めるために綿密な検証を重ねて計画を立てた、建築家のウィリアム・ラムの手腕によるところが大きい。

だがもう1つの要因として、ラムが「革新的手法の不確実性を回避するために」、実績のある既成技術にこだわったことが挙げられる。[16] たとえば、「手作業」を可能な限り避け、「完璧な精度で大量に複製できるように」設計されたパーツを「現場に運んで、組立ラインの自動車のように組み立てた」。[17]

またパーツの種類と複雑性を最小限に抑え、各階の設計も可能な限り同一にした。おかげで作業員は同じ作業の反復を通じて学習することができた。つまり、**作業員は102階建てのビルを1個建設したのではなく、1階建てのビルを102個建設したのだ。**プロジェクト全体が学習曲線を駆け上がり、ペースは加速の一途をたどった。[18]

とはいえ、この計画も、初心者の手にゆだねられていたら失敗したかもしれない。だが施工を担当したゼネコンは、「高層ビルの効率的、迅速な建設の実績が豊富な」スターレット・ブラザーズ・アンド・イーケンだったと、歴史家のキャロル・ウィリスは書いている。[19]

ラムがこの種のビルの設計をすでに経験していたことも幸いした。ノースカロライナ州ウィンストン・セーラムの、かつてR・J・レイノルズ・タバコ・カンパニーの本社だったレイノルズ・ビルディングは、エンパイア・ステート・ビルを小さく短くしたような、アールデコ様式の優美な建物である。

ラムが1927年に設計したこのビルは、エンパイア・ステート・ビルの建設が始まる

1年前の1929年にオープンし、同年にアメリカ建築家協会の年間建築賞を受賞した。[20]ラムは過去の成功例という、建築家が望み得る最高の経験を、エンパイア・ステート・ビルの設計、建築に活かすことができたのだ。

では、エンパイア・ステート・ビルは、過去の設計を活用したり、意図的に単純で反復的な設計にしたことによって、価値がおとしめられただろうか？

とてもそうは思えない。エンパイア・ステート・ビルは時代を象徴する建物になり、「世界一高いビル」という垂涎《すいぜん》の称号までを――不要なリスクを負わずに――勝ち取った。すべての大型プロジェクトが、このような成功をめざすべきだ。その可能性を大幅に高めるための優れた方法が、経験を最大限に活用することである。

## 「熟練した直感」は正しいことが多い

だが、プロジェクトを成功させるためには、「凍れる」経験が欠かせないのと同様、「凍れぬ」経験、つまり形にならない、人々の生きた経験を活用することも大切だ。

フランク・ゲーリーやピート・ドクターのようなプロジェクトリーダーをずば抜けた存在にしているのが、まさに彼らの生きた経験である。そして大型プロジェクトの計画立案と実行においては、経験豊富なチームを率いる経験豊富なリーダーに勝る資産はない。

なぜ経験は仕事の質を高めるのだろう？　誰かにそう訊いたら、おそらく「経験者は知識があるから」のような答えが返ってくるだろう。そのこと自体は間違いではない。たとえば道具を使う人はその経験を通して、「使用前にセーフティロックを外す」などの知識を得る。

だがそうした知識は、別に経験しなくても、誰かに聞いたりマニュアルを読んだりすれば手に入る。この種の知識は「形式知」と呼ばれる。しかし科学者で哲学者のマイケル・ポランニーが示したように、**人間が所有し利用できる最も有用な知識の多くは、形式知ではなく、「暗黙知」である。**暗黙知とは「感じとる知識」だ。何かを言葉で説明しようとしても、完全に言葉に置き換えることはできない。ポランニーの言うように、「人は語れる以上のことを知っている」のだから。[21]

大人が子どもに自転車の乗り方を完璧に指示したつもりでも（「片足をペダルにつけて踏み込んだら、もう片方の足で反対側のペダルを踏んで」など）、子どもは最初のトライで必ず失敗する。なぜなら、指示が完璧ではないからだ。

だいいち、完璧な指示など与えられるはずがない。大人が自転車の乗り方について知っていることの大部分は（たとえば、これくらいの速度で曲がるときはこうやってバランスを取る、など)、「感じとる」知識だ。どんなに言葉を尽くしても、完全には言葉に置き換えられない。だから、どんなに役に立つ指示があったとしても、自転車の乗り方を学ぶには、試行錯誤をくり返すしかない。経験を積み、自分で暗黙知を生み出すということだ。

これは自転車乗りやゴルフのような身体的活動では常識だが、**その他の多くのことにも当てはまる。**ポランニーが暗黙知の概念を生み出したのも、科学者がどうやって科学を探究するのかを研究していたときだった。

フランク・ゲーリーやピート・ドクターのような経験値の高いプロジェクトリーダーは、自分が運営する大型プロジェクトのさまざまな側面の暗黙知を持っている。暗黙知は判断力を大いに高める。なぜなのかを言葉で説明できなくても、何かがおかしいと感じたり、もっといい方法があるような気がしたりすることは多い。

多くの研究が示すように、専門家の直感は、適切な条件下では非常に信頼性が高い。また驚くほど正確なこともある。美術専門家たちが、古代ギリシアのものとされる彫像を見た瞬間に贋作《がんさく》だと見抜いたという、有名な話がある。彫像は科学的鑑定に合格していたし、専門家自身もなぜおかしいと感じたのかを言葉にできなかったのに、だ。[22]

これはありふれた、ただの勘ではなく、**「熟練した直感」であり、専門領域で経験を積ん**

だ本物の専門家だけが持てる、強力なツールである。[23]

## 「直感」で始めて、検証し調整する──鬼に金棒

経験豊富なプロジェクトリーダーが「ピクサー・プランニング」の反復性の高いプロセスを用いれば、鬼に金棒だ。ピート・ドクターは脚本を書いたり、イメージを膨らませたりするときは、「とにかく直感に任せてやってみる」という。「ふだんよりももっと正確なことやふざけたこと、事実に即したことなどを試してみるんだ」

だがその後、そうやって生み出した脚本やイメージをもとに映画のラフをつくり、観客の反応を見て、自分の直観的判断を必ず検証するようにしている。何が効果的なのか、そうでないのかを分析し、それを踏まえて調整を行う。直感モードと熟考モードを何度も行き来しながら、その両方を最大限に活用しているのだ。

しかし経験が判断力を高めるのは、計画立案だけのことではない。ヨーン・ウッツォンはシドニー・オペラハウスの設計コンペに優勝したあとで、複雑で厄介な政治的状況に巻き込まれた。故郷から遠く離れた地での、大勢の有力な関係者の利害や思惑が渦巻く状況だ。こうした世界をくぐり抜けた経験のないウッツォンは赤子も同然で、オオカミたちの

格好の餌食となった。

対するフランク・ゲーリーは、経験を重ね、大型プロジェクトの政治力学を学んでいった。彼が最も厳しい教訓を学んだのは、グッゲンハイム・ビルバオを手がける前の最大の案件、ロサンゼルスのウォルト・ディズニー・コンサートホールでのことだ。このホールもシドニー・オペラハウスと同様、厄介な政治的状況の中で構想され、有力者の意見の衝突と対立が性急な着工につながり、工期の遅延と大幅な予算超過をもたらした。[24]

ウッツォンと同様、ゲーリーの評判も傷ついた。もしディズニー家をはじめとする支援者の介入がなければ、ゲーリーもいずれウッツォンと同じ運命をたどっていただろう。このプロジェクトは、ディズニー家からの5000万ドルの寄付金をもとに始まった。そして反対者がゲーリーを外そうとすると、ディズニー家は支援を続ける条件として、ゲーリーを建築家としてプロジェクトにとどめることを要求した。最後には斬新なホールが完成したが、多大な遅延とコスト超過はゲーリーをひやひやさせた。

ディズニー・ホールの建設プロセスは過酷な経験ではあったが、ゲーリーはそこから多くの教訓を得て、グッゲンハイム・ビルバオやそれ以降のプロジェクトに活かしている。

誰が権力を握っているのか、いないのか？　どんな利害や思惑が絡んでいるのか？　必要な支持を取りつけ、維持するにはどうしたらいいのか？　設計の主導権をどうやって握り続けるのか？

これらは美的センスや工学技術と同じくらい、プロジェクトの成否を大きく左右する重要な問いだ。そしてこれらの問いへの答えは、言葉で完璧に説明できるような単純な事実ではないから、教室で学ぶことも、教科書で読むこともできない。自転車の乗り方を学ぶように、試行錯誤をくり返して体得するしかない。

ゲーリーはこれをやり、ウッツォンはやらなかった。ゲーリーは経験を積んでいて、ウッツォンは積んでいなかった。

アリストテレスは今から2300年以上前に知の本質を論じたとき、教室や教科書から得られる知識を軽視していたわけではない。

それらは重要だ。だが、**全体にとっての善が何であるかを知り、それを実現する能力である「実践知」を得るには、形式知以上のものが、すなわち長年の経験からしか得られない知識が必要**だと論じた。

この考えは2300年以上経ってから、マイケル・ポランニーや多くの心理学者の研究によって裏づけられている。前に述べたように、この実践知をアリストテレスは「フロネシス」と呼び、あらゆる徳の中で最も高く評価した。「なぜならフロネシスの徳を持っていれば、その中にほかのすべて（の重要な徳）が含まれているからだ」[25]
つまり、フロネシスさえあれば、すべてを持っていることになる。豊富なフロネシスを持つプロジェクトリーダーは、プロジェクトの最大の資産だ。あなたがプロジェクト運営者なら、そんなリーダーを雇おう。

## 経験がない時点で「赤字」である

前章の冒頭で述べたように、計画を立てるときは、ラテン語のエクスペリリ（英語の「実験」と「経験」の語源）を忘れてはいけない。計画立案では、凍れるものであれ、凍れぬものであれ、経験を最大限に活用しよう。

ほとんどの大型プロジェクトは、最初、最高、最大などのめざましいものではない。比較的普通の高速道路や鉄道、オフィスビル、ソフトウェア、ハードウェア、改革、インフラ、住宅、製品、映画、イベント、本、住宅リフォームなどだ。壮麗な文化的名所やモニュメントをつくることは要求されていない。奇想天外なものや前代未聞なものも求められてはいない。ただ予算内、工期内に完了し、本来の機能をきちんと確実に長期間果たせれば、それでいい。

そうしたプロジェクトでは、経験がものをいう。過去に何度も成功しているデザインやシステム、プロセス、テクニックがあるなら、それをそのまま使うか、微調整を加えたり、ほかの実証済みのものと組み合わせたりするなどして活用しよう。既製の技術を使おう。経験豊富な人を雇おう。頼れるものに頼る、ということだ。

危険な賭けはできる限り避けよう。「最初」をめざしてはいけない。「カスタム」や「オーダーメイド」といった言葉を、あなたの辞書から追放しよう。これらはイタリア仕立てのスーツにはいいが、大型プロジェクトには向いていない。

同様に、反復的な「ピクサー・プランニング」のプロセスを取り入れて、可能な限り実験しよう。単純な試行錯誤から、スケッチ、積み木や段ボールの模型、映画のラフ、シミュレーション、実用最小限のプロダクト、仮想最大限のプロダクトまでのあらゆる手法を総動員して、大きなアイデアから小さな詳細までのすべてを検証しよう。新しいアイデアを試すときは、比較的安全に失敗できるように工夫された方法で検証し、計算されたリスクを取ろう。実績のない技術を使うときは、十分な検証が重要だということを忘れずに。

有効なものを残し、無効なものは捨てよう。試行、学習、反復しよう。もう一度、またもう一度。そうして計画を熟成させるのだ。

真に前例のないこと――たとえば地球温暖化の解決策を見つける、火星に人を送る、核廃棄物を永久に貯蔵するなど――を行わなくてはならない、まれな巨大プロジェクトでは、検証が一層重要になる。この種のプロジェクトは、経験の大幅な「赤字」から始まる。予算内、工期内にビジョンを実現するには、エクスペリリ（実験＋経験）をたゆみなく活用し続け、赤字を黒字に変えなくてはならない。

前に述べたように、よい計画は経験または実験を最大限に活用し、優れた計画は経験と実験の両方を最大限に活用する。

では、最高の計画はどうだろう？ **最高の計画とは、経験とフロネシスを持つプロジェクトリーダーとチームによって、実験を最大限に活かして立案され、実行に移される計画**だ。

だが、たとえ最高の計画があったとしても、あらゆるプロジェクトが答えを出さなくてはならない、最大の難問がまだ残っている――どれだけのコストと時間が必要なのか？最高のリーダーとチームが実行する最高の計画も、これらの予測が外れていれば失敗を免れない。そしてある普遍的なバイアスのせいで、予測は外れがちである。

次章ではそのバイアスと、それを克服する方法を見ていこう。

# 6章 唯一無二のつもり？

## ——想像との「ズレ」をなくす

そう思っているなら、考え直したほうがいい。あなたのプロジェクトが「数ある中の一つ」だという認識を持つことが、正しい予測とリスク管理のカギになる。

中国が巨大なインフラプロジェクトに次々と着手していた2010年、香港の議会「立法会」は、中国の基準から言っても野心的なメガプロジェクトを承認した。世界初の全区間地下高速鉄道システムとなる広深港高速鉄道、通称「XRL」である。

このプロジェクトには、世界最大の地下高速鉄道駅の建設が含まれた。岩盤をダイナマイトで粉砕して、香港のど真ん中に地下4階の駅をつくる計画だ。全長26キロの路線が中国本土の高速鉄道網と連結されれば、香港から広州市への所要時間は半分に短縮され、世界有数の港と金融センターを持つ香港が、珠江デルタ経済圏を含む世界最大級の都市圏にさらに緊密に統合されることになる。

ＸＲＬの建設は、香港の大型鉄道を運営する、香港鉄路有限公司（ＭＴＲ）が担当した。ＭＴＲは日常の鉄道運営でも、大型プロジェクトの遂行でも、優れた実績を挙げている会社である。だがＸＲＬはたちまち苦境に陥った。２０１１年に着工し、竣工は２０１５年の予定だったが、その日が来ても工事は半分も進んでおらず、予算は半分以上費やされていた。そのうえ建設中のトンネルが、高価なトンネル掘削機ともども浸水していた。ひどい状況だった。

プロジェクトを監督するＭＴＲのＣＥＯは、遅延の責任を取って辞任した。プロジェクトは破綻の瀬戸際にあった。私がＭＴＲから、香港に来て力を貸してほしいという電話を受けたのは、このときである。

私はチームを連れて香港に向かい、高層ビル群と港を眼下に一望するＭＴＲの32階の役員室で、取締役会と対面した。張り詰めた空気が漂っていた。この混乱を収拾できるのか？

できるでしょう、まだそこまでの事態ではありませんから、と私は請け合った。だがこれ以上の失敗は許されない。取締役会はすでに、予算増額と工期延長が必要になることを政府に報告していた。いまや予算と工期の正確な見積もりを再提出する必要があった。これは体面を重んじる中国文化では堪えがたいことであり、二度とくり返すわけにはいかない。

未完部分の工期と費用を正しく見積もり、その両方を死守する必要があるということで、全員が一致した。

## 多くが実行の問題ではなく「予測の問題」

そのためにはまず、なぜここまでの泥沼に陥ったのかを明らかにしなくてはならない。そこでいつものように事後検証を行った。それはたいてい、つらい作業になる。

ＭＴＲが挙げた原因は、おきまりのトラブルだった。住民の抗議で着工が遅れた。巨大なトンネル掘削機に不具合が生じた。人手が不足した。掘削中に想定外の地盤の問題が発覚した。現場が浸水した。対応策に効果がなかった。経営陣に十分な情報が届かなかった、等々。

これらの要因が重なって遅延の連鎖が発生し、遅れを取り戻そうとする取り組みは失敗し、それがさらに別の遅延と失敗を招く、というくり返しだった。士気は地に墜ち、生産性はダダ下がりだった。状況は着実に悪化していた。

具体的な詳細はもちろん重要だったが、全体状況は気が滅入るほどおなじみの展開だった。根本原因は何なのか？　計画の立て方がまずかったのか？　それとも実行をしくじったのか？　悪いのは現場責任者、作業員、それとも両方なのか？　なぜ優れた実績を挙げてきた組織が、このプロジェクトに限っては華々しく失敗しているのか？

プロジェクトが計画通りに進まないと、原因究明の焦点は実行段階だけに向けられることがほとんどだ。気持ちはわかるが、それは間違っている。**失敗の根本原因は、実行以外の部分、実行が始まるずっと前の「予測」にあることが多いのだ。**

ＭＴＲは実行が計画通りに進んでいないことをどうやって知ったのだろう？　コストや工期のずれからだ。だがこれらの「ずれ」は、ＭＴＲが事前に立てた、プロジェクト各段階に必要なコストと時間の見積もりを基準にして算出される。

もしこれらの見積もりがそもそも非現実的だったら、守れないのは最初から目に見えている。それは当たり前のことだ。だがいったん歯車が狂い始め、追い詰められると、当たり前のことが見えなくなり、プロジェクトが計画通り進まないのは予測ではなく、実行に問題があるからだと思い込んでしまう。

どれだけの時間とコストが必要なのか？　どんなプロジェクトにも予測は欠かせない。本章では、驚くほど単純で応用性の高い手法を用いて、予測を正しく行う方法を紹介しよう。

だが、たとえ正しい予測を立てたとしても、香港のトンネル浸水のような「ブラックスワン」と呼ばれる破滅的事態には対応できない。これらは予測ではなく、リスク軽減策によって対処する必要がある。その方法も説明しよう。

それらを踏まえて、ＸＲＬを軌道に戻した方法を説明していく。それは簡単な問いから始まった——「どうやって予測を立てたのですか？」。

## 「1年あれば絶対終わる」が7年かかったわけ

3章では、著名な伝記作家のロバート・カロが、新しい本を書き始める前に必ず「右端のボックス」を埋めるという話をした。そのカロは、ピューリッツァー賞受賞作品を書く前は、ロングアイランドのニューズデイ紙で6年間、調査報道記者として働いていた。

あるとき彼は、ニューヨーク州と市の諸機関の長官を長く務めていたロバート・モーゼスが提案する橋の建設計画を取材し、連載記事にした。そしてそれをきっかけに、モーゼスの権力がいかに強大かを思い知らされ、彼の伝記を書こうと決めた。

これが野心的なプロジェクトだということは、カロにもわかっていた。モーゼスはニューヨーク市の都市計画を40年以上も支配し、歴史上の誰よりも多くのメガプロジェクトを手がけていた。彼は秘密主義者でもあり、その素顔はベールに包まれていた。それでも、カロは9か月で伝記を書き上げられると考え、1年あれば絶対に終わると確信していた。[2]

この予測はとても大きな意味を持っていた。カロには妻のアイナとの間に幼い息子がいて、貯金はわずかしかなかった。伝記の前金は、たった2500ドル（2021年の金額で2万2000ドル）。このプロジェクトに長くかかずらう余裕はなかった。

だがプロジェクトは長引いた。1年が過ぎ、2年、3年が過ぎた。「いつまで経っても完成に近づかず、計画を大きく外れてしまったことを思い知った」とカロは数十年後に書いている。人に会うと必ず聞かれたのが、「その本を書き始めてどれくらいになるのか？」という質問だ。「3年や4年、5年と答えると、相手は困惑した表情を急いで隠そうとするのだが、そのわずかな隙に私にはしっかり見えてしまう。この質問を私は恐れるようになった」[3]

カロと妻は「貯金が底をつき、生活のために家を売り、その売却資金も底をついた」[4]。

それでもどうにかしてやりくりした。伝記がようやく完成したのは7年後のことである。

しかし、悲劇になるかに思われた物語は、大逆転勝利に終わった。1974年にとうとう刊行された『パワーブローカー：ロバート・モーゼスとニューヨークの衰退』（未邦訳）は、ピューリッツァー賞を受賞し、予想外のベストセラーとなった。同書は今も版を重ね、政治権力を読み解く最高の評伝とみなされている。

だがここで考えたいのは、カロの予測と、実際にかかった時間が、なぜこれほど危険なまでに食い違ったのかだ。これには2つの説明が考えられる。

## 誤った「基準」を「調整」し、「自分」に当てはめてどんどんずれる

1つは、カロの仕事の進め方に問題があったというもの。つまり、予測は妥当だった。経験を積んだ人なら1年以内に終わらせるところを、カロは調査と執筆に手間取り、必要な時間の7倍もかかってしまった、と。彼自身、長年そう思い込んでいた。だが自分では具体的に何がどう悪いのかがわからず、ただ悶々と苦しみ続けた。

もう1つの説明は、**プロジェクトに要する時間を短く見積もりすぎていた**というもの。つまり、カロが構想したような伝記は、誰であっても1年で書き上げることはできなかった。実際、プロジェクト開始から5年が経ち、永遠に完成しないように思われたそのとき、カロはこれが正しい説明だったことを知ったのである。

この発見は、偶然の産物だった。カロはニューヨーク公共図書館に作家専用の執筆室があることを知り、申請して使用を許可された。カロが作家たちと交流を持ったのは、このときが初めてだった。そのうちの2人が、カロが愛読し、手本と仰いでいた歴史的伝記の作者だった。

カロは自己紹介をして会話を始めた。そして予想通り、彼が恐れるようになったあの質問が飛んできた。「その本を書き始めてどれくらいになるんだね?」

カロは渋々、5年だと答えた。ところが2人は驚くどころか、うなずいているではないか! **「ああ、そんなに長くないね」と1人が言った、「私はジョージ・ワシントンの評伝に9年かかっているよ」。もう1人は、フランクリンとエレノアのローズヴェルト大統領夫妻の伝記を書くのに7年かかったと打ち明けた。**

カロは天にも昇る気持ちだった。「私のあこがれの2人が、たったふた言で、5年間ののだ。

迷いをかき消してくれたんだ」[5]。原因は、カロの仕事の進め方ではなかった。予測だったのだ。

では、なぜカロは7年かかる本を、1年で書けると思い込んだのだろう？　彼は記者時代、調査を行い記事を1本執筆するのに、1、2週間かけていた。これは報道記者の基準から言うと、かなり長めである。

また特別長い記事や連載記事には、3週間費やすこともあった。そうした記事は、本で言えばほぼ1章分に相当する。彼の本が仮に12章だったとしよう。見積もりは簡単だ。12章×3週は36週、9か月になる。本が何章になるかはまだわからないが、多めに見積もって17章書いたとしても51週、つまり1年以内には完成する。新聞記者にとって1年という期間は、1つの書き物に費やす時間としては想像を絶するほどの長さだ。カロが予測に自信を持ったのも無理はなかった。

カロが予測を立てたこのプロセスは、心理学で**「アンカリングと調整」**と呼ばれる[6]。こうした予測は、何らかの固定点から始まる。カロの場合は「12章×3週間」だった。これが「アンカー（錨）」となる。それを増減して、妥当だと思える数字――カロの場合は「1年」――にする。これが「調整」だ。

カロ自身が、この予測のプロセスについて、「甘かったが、おそらく不自然ではなかった」と言うのもうなずける。なぜなら多くの研究が示すように、アンカリングと調整は、とくに直接の経験をアンカーとして用いる場合は、自然な考え方だからだ。カロのような立場にいて、カロのような経験を積んだほとんどの人が、おそらく同じような考え方をして、同じような予測を立てただろう。

## 人は「直近に見た数字」に簡単に引っ張られる

しかし、アンカリングと調整に基づく予測には、注意が必要だ。心理学者が数々の実験で示しているように、この方法で立てられた予測は、アンカーに引っ張られやすい。低いアンカーを用いれば、高いアンカーを用いる場合に比べて予測が低くなる。

**つまり、アンカーの質が重要なのだ。**よいアンカーを用いれば、よい予測を立てられる可能性が大いに高まるが、まずいアンカーを使えば、まずい予測になってしまう。

残念ながら、私たちは不適切なアンカーに甘んじてしまうことが多い。ダニエル・カーネマンとエイモス・トヴェルスキーは、この分野の研究を切り拓いた1974年の有名な論文の中で、心理学史上とくに奇妙な実験を行った。

まず、1から100までの番号を振ったルーレットを用意し、被験者の目の前でこれを回して、止まった数字をメモさせた。続いて被験者に、「国連加盟国に占めるアフリカ諸国の割合」を予測させた。**ルーレットで出た数字には何の意味もなかったが、それでも予測に大きな影響を与えた。**たとえばルーレットで10が出た被験者の予測が平均25%だったのに対し、ルーレットで65が出た場合の予測の平均は45%だった。[7]

その後の多くの研究で、人は予測を立てる直前に見た数字をアンカーにしやすいことがわかっている。この現象はマーケティングにも利用されている。食料品店で「お一人様6点まで」の貼り紙があったら、それはおそらくあなたを「6」という数字にさらし、この数字を、何個買えばよいかという予測のアンカーにさせようとしているのだ。

そう考えると、ロバート・カロの思考プロセスもそれほど不思議には思えない。彼は新聞記者時代の自分の経験という、まずいアンカーを利用したせいで、自分と家族を破滅寸前に追い込むほどまずい予測を立ててしまったのだ。だがこのやり方は、少なくとも表面的には理に適っていた。

そして私たちの調査の結果、MTRの苦境の原因も、そうした「理に適った」予測にあることが判明した。

ＭＴＲはＸＲＬを計画した当時、大型輸送インフラプロジェクトの計画・実行の経験は豊富だったが、高速鉄道の経験はなかった。

そしてただでさえ複雑で難度が高い高速鉄道に、このプロジェクトでは「越境」と「地下システム」という要素が加わった。その意味でＭＴＲは、若きロバート・カロが最初の作品を書いていたときと似た状況にあったと言える。

そしてＭＴＲはカロと同様、自らの過去の経験をアンカーにして予測を立てた。結果も同様だった。ＭＴＲによるＸＲＬの予測——工期と予算の基準となる数字——は、この種のプロジェクトにかかる時間とコストを明らかに過小評価していた。

私は以前香港での仕事で知り合った、香港政府の関係者からも内情を聞いてみた。なんでも噂では、ＸＲＬの見積もりに内密に疑問を呈し、上方修正を求めた高官たちが実際にいたらしい。巨大組織には現場感覚のある人が必ずいるものだ。

だが彼らは少数派だった。残りの人々は楽観的で、見積もりを低く抑えたい思惑から、現実主義を悲観論として一蹴した。このような姿勢は、まずいアンカリングと同じくらい一般的で、まずいアンカリングの影響をさらに増幅させる。

結局のところ、ＸＲＬの責任者と作業員はどう頑張っても工期に間に合わせることはできなかった。誰がやっても無理だっただろう。遅延は最初から目に見えていた。

そして遅延が現実のものになると、MTRはロバート・カロとまったく同じように反応した。問題の元凶は予測ではなく、仕事の進め方にあると決めつけた。責任者と作業員に責任をかぶせ、改善策や対応策を求めたが、効果はなかった。さらに要求が突きつけられたが、成果は上がらなかった。プロジェクトはますます遅延し、そして破綻寸前に陥ったというわけだ。

MTRの計画者が犯した間違いは、一般的であり、根本的でもある。工期遅延やコスト超過が発生すると、私たちは当たり前のように、それらをもたらしている原因を探そうとする。だが、遅延やコスト超過は、何らかのベンチマークに照らして算出されている。そのベンチマークは妥当なのか？　本来ならまずこれを問うべきなのだが、この問いが持ち上がることはまずない。いったん「遅延とコスト超過の問題」としてとらえてしまうと、真の問題が過小評価していたことにあるとは考えもしなくなる。

XRLは、大幅な過小評価のせいで、失敗を運命づけられていた。そしてその過小評価をもたらしたのは、不適切なアンカーだった。

適切な見積もりを立てるには、適切なアンカーを選ぶことが欠かせないのだ。

## 「数ある中の1つ」という目で見る
### ――「あなたはみんなと同じく唯一無二」

2003年のこと、私はイギリス政府から1本の電話を受けた。当時財務大臣として国家予算を管理する立場にあり、のちにイギリス首相になったゴードン・ブラウンが、国家の大規模プロジェクトで問題を抱えていた。

こうしたプロジェクトは、コストと工期の見積もりを大幅に超過するのがつねで、政府は予測に自信を持てなくなっていた。また大規模プロジェクトは国家予算に占める割合も大きいため、政府は予算そのものにも自信を持てなくなっていた。問題を診断するのはそう難しくなかった――さまざまな認知バイアスに戦略的虚偽表明が組み合わさったときに起こりがちな問題だった。しかし解決策を見つけるのは、一筋縄ではいかなかった。

そんな折、私はダニエル・カーネマンとエイモス・トヴェルスキーの1979年の論文――カーネマンに2002年のノーベル経済学賞をもたらした、有名な「プロスペクト理論」の論文ではなく、多作の2人が同年に発表した別の論文――で提唱された、見慣れない用語に目をとめた。「参照クラス」だ。[8]

参照クラスとは何だろう？　これを理解するために、プロジェクトに関してまったく異なる2つの見方があると考えてほしい。

1つめは、そのプロジェクトがほかにない特別な取り組みだという見方。どんなプロジェクトにも、程度こそ違うが、特別なところがある。たとえピクサー映画や火星探検、パンデミック撲滅ほど革新的でなくても、ありきたりな住宅の改築や、普通の橋の建設、ソフトウェア開発、会議の開催のようなプロジェクトにも、ほかとは違う点があるものだ。

それはプロジェクトを行う主体かもしれないし、その手法かもしれない。立地や経済情勢かもしれないし、こうした要因の組み合わせかもしれない。とにかく、どんなプロジェクトにも、ほかとは違う点が何かしらある。

そして人はそうした独自性を目ざとく見つける。私自身の経験や行動科学の研究成果が示すように、**人は自然にこのような見方をするだけでなく、その独自性を誇張する傾向にある。これが前章で触れた、「独自性バイアス」だ。**

どんな人もこのバイアスにとらわれている。わが子を特別だと思うのも、このバイアスのなせるわざだ。だが状況が違えば、それが災いを招くことがある。なぜなら次に示す、

2つめの見方でプロジェクトをとらえられなくなるからだ。

文化人類学者のマーガレット・ミードは、学生たちにこう言った。「あなた方は世界で唯一無二の存在です。**ほかの誰もがそうであるように**」

あなたのプロジェクトにどんなユニークな側面があろうと、同じクラス（種類）のほかのプロジェクトとも共通点は必ずある。あなたのオペラハウスは、設計と立地が無二かもしれないが、ほかのオペラハウスとも共通するところは多い。

だから、あなたのオペラハウスを「数ある中の1つ」とみなせば、一般的なオペラハウスから、建設方法について多くのことを学べる。「オペラハウス」が、この場合の「参照クラス」になる。

カーネマンとトヴェルスキーはこれらの2つの見方を（個々のプロジェクトの特殊性に注目する）「内部情報に基づくアプローチ」と、（同じ種類のプロジェクトの1つ、つまり「数ある中の1つ」とみなす）「外部情報に基づくアプローチ」と呼ぶ。

これらの2つは重要で、まったく異なる見方である。**予測者が内部情報を無視することはほぼないが、外部情報を見過ごすことは多い。そしてそれが命取りになる。**

信頼性の高い予測を立てるためには、外部情報が欠かせない。

## 過去の「同じようなこと」を参照する

よくある簡単なケースを考えてみよう。あなたは――3章でデイヴィッドとデボラの悪夢を読んだにもかかわらず――キッチンリフォームを検討していて、コストの見積もりを出そうとしている。日曜大工だから人件費はかからない。さて、どうやって見積もりを立てようか？

ほとんどの人や施工業者は、あちこちの寸法を測ることから始める。床面積はどれだけか？　壁の面積は？　天井は？　食器棚とカウンタートップ（天板）の大きさは？　次に、シンクや蛇口、冷蔵庫、オーブン、照明等々の種類を選ぶ。そしてこれらの市販価格を調べ、測定した寸法と価格をもとに、各品にいくらかかるかを計算する。これらを合計したものが、あなたのコスト見積もりとなる。

シンプルで簡単だ。すべてをつぶさに調べ上げ、測定をしっかり行い、正しい価格を調べたから、見積もりの信頼性は高いはずだと、あなたは思っている。

さてリフォームの開始だ。まず古いフローリングをはがしてみる。すると床板にカビが生えていた。

次に石膏ボードを外すと、現代の建築基準法に適さない、古い電気配線が見つかった。高価な花崗岩のカウンタートップが届いた。運んでいる途中で足を滑らせ、床に落として真っ二つに割ってしまった。

こうしてどんどん見積もりは膨らみ、予算超過まっしぐらだ。

こんなシナリオは理不尽だと、あなたは思うかもしれない。今挙げたどのトラブルも、実際に起こる確率はとても低いのだから。

だが、キッチンリフォームほど単純なプロジェクトでも、可能性は低いが起こり得るトラブルはたくさんある。**たとえ1つひとつの確率は小さくても、積み重なれば大きくなるから、こういった予想外のトラブルの少なくともいくつかは、実際に起こるだろう。**そしてそれらは、あなたの予測では考慮されていない。つまり、まったく合理的で信頼性が高いと思われたあなたの予測は、実は2章で説明した、きわめて非現実的な、すべてが計画通りに運ぶことを想定した、ベストケース・シナリオだったのだ。

そして、すべてが計画通りに進むことは**絶対にない**。とくに大型プロジェクトは、計画とはかけ離れた展開になることが多い。

すると、あなたはこう考えるかもしれない。それなら、キッチンリフォームをもっとくわしく調べ上げて、起こり得るすべてのトラブルを特定し、それらを予測に組み込めばいいじゃないかと。

だがそうではない。起こり得るトラブルを想定するのはもちろん大切だ。これから説明するように、そうすることによって軽減し、解消できるリスクも実際にある。だがそれでも、あなたが望むような完全無欠の予測にはならない。その理由は単純に、**リスクをいくつ特定しても、それ以外にも多くの、特定すらできないリスクがあるからだ。**これが、元アメリカ国防長官ドナルド・ラムズフェルドの言う、「自分が知らないということさえ知らない」「未知の未知」である[10]。

だが、これらについても対策を講じることはできる。ただ見方を変えるだけでいい。あなたのプロジェクトを、過去に行われた同じクラスのプロジェクトのうちの1つ、すなわち「数ある中の1つ」とみなすのだ。

参照クラスのデータ――コスト、工期、便益、その他あなたが予測したいものに関するデータ――をアンカーにしよう。そして必要な場合は、あなたのプロジェクトと参照クラスの平均的なプロジェクトとの違いを踏まえて、アンカーを調整しよう。これがあなたの見積もりになる。この上なく簡単な方法だ。

## プロセスを「シンプル」に保つ

あなたのキッチンリフォームの参照クラスは何だろう？　「キッチンリフォーム」だ。まず、過去のキッチンリフォームの実コストの平均値を求めよう。これをアンカーにする。あなたのプロジェクトのコストが、参照クラスの平均値よりも高い、または低いと考えてよい十分な理由がある場合は――たとえば標準品の3倍も値が張る高級なカウンタートップや備品を使っているなど――それに応じてアンカーを調整しよう。これで見積もりのできあがりだ。

私の経験から言うと、このやり方になじめない人もいる。その理由は、複雑だからではなく、単純だから、いや単純すぎるからだ。

「自分のプロジェクトには特別な点がある」と信じている人は、このプロセスではそれが考慮されないから、プロセスをあえて複雑にする。たとえばキッチンリフォームなら、「数あるキッチンリフォームの中の1つ」などとは考えない。それでは単純すぎる。だから、自分のプロジェクトにしっくりくる、凝った複雑な定義を考える。ただの「キッチンリフォーム」ではなく、「この地区のタワーマンションの、花崗岩のカウンタートップとドイッ製家電を組み込んだ、キッチンリフォーム」など。

これは間違っている。なぜなら多くの有益な情報を見過ごすことになるし、またこれから説明するように、データの収集がとても困難になるからだ。

調整についても同じことが言える。**調整が必要になるのは、あなたのプロジェクトのコストが参照クラスの平均値よりも高く／低くなるという、明確で強力な理由がある場合だけだ。**

調整すればするほど、あなたのプロジェクトは平均的なプロジェクトから離れていく。でも、あなたのプロジェクトは特別な感じがする。だから、ただなんとなく必要な気がするという理由だけで、これでもかというほど調整してしまう。これも間違っている。

これらはすべて、独自性バイアスのなせるわざだ。予測からバイアスを排除するために参照クラス予測を用いるのに、そこにも独自性バイアスが忍び込もうとしてくる。だが屈してはいけない。プロセスをシンプルに保とう。参照クラスを広く定義しよう。広すぎるくらいでちょうどいい。

そして調整を行うのは、行うべき確固たる理由があるときだけ、つまり調整の必要性を裏づけるデータが存在するときだけにしよう。**判断を迷ったら調整しなくていい。**参照クラスの平均値があなたのアンカーになり、アンカーが予測になる。とても単純だ。だが単純なことはよいことだ。バイアスを排除できるのだから。

私はこの予測プロセスを、「参照クラス予測法（Reference Class Forecasting、ＲＣＦ法）」と名づけた。[11]

ゴードン・ブラウンの依頼で私が考案したこのプロセスを、イギリス政府は大規模プロジェクトの工期とコストの見積もりに利用した。そしてその結果にいたく満足して、それ以降のすべてのプロジェクトに、この手法での予測を義務づけた。[12]

デンマークも同様だ。[13] 今日ＲＣＦ法は、アメリカ、中国、オーストラリア、南アフリカ、アイルランド、スイス、オランダの官民両部門で用いられている。[14] そしてこれらすべてのデータをもとに厳格な検証が可能になり、今では数々の独立研究によって、「ＲＣＦ法は実際に最も精度が高い」ことが確認されている。[15]

ＲＣＦ法の精度はずば抜けて高い。一般的な予測とＲＣＦ法による予測の精度の差は、プロジェクトタイプにもよるが、私がデータを収集したプロジェクトタイプの半数以上で、ＲＣＦ法のほうが30％ポイント以上精度が高い。

しかもこれは平均値に過ぎない。個別のプロジェクトでは、ＲＣＦ法が一般的な予測の精度を50％ポイント以上上回るのは当たり前で、100％ポイントを超えることも珍しくない。そしてこの手法のルーツを考えればとくにうれしいことに、ダニエル・カーネマンは著書『ファスト&スロー』の中で、RCF法は「改善された手法によって予測精度を高めるアドバイスとしては、最も重要なもの」と太鼓判を押している。[16]

## 調整しすぎると「バイアス」が入り込む

RCF法の核にあるのは、ロバート・カロやMTRの手法に似た、「アンカリングと調整」のプロセスだ。ただし、適切なアンカーを使っている点が違う。

参照クラスがなぜ適切なアンカーになるかと言えば、前章で強調したように、現実の似たような経験をもとにしているからだ。たとえば、ある人は基本の設備や機器を使ってキッチンをリフォームし、予想外のトラブルもなく順調に作業を進め、2万ドルと2週間かけて完成させた。別の人は花崗岩のカウンタートップとステンレス製品でリフォームをしたが、家の電気配線が建築基準法に適さないことが判明し、最終コストは4万ドル、工期は電気工の手違いのせいで2か月かかった。

こうしたデータをたくさん収集して、平均的なキッチンリフォームのコストは3万ドル、工期は4週間という数字が出たとする。これは見積もりではなく、現実の経験にもとづく現実の結果だから、心理メカニズムや戦略的虚偽表明によって歪められていない。だからこれをアンカーにすれば、現実に根ざした、行動バイアスの影響を受けない、より適切な見積もりができる。

またこのことから、なぜ調整を慎重かつ控えめに行うべきなのかもわかる。**調整は、バイアスが忍び込む隙なのだ。調整しすぎると、バイアスにとらわれないアンカーの価値が失われてしまう。**

それにRCF法を使えば、ドナルド・ラムズフェルドの「未知の未知」という、一見手に負えそうにない難問にも対処できる。

ほとんどの人は、未知の未知は予測しようがないと思っている。そう思うのも無理はない。だが参照クラスのデータには、それらのプロジェクトに起こった予想外の未知の未知を含む、すべてのできごとが織り込まれているのだ。

それらが具体的にどんなできごとだったのかはわからないし、どれだけ深刻で、どんなダメージをおよぼしたのかもわからない。だがそんなことは何一つ知る必要はない。あなたが知る必要があるのは、**これらのプロジェクトでの未知の未知の頻度と程度が、参照ク**

**ラスの数字にきちんと反映されている**ということだけだ。つまり、あなたの予測にもそれが反映されていることになる。[17]

３章のデイヴィッドとデボラのリフォームを思い出してほしい。あのプロジェクトが坂道を転がり始めたのは、施工業者がキッチンの床をはがして、建設時の１８４０年代の手抜き工事を発見したときだった。

その結果、床をすべて取り壊して、地下に支持材を入れる必要が生じた。これは、リフォーム前に予見することが困難な、未知の未知である。だが、もし「ニューヨークの古い住宅のリフォーム」を参照クラスにしていれば、そうした予想外のトラブルの頻度と程度が、データに織り込まれていたはずだ。その結果、プロジェクトの工期とコストの見積もりにも、予見できない未知の未知が反映されただろう。

総括するとＲＣＦ法は、バイアスに関しても、未知の未知に関しても、一般的な予測より優れている。単純で、簡単に行うことができる。より精度の高い予測を提供してきた実績がある。私がゴードン・ブラウンの依頼で開発したときには想像もしなかったことだが、今ではうれしいことに、世界中のさまざまな組織によって広く採用されている。

だがこんなにいいことずくめなのに、なぜ今よりもずっと広く、つまりすべての組織や人によって用いられていないのだろう?

## 「自分は違う」「今回は違う」と思ってしまう

理由は3つある。

第一に、RCF法がバイアスを排除することを、メリットではなくデメリットとみなす組織や人が多いからだ。2章で説明したように、形式的な予測は多くの組織にとって都合がよい。プロジェクトに承認や資金を与える側に、コストや工期の実態を知らせたくないという思惑があるから、(たとえば最近よくあるように、予測を歪曲したことの法的責任を問われるなどして)修正を余儀なくされるまでは、当初の予測を押し通そうとする。[18]

第二の理由は、強力な独自性バイアスを克服するのが難しいからだ。一例として、カーネマンは、同僚たちのチームと教科書を執筆したときのことを書いている。執筆にかかる時間は2年ほどだろうということで、全員が一致した。

だがカーネマンは念のため、チームでただ1人の、教科書作成の経験が豊富なメンバーに、普通は完成までに何年かかるのかと訊ねてみた。すると、**7年未満で完成したプロジェクトを1つも思い出せない、という答えが返ってきた。そのうえ、完成に至らなかっ**

**たプロジェクトは4割にも上るという。**カーネマンたちはそれを聞いてぎょっとした――が、結局はこの不都合な情報を聞かなかったことにして、執筆に挑んだ。

なぜだろう？　自分たちのプロジェクトは違うと感じたからだ。「今回は違う」は、独自性バイアスの決まり文句である。結局、教科書が完成したのは8年も後のことだった。[19]

現代の認知バイアス研究の第一人者であるカーネマンでさえ、独自性バイアスの餌食になるのなら、私たちがバイアスにとらわれやすいのも無理はない。この罠を避けるために、つねに意識して警戒を怠らないようにしなくてはならない。

最後の理由は最も単純だ。データの問題である。平均値を計算するのは簡単だが、そのためにはデータを入手しなくてはならない。それが難しい。

## いろいろなところから「データ」を集める

さっきのキッチンリフォームの例では、コストの平均値を計算するためのデータが手元にある、という前提で話を進めた。だが現実には、おそらくデータは手元にないし、探すのにも苦労するだろう。なぜ私がそれを知っているかと言えば、私自身も信頼性の高いキッチンリフォームのデータを探したが、見つけられなかったからだ。

住宅改修専門のエコノミストに聞いたところ、彼の知る限りそのようなデータは収集されていないということだった。実際、ネットで「キッチンリフォームの平均コスト」を検索すると、さまざまな業者のさまざまな数字が出てくる。

だが、これらの数字はどこからきたのだろう？　実際の結果をもとにしているのだろうか、それともただのセールストークなのか？　それはわからない。だが、信頼性の高い予測を立てるためには、なんとしても出所を突き止めなくてはならない。

これはよくある問題だ。過去のプロジェクトのデータが重要資料として収集されることはほとんどない。それは、プロジェクトの計画者と運営者の関心が、過去ではなく未来に向いているからでもある。

プロジェクトが終了したとたん、関心は次の新しいものに向かい、誰もわざわざ振返って、古いプロジェクトのデータを集めようとはしない。

それに、データの重要性を認識している人は、自分たちのデータを外に出したがらないことが多い。たとえば大手建設会社が、住宅リフォームの詳細なデータを顧客に提供して、何の得があるだろう？　私が大型プロジェクトのデータベース構築に数十年かかったのも、似たようなデータベースがほかに存在しないのも、このためだ。

だがこれらは越えられない壁ではない。政府や企業は過去のプロジェクトを分析して、自前のデータベースを構築することができる。実際、私はその手助けをしたこともある。これは中小企業にもできることだし、業界団体も加盟企業の参加が得られればできるだろう。

たしかに経験豊富な専門家は、データベースをつくらなくても、過去のプロジェクトから自然に学習している。たとえばキッチンリフォームを数十件手がけた人なら、平均的なキッチンリフォームのコストを直感的にはじき出せるだろう。だが、過去のプロジェクトの数字を集め、プロジェクトを完了するたびにデータベースに加えていけば、より一層理解を深められるはずだ。

## 先人から「あてになる予測」をもらう

また、私の持っているような本格的なデータベースを利用できない人や、自分で構築できない人でも、簡易版の参照クラス予測を行うことはできる。

若きロバート・カロが初めて本を執筆したときのことを考えてみよう。カロも執筆期間を見積もるのに、ＲＣＦ法を使えたはずだ。自分が書こうとしている本の類書をリストアップして、著者に電話をかけ、執筆にかかった時間を問い合わせる。20人から答えをもらえたら、それらを合計して20で割った数字がアンカーになる。たった20人のサンプルだが、その数字には膨大な実体験が反映されている。

次に、自分が書こうとしている本が、平均よりも時間がかかる／かからないという強力な理由がある場合は、それに応じてアンカーを調整する。そうでない場合は、アンカーがそのまま見積もりになる。この見積もりも完璧ではないが、カロが実際に立てたものよりずっと信頼性が高い。なぜならこの見積もりは、カロがそれまでやっていたこと（長い新聞記事の執筆）ではなく、彼が実際に取り組んでいること（本の執筆）に似た過去のプロジェクトをアンカーとしているからだ。

実際、カロはその後、図らずもこれに似たことをした。ニューヨーク公共図書館の執筆室で出会った2人の伝記作家のそれぞれから、執筆に7年以上かかったと聞いたのだ。だがこの出会いは、プロジェクトを開始してからかなり経ってからのことで、カロはすでに家計破綻の崖っぷちまで追い詰められ、計画通り1年で終えられない自分を何年も責め続けていた。

キッチンリフォームでも同じ方法が使える。たとえば、この5年か10年にキッチンリフォームをした人を探そう。友人や親戚、同僚に聞き回ろう。キッチンリフォームは盛んに行われているから、たとえば15人から話を聞けたとする。それぞれの総コストを計算し、足し合わせたものを、15で割ろう。これがあなたのアンカーだ。

また、より簡単に、より正確な数字を出す方法もある。それぞれのリフォームのコスト超過率（パーセンテージ）を計算して、それらの平均値を求めよう。パーセンテージは合計金額よりも記憶しやすく、比較しやすい。

そして、あなたが一般的な方法で――プロジェクトの詳細な測定をもとに――計算した見積もり額に、そのパーセント分を上乗せしたものが、より正確な見積もりになる。この方法を取れば、内部情報（詳細さ）と外部情報（正確さ）のいいとこ取りができる。

もちろん、外部情報は多ければ多いほどいいから、30件のプロジェクトのデータは15件のデータに勝るし、100件のデータは30件のデータに勝る。だがたとえデータがあまり集まらなくても、RCF法を役立てることはできる。RCF法の仕組みを理解していれば、ちょっと頭と想像力を働かせるだけで、少しのデータから役に立つ予測を引き出せるのだ。

たった1件のプロジェクトのデータにも大きな価値がある。それは参照「クラス」とは呼べないが、現実の経験であることに変わりはないから、参照「ポイント」と呼ぼう。これをあなたのプロジェクトと比較して、「自分のプロジェクトは、この参照ポイントよりも成功するだろうか、しないだろうか？」と考えてみるのだ。

私の経験から言って、この考察は驚くほど役に立つ場合がある。

## 他ジャンルを「先例」にする

ごくまれなケースとして、唯一無二のプロジェクト、つまりほかに類を見ないプロジェクトの場合は、参照クラス自体が存在しない。だがそんなときでも、ＲＣＦ法を役立てることができる。

２００４年のこと、私は当時スウェーデン政府で原子炉の解体を担当していた、アンダース・ベリエンダールから電話を受けた。ベリエンダールは廃炉コストの信頼できる見積もりを求めていた。廃炉作業には数十年かかるうえ、核廃棄物を数百年もの間安全に管理しなくてはならない。

スウェーデン政府は、廃炉コストとして原子力産業に基金への積み立てを求めるために、できるだけ正確な費用の見積もりを必要としていた。

「助けてもらえないだろうか？」とベリエンダールは言ってきた。

私は途方に暮れた。当時はまだ廃炉プロジェクトのデータがなく（今はある）、入手できるあてもなかった。世界全体でも、解体された原子炉の数はわずかで、それらもチョルノービリやスリーマイル島などの非常に特殊な状況で行われていた。スウェーデンは、世界で初めて計画的廃炉を行う国になる。「申し訳ないが、力になれそうにない」と私は断った。

だがベリエンダールは、私が気づかなかったことを指摘してくれた。彼がコンサルタントから得たレポートには、廃炉コストの見積もりと「コストリスク」（コストが見積もりを上回るリスク）が記載されていた。

これを、私とチームが以前執筆した学術書の、輸送インフラ（道路、橋、鉄道等）のコストリスクと比較したところ、奇妙なことに気づいたという。[20] 輸送という、ごく一般的なインフラのコストリスクのほうが、コンサルタントの算出した廃炉のコストリスクよりも高かったのだ。

「そんなことがあるはずがない」とベリエンダールは首をひねった。輸送プロジェクトは数百年前から行われていて、工期は5～10年ほどだ。廃炉のほうがはるかに期間が長く、スウェーデンはそれを行った経験もないというのに、なぜリスクが低いのか？　私も同意した。たしかに道理に合わなかった。コンサルタントとそのレポートはお払い箱になった。

だが、ベリエンダールはそれに代わるアイデアを持っていた。さしあたって、**私とチー**

**ムが算出した輸送インフラのコストリスクを、廃炉と核廃棄物貯蔵のコストリスクの「フロア」（下限）とみなしたらどうか**というのだ。

これは完璧な見積もりにはほど遠かったが、コンサルタントの出した数字よりもずっと理に適っていた。それに、廃炉作業はすぐには始まらない。スウェーデン政府がこの見積もりを今提示すれば、原子力産業は基金への積み立てを開始できる。政府は国内外のケースをくわしく調べてから、あとで見積もりを上方修正すればいい。私は感心した。じつに良識的な、フロネシス（実践知）に基づく考え方だ。私たちはこの手法を開発し、それはスウェーデンの政策になった。[21]

お恥ずかしいことに、私自身も「独自性バイアス」の餌食になり、廃炉のような前例のないプロジェクトでは、過去のプロジェクトはまったく参考にならないと、頭から思い込んでいたのだ。だがそれは間違っていた。ベリエンダールのように、頭と想像力を少しばかり働かせれば、それに気づけたはずだった。

## テールへの回帰――やればやるほど「例外」に近づく

しかし、これらの予測のすべてに、「ファットテール」という大きな落とし穴がある。

たとえばここに、1000件のキッチンリフォームのコストデータを示すグラフがあるとしよう。グラフはベルカーブを描き、大半のデータが中央の平均値付近に集中している。右端と左端にはほとんどデータがなく、最も極端な外れ値でさえ、平均からそれほど離れていない。これが1章で説明した、「正規分布」と呼ばれるものだ。

正規分布では「平均への回帰」が生じる。データに短期的に偏りがあったとしても、データが増えるにつれ本来の平均に近づいていくという現象だ。たとえば、施工業者がいつになく高価なキッチンリフォームを完了したら、ほかの条件が同じであれば、次に施工するリフォームはおそらく平均値により近く、より安価になる可能性が高い。

データが正規分布に従う場合は、ここまで説明したように、参照クラスのコストの平均値をそのまま見積もりとして使って問題ない。だが1章でも説明したように、私のデータベースのプロジェクトタイプのうち、「正規」分布に従うものはほんのわずかだ。それ以外の、オリンピックからITプロジェクト、原子力発電、巨大ダムまでのすべてで、分布の裾には極端なケースが多く含まれる。

こうしたファットテール分布では、平均値は分布の代表値ではないため、見積もりには適さない。最もファットテール性が強い分布では、データが集中する安定した平均すら存在しない。ますます極端な事象が発生して、平均が裾のさらに彼方へと押しやられる可能性がある（し、実際そうなる）からだ。

つまり、おなじみの「平均への回帰」ではなく、**「裾（テール）への回帰」**と私が名づけた現象が起こる。[22] こうした状況で平均を信用し、あなたのプロジェクトもそれに近くなると思い込むのは、危険な間違いだ。[23]

理論はここでおしまいにして、次は現実的にどう対処したらいいのかを考えよう。

できるなら、あなたのプロジェクトの分布がファットテールに従うのかどうかを知っていたい。だが、もしあなたがキッチンリフォームを行う個人や、小型プロジェクトを手がける中小企業なら、おそらく知らないだろう。たとえアンダース・ベリエンダールのような、国家プロジェクトを監督する立場にあり、国の統計機関を意のままに利用できる高級官僚だったとしても、知らないかもしれない。

だがその場合でも、何も用いないよりは、平均値を用いるほうが――または、平均値さえ知らなかったベリエンダールのように、想像力を働かせるほうが――よい予測を立てることができる。

**それに慎重を期して、あなたのプロジェクトがファットテール分布に従うと仮定したほうがいい。なぜならその可能性のほうが高いからだ。**つまり、ただ少々遅延したり、少々予算をオーバーしたりする程度ではすまず、暴走して大惨事に終わるリスクが多少なりともあると。そのリスクから自衛するためには、これから説明するように、リスク軽減策が必要になる。

## テールは切り落とせばいい

もしあなたが大組織で働く専門家なら、このおおざっぱな方法で満足している場合ではない。正規分布なのかファットテール分布なのかを見きわめるために、十分な数のデータを収集し、データの分布を統計的に分析できないか真剣に検討しよう。

もし正規分布かそれに近いことが判明すれば、参照クラスの平均値を使ってRCF法を行おう。この方法で立てた見積もりであっても、少額のコスト超過が発生するリスクが、まだ50％ほどある。このリスクをさらに軽減するには、10％から15％の予備費を確保しておけばよいだろう。[24]

ファットテール分布の場合は考え方を変えて、1つの結果を予測する（「プロジェクトのコスト見積もりはX」）代わりに、分布の全体を見てリスクを予測しよう（「プロジェクトのコストがXを超過する確率はYパーセント」）。

典型的なファットテール分布のプロジェクトでも、約80％のケースが分布の本体〔裾以外の部分〕を構成する。これらはごく普通の結果で、恐ろしいことは何もない。分布のこの部分に関しては、通常のリスク軽減策として、懐事情に合った予備費を計上しておけばいい。

だが残りの20％は極端な結果、すなわち「ブラックスワン」的結果である。つまり、あなたのプロジェクトが分布のテール（裾）で終わる確率が20％あるということだが、これはほとんどの組織にとって高すぎるリスクだ。**これに対応するために必要な予備費は、平均コストの3倍、いや4、5倍、ときには2章で説明したモントリオールオリンピックのように7倍以上という、法外な水準に上る可能性がある。**

これほどの予備費は普通は許されない。予算が吹き飛んでしまう。**では、テールはどうしたらいいのか？　切り落とせばいい。**

それは、リスク軽減策によって行うことができる。私はこれを「ブラックスワン・マネジメント」と呼んでいる。

## ブラックスワン・マネジメント

テールの中には、簡単に切り落とせるものもある。たとえば津波はファットテールだが、建物を内陸寄りに建てたり、十分な高さの防波堤を設置したりするなどすれば、脅威を排除できる。地震もファットテールだが、私たちがネパールの学校プロジェクトで行ったように、耐震基準を満たす建物を建てることでリスクを回避できる。

複数の対策の組み合わせが有効な場合もある。たとえばパンデミックなら、マスク着用と検査、ワクチン、検疫、ロックダウンの合わせ技で、感染拡大を防ぐなど。[25]これがブラックスワン・マネジメントだ。

**大型プロジェクトのブラックスワン・マネジメントは、複数の手法を組み合わせて行うのが一般的だ。**本書の始めに取り上げた、「ゆっくり考え、すばやく動く」も、手法の1つ。前に説明したように、高くつく恐ろしいトラブルが発生するのは、実行フェーズである。周到な計画によって迅速な実行を促し、ブラックスワンが飛び込んでくる「時間の窓」を狭めることは、有効なリスク緩和策だ。**プロジェクトを早く終わらせることが、究極のブラックスワン防止策になる。**プロジェクトが完了すれば、少なくとも実行フェーズが原因でコストが膨張することはなくなる。

次の重要な一歩は、ブラックスワンに対する固定観念を捨て去ることだ。ブラックスワンは、理解も予防もできない、「青天の霹靂《へきれき》」的な不慮の事故ではない。ブラックスワンは研究することも、軽減することもできる。

私とチームはまさにこれを、HS2の依頼で行った。HS2はロンドンとイングランド北部を高速鉄道で結ぶ、1000億ドルを超えるイギリスの国家プロジェクトである。[26] 私たちのデータベースを用いて、世界の同じような高速鉄道プロジェクトのコスト分布を調べてみると、案の定ファットテール分布と判明した。香港のXRLの例で見たように、高速鉄道はリスクの高い事業なのだ。

次に、テール部分のプロジェクトに焦点を定め、それぞれのプロジェクトで、具体的に何がコストの爆発的増加をもたらしたのかを調査した。答えは驚くほど単純だった。コスト増大の原因は、テロやストライキといった「壊滅的」なリスクではなかった。どんなプロジェクトのリスク台帳にもすでに載っている、ありふれたリスクだった。

私たちはこうしたリスクを12種類特定し、すでに困難な状況下にあるプロジェクトに、これらのリスクが複合的に作用して、破綻を招いたことを明らかにした。たった1つの原因でプロジェクトが急に頓挫することは、ほとんどなかった。

## 「初期の遅れ」はブラックスワンの温床

高速鉄道に共通するトラブルの原因に、「考古学」がある。

イギリスを含む世界の多くの地域で、建設プロジェクトは歴史的地層の上で行われることが多い。掘削を開始したとたん、過去の遺物が発見される。イギリスではこれが起こると、専門の考古学者が現場を調査、記録して、出土した遺物を取り除き、重要物が失われていないことを確認するまで、工事作業を停止することが法律で義務づけられている。

経験豊富なプロジェクト運営者はこの事態に備えて、専門の考古学者といつでも連絡が取れるようにしている。

通常のプロジェクトなら、それで十分だ。だが多くの都市や景観にまたがる大型プロジェクトでは、ある現場で遺物が発見され、考古学者が駆り出されると、すぐにまた別の現場で遺物が出土する。

専門の考古学者の数は限られているし、そもそも配管工や電気技師とは違って、緊急通報に対応するのが彼らの主な仕事ではない。そのため、遺物の発見が重なると深刻な遅延が発生し、その遅延が別の作業の遅延を招く。

結果として、小さなつまずきが玉突き事故のように次々と連鎖し、最初はただの軽い接触事故だったものが、プロジェクト全体を揺るがす大渋滞と化してしまう。

ＨＳ２での掘削の規模を考えれば、これは重大なリスクだった。対策は？　イギリスの専門の考古学者全員と顧問契約を結んだのだ。この方法は安くはなかったが、数十億ドルのプロジェクトを中断するコストに比べればずっと安くすむから、理に適っていた。

この対策には思わぬ効果もあった。着工後、ＨＳ２はこのプロジェクトをイギリス史上最大級の考古学プログラムとして大々的に宣伝し、イメージアップを実現したのだ。[27]

また、ＨＳ２の参照クラスを分析した結果、**プロジェクトの初期段階に資機材調達や政治的決定の遅れが生じると、ブラックスワン的状況が起こりやすい**こともわかった。

不思議なことに、プロジェクトリーダーは初期の遅れをあまり重く見ない。初期に遅延が生じても、遅れを取り戻す時間はたっぷりあるというのだ。

これは一見もっともなように思える考え方だが、完全に間違っている。初期の遅れは実行プロセス全体に連鎖反応を引き起こす。遅延があとに起これば起こるほど、未完了の作業は少なくなるから、連鎖反応のリスクもインパクトも下がる。

フランクリン・ローズヴェルト大統領の言う通りだ。「失われた陣地はいつでも取り戻せる。だが失われた時間はけっして取り戻せない」[28]。私たちはこの知見をもとに、初期の遅れと連鎖反応のリスク軽減策をHS2に提案した。

考古学と初期の遅延のリスクに対処したあとも、高速鉄道のブラックスワンを招き得る原因はまだ10種類残っていた。たとえば後期の設計変更、地質学的リスク、請負業者の倒産、不祥事、予算削減など。

これらを1つひとつ検討して、リスク軽減策を立てた。最終的に、これらの原因が単独で、または相互に作用してブラックスワンを招くリスクを軽減するための、一連の措置を講じることができた。

これが、複雑な大型プロジェクトの「テールを切り落とす」方法だ。手順はプロジェクトによって多少違うが、大まかな方法は変わらない。そして**対策はあなたのすぐ目の前の、参照クラスのテールの中にある。**それを掘り出すだけでいい。

ブラックスワン・マネジメントに関してとくに難しいのが、参照クラス予測の場合と同様、独自性バイアスを克服することだ。「自分のプロジェクトは特別で、ほかのプロジェクトから学ぶことは何もない」と思い込むと、外部情報を通じて発見し、回避できたはずのリスクを見過ごすことになる。

その衝撃的な悪しき実例である、「シカゴ大火祭」を紹介しよう。

## シカゴ大火祭
### ——「火事」は想定できても「燃えない」は予想できなかった

1871年に発生し、シカゴ市内を焼き尽くした大火事の物語は、今もこの地に脈々と根づいている。

シカゴの劇団の芸術監督を務めるジム・ラスコは、こんなアイデアを市当局に売り込んだ。大火後の復興を称える1日がかりの祭典を開催して、フィナーレにビクトリア朝住宅のレプリカを華々しく燃やしてはどうだろう？　市長はこのアイデアを大いに気に入り、ゴーサインを出した。

「シカゴ大火祭」という名前そのものが火災の危険を想起させるとあって、消防署はラスコの計画をつぶさに調べ、数々の安全対策を求めた。たとえば、レプリカ住宅はシカゴ川の艀《はしけ》の上に建て、高性能スプリンクラーを設置する、など。

ラスコは数か月かけてリスクに徹底対処し、うんざりしながらも安堵を感じていた。なにしろライブイベントの失敗は衆人環視の中で起こるのだ、リスクを軽減できるに越したことはない。

そして2014年10月の大火祭当日がやってきた。ラスコは市長と州知事をはじめ3万人の観衆が見守る前で、トランシーバーを掲げて点火の合図を行った。何も起こらなかった。彼は待った。それでも火はつかなかった。点火装置が故障していたのだ。ラスコは予備の装置も、緊急時対応計画も準備していなかった。彼が対策を講じたのは延焼リスクであって、そもそも火がつかないリスクではなかった。

のちに政治家がこの祭りを「川の上の大失態」と呼び、その名が定着した。祭りは物笑いの種になり、劇団は解散に追い込まれ、ラスコは職を失った。[29]

何がいけなかったのだろう？　ラスコとチームはリスク対策にたっぷり時間をかけたが、シカゴ大火祭が「唯一無二の」プロジェクトだという見方から、「数ある中の1つ」、つまりより幅広いクラスのプロジェクトのうちの1つだという見方にシフトすることはなかった。もし視点を変えていたら、ライブイベントについて考えることにも時間を費やしていたはずだ。ライブイベントが失敗する原因にはどんなものがあるだろう？

とくに多いのが、機器の故障だ。マイクが使えない、システムがダウンする、など。防止策は？　簡単だ。重要な機器をリストアップし、予備機を用意し、緊急時対応計画を立てればいい。この種の分析自体はとても簡単だが、その前にまず視点を変えることが欠かせない。

ちなみにリスク対策では、トラブルが起こる具体的な状況まで予測する必要はない。ジム・ラスコは、いつどこで点火装置が故障するかを予測する必要はなかった。**たんに、故障する可能性があることを認識し、不測の事態に備えて「プランB」を準備するだけでよかった。**

ベンジャミン・フランクリンが1758年に書いた、「わずかな怠りが大きな災いを招く」を胸に刻もう。だからこそ、高度な安全基準は優れたリスク軽減策であり、どんなプロジェクトにも欠かせないのだ。安全基準はただ作業員を守るだけでなく、些細なことが予測不可能な方法で組み合わさって、プロジェクトをぶち壊すブラックスワンになるのを防いでくれる。

ブラックスワンは不可避ではない。私たちはブラックスワンになすすべもなく翻弄されるだけの存在ではない。そうは言っても、リスク軽減策は——人生のあらゆるできごとと同様——「絶対」ではなく、「確率」の問題だということを認識しておく必要がある。

本書の冒頭で紹介したように、エンパイア・ステート・ビルは巧妙な計画と迅速な実行により、予算を大幅に下回るコストで予定より前倒しで完成した。これらも優れたリスク軽減策だ。

だがこの物語で触れなかったことがある。万策が講じられたものの、狂乱の１９２０年代末に開始したこのプロジェクトが完了したのは、不運にも世界恐慌のただ中だった。こんな展開になるとは誰にも予想できなかった。未曽有の不況のなかでテナント探しは難航し、１９３０年代には「エンプティー（空《から》の）・ステート・ビル」のあだ名がついたほどだ。ようやく利益が出るようになったのは、戦後復興期になってからのことだった。

リスク軽減は可能であり、必須だが、この複雑な世界でリスクを完全に排除することはできない。優れたリスク管理者はこのことを直感的に理解し、それに備えている。

## 「中断」が起きない段取りにする

ここで香港の地下高速鉄道、ＸＲＬプロジェクトに話を戻そう。

ＭＴＲは従来型都市鉄道での自社の経験、という不適切なアンカーを用いたせいで、トラブルに陥った。また、楽観バイアスと野心にとらわれて、最初から成功の見込みのない実行スケジュールを立てた。その結果、当然のように進捗が遅れ、責任者と作業員が非難され、責めを負わされた。その後も遅延と非難の悪循環が続いた。

この悪循環からＭＴＲを救い出すために、私たちはプロジェクトの見積もりを一からやり直すことにした。ただし、このときは適切なアンカーを用いて、参照クラス予測を行った。もちろん、ＸＲＬは世界初の試みだったから、地下高速鉄道プロジェクトの大規模な参照クラスは存在しない。

そこで代わりに統計的に比較可能な、世界の高速鉄道とトンネル掘削、都市鉄道の計１８９件のプロジェクトを参照クラスにした。これは豊富なデータベースがある場合にしかできない、最も高度な形態のＲＣＦ法である。[30] そして予測の結果、ＭＴＲは本来６年かかるはずの作業を４年で行おうとしていたことが判明した。プロジェクトが混乱に陥るのも無理はなかった。

リスク軽減策も一から見直した。

たとえばこのプロジェクトでは、掘削機が故障すると、メーカーから技術者と部品を取り寄せ、それらが届くまで一切の作業を中断していた。

これはまったく意味をなさない方法だ。１分１秒が勝敗を分けるＦ１レースでは、エンジニアがスペアパーツを取りそろえてピットで待機し、ロスタイムを最小限に抑えている。時間はMTRにとっても同じくらい重要だと、私は力説した。MTRには莫大な資金がかかっているのだから、F1と同じことをやってみてはどうか？

また、MTRの下級担当者が部品メーカーの下級担当者に部品を発注しているせいで、調達と配送に遅れが生じがちなこともわかった。私は時間短縮のために、そうした決定は担当者を飛び越えてトップ同士が下すべきだと考え、MTRのCEOがメーカーのCEOに直接掛け合うことを提案した。この方法には、レスポンスタイムを劇的に短縮する効果があった。

## 「インチストーン」ですぐ達成できるポイントをつくる

次のステップは、プロジェクトを軌道に戻すことである。そのために残りの作業について、別の参照クラス予測を行った。この予測にはきわめて高い確度が求められた。

それというのも、MTRが香港政府に工期延長と予算増額を求める機会は、この1回しか残されていなかったからだ。私たちは200件近くの類似プロジェクトのデータを利用して、さまざまな戦略の不確実性やリスク、予想される結果を統計的にモデル化した。これをもとにして、ＭＴＲはどれだけのリスクを取るかを決めることができる。
私はＭＴＲの取締役会に、これは保険に加入するようなものだと説明した。「工期とコストの超過をどこまでカバーする保険をご希望ですか？　50％？　70％、それとも90％？　カバーするリスクが大きければ、その分多額の予備費が必要になります」[31]
とうとう2015年11月、ＭＴＲと政府の間で合意が結ばれた。だがその前から、実行改善の取り組みは始まっていた。

私たちのように詳細なデータを持っていれば、同じＲＣＦ法を用いて、プロジェクト全体だけでなく、その各段階についても見積もりを立てることが可能になる。この方法で、私たちはプロジェクトの「マイルストーン」を設定した。マイルストーンとは、プロジェクトの進捗を管理するための定番のツールで、特定の期日までに通過すべき中間目標をいう。

だがプロジェクトに遅延が発生している場合、責任者は次のマイルストーンに到達する前に、遅れを知りたい。早くわかれば、その分早く行動を起こすことができる。

私たちはきわめて詳細なデータを持っていたおかげで、さらに細かい見積もりを立てることができ、それをもとに、マイルストーンよりも一段細かい**「インチストーン」**を設定した〔マイルもインチも長さの単位で、1マイルは約1・6㎞、1インチは約2・5㎝〕。
また、「誰が何をするか」をあらかじめ明確にしておいた。新しいスケジュールで遅れが出始めれば、責任者に直ちに通知が行き、誰が行動を起こすべきかがわかっているから、遅滞なく対策を実施できる。それから香港政府とともに、インチストーンの手法に基づくＡＩベースの汎用性の高い手法を開発した。この手法は今も香港のほかのプロジェクトで用いられており、どこのどんなプロジェクトにも適用可能である。[32]

ＸＲＬを軌道に戻すための最後のステップは、失敗を認めることだった。ＭＴＲは非を認め、まず幹部が公式に謝罪した。新しいリーダーたちが採用され、私たちが洗い出した問題に対応するために方針が変更された。

そしておそらく何よりも重要なことに、経営陣がインチストーンとマイルストーンの達成を祝った。おかげで関係者全員がゴールへと向かう上昇気運を感じることができ、負のスパイラルに陥らずにすんだ。立て直しのプロセスをすべて完了するのに、熾烈な90日間を要した。

４年後の２０１８年９月22日の早朝、香港の新しい地下高速鉄道駅と、斬新な曲面で覆われた屋上の緑化空間が、最初の乗客を迎えた。午前7時きっかりに、最初の高速列車が音もなくトンネルに滑り込み、中国本土に向けて加速した。プロジェクトは――適切なアンカーを用いて立てられた予算と工期の見積もりに照らして――予算内かつ予定より3か月前倒しで完了した。

こうして、本書のツールボックスに、「経験」「ピクサー・プランニング」「右から左へ考える」のほか、「RCF法」と「リスク管理」が加わった。これらが、計画フェーズでゆっくり考え、実行フェーズですばやく動くために欠かせないツールだ。

だがここで1つ言っておきたいことがある。私の手法が間違っている、またはプロジェクトを成功させる手法の正反対だ、と考える人たちがいるのだ。次章では彼らの言い分を取り上げ、それが――また私の議論が――正しいかどうかを検証していこう。

# 7章 再現的クリエイティブ

## ——「創造はロマン」vs「創造は管理できる」

計画はプロジェクトを台無しにする、とも言われる。自分の才能を信じ、計画など立てずに思い切って飛び込んだほうが、よい結果が得られるのだと。これはすばらしい心意気だし、その正しさを裏づけるすばらしい物語もある。だが、本当にそうなのだろうか?

1960年代も終わろうとする頃、サイケデリック・ロック界の25歳の巨星、ジミ・ヘンドリックスは、マンハッタンのグリニッチビレッジに夜な夜なくり出し、自由奔放なボヘミアンの気分に浸っていた。とくに「ザ・ジェネレーション」という小さなナイトクラブを気に入り、1969年初めにここを買い取った。

ヘンドリックスはこのクラブのくつろいだ空気感《バイブス》を満喫し、友人たちとまったり過ごし、ミュージシャン仲間と即興のジャムセッションをしていた。こんな時間をもっと持ちたい、と彼は考えた。それに、ジャムセッションを簡単な8トラックのテープ録音機でレコーディングできる空間もほしい。

クラブを改装するために彼が雇ったのは、プリンストン大学建築学部を出たばかりの22歳、ジョン・ストーリックだ。ストーリックが唯一設計した実験的なナイトクラブを訪れ、その内装に惚れ込み、ただそれだけの理由で彼を雇った。ストーリックはすぐに図面を引き始めた。

クラブの音響を担当したのは、26歳のエンジニア、エディ・クレイマーである。クレイマーは2年ほど前からヘンドリックスのアルバム制作に参加し、アーティストとして、人としての彼を知り、彼のビジネスにも精通していた。

クレイマーは、ヘンドリックスが雇った支配人に連れられて初めてクラブを訪れたとき、ぎょっとした。半世紀後に彼はこう語っている。「ジェネレーション・ナイトクラブだったところの階段を降りながら、『あんたら頭どうかしてるよ』と言ったね」

クラブの改装にはとんでもない費用がかかるぞ、とクレイマーは考えた。それと引き換えに、ヘンドリックスは何を得るのか？　くつろいだり、即興演奏したりできるナイトクラブだ。だがここでジャムセッションをレコーディングしたとしても、音質は最適とはほど遠いだろう。

その一方で、ヘンドリックスはアルバムのレコーディング費用として、年間20万ドル（2021年の金額で約150万ドル）もの大金をスタジオに支払っている。いっそこのクラブを自前の本格的なレコーディングスタジオにしてしまったらどうだろう？　ヘンドリックスの美意識と芸術性を投影した空間、どんなナイトクラブよりもくつろぎと刺激が得られる空間をつくるのだ。

そしてここを最高品質のアルバムを録音できる、最高水準のレコーディングスタジオにすれば、毎年スタジオに費やす莫大な金額を節約することができる。

これは1969年には大胆なまでに革新的なアイデアだった。当時はどんな大スターも自前のスタジオなど持っていなかった。また当時の商業スタジオは、技師が白衣を着て作業をするような、無機質な空間だった。

ヘンドリックスはこの案に乗った。ナイトクラブの改装プロジェクトは、スタジオ建設プロジェクトに変更された。

## 次々と「斬新なアイデア」が生まれたスタジオ

ジョン・ストーリックは計画変更を告げられたとき、すでにナイトクラブの再設計をほぼ終えていた。てっきり解雇されると思ってうちひしがれた。

だがクレイマーと支配人は、そうではないと言った。「このままスタジオの設計者になってくれないかと言われてね」

「僕が『スタジオのことは何も知らないし、中に入ったこともない』と断ると、『かまわんよ』と言うんだ」[2]

この自由気ままな精神が、プロジェクトに浸透していた。ヘンドリックスはクレイマーとストーリックに驚くほどの自由を与え、ほかのどんなものとも違うスタジオをつくらせた。1人のアーティストの「ニーズと嗜好、気まぐれ、思いつきに応えるためだけに設計されたスタジオ」だったと、クレイマーは言う。ヘンドリックスは具体的な注文を1つだけつけた。クレイマーはヘンドリックスのささやくような声を真似て言った。「ようあんた、丸窓をつくってくれよ」

ストーリックはジミ・ヘンドリックスにふさわしいレコーディングスタジオを構想し、6枚のトレーシングペーパーに図面を描いた。この図面がそのまま計画に、計画のすべてになった。工期もなし。予算もなし。「スタジオ全体を、たった6枚の図面と大量のモルタルでつくったんだ」とストーリックは笑う。

着工直後から問題が噴出した。とくに重大な問題として、建物の真下に地下河川が流れていることが判明した。排水のためのポンプを設置し、常時稼働させたが、ポンプはレコーディングスタジオにあってはならない背景音を生み、それを無音化する必要が生じた。「そのせいでプロジェクトは何週も何週も遅れてしまった」とストーリックはため息まじりに言う。

彼らは思いつきで、次々と斬新なアイデアを生み出し、実行していった。たとえば、普通の部屋の「天井」は、照明を取りつける場所というだけで、特段注意が払われることはない。だがレコーディングスタジオの天井は、環境音を吸収する重要な役割を担っている。ストーリックとクレイマーは、天井に塗る石膏に気泡を混入させて防音効果を高める方法を音響技師に聞き、空気をたっぷり含ませるために、市販の「泡立て器」で石膏を攪拌《かくはん》するという斬新な方法を編み出した。

資金調達はさらに大きな問題だった。ヘンドリックスはコンサートとレコードで大稼ぎしていたが、キャッシュフローは不規則だった。「ひと月か、ひと月半か、ふた月ほど工事をすると、金が底をつく」とクレイマーは言う。「すると職人を家に帰し、現場を閉めて、ジミがツアーに出る」。コンサートの報酬は現金払いだった。数万ドルのキャッシュをカバンに詰め込み、ヘンドリックスの側近がマンハッタンまで運んで、マネジャーに手渡した。「そして工事が再開されるってわけさ」

工事が長引きコストが膨れ上がると、ヘンドリックスの資金投下では支えきれなくなった。マネジャーがヘンドリックスの所属するワーナー・ブラザースから数十万ドルの貸付を得て、その資金でなんとか完成にこぎ着けた。１年と１００万ドル超――50年間のインフレ率を考慮すれば現在の約７５０万ドルに相当――を要したが、とにもかくにも完了した。

ヘンドリックスは最新アルバムの「エレクトリック・レディランド」にちなんで、スタジオを「エレクトリック・レディ」と名づけた。のちに「エレクトリック・レディ・スタジオ」と改称された。

## 天才的なひらめきと、感性と、思いつき

１９７０年４月26日のオープニングパーティーには、パティ・スミスやエリック・クラプトン、スティーヴ・ウィンウッド、ロン・ウッドなどの豪華スターが駆けつけた。[3]

スタジオはヘンドリックスらしさにあふれ、環境照明と波打つ壁、そしてもちろん丸窓があった。「子宮のような場所だった」とクレイマーは回想する。「スタジオでのジミは、

信じられないほど幸せそうで、穏やかで、クリエイティブだった」

　そして、人々は音響に度肝を抜かれた。ミュージシャンはそれを「タイトな」サウンドと評した。ストーリックが最新技術を駆使した測定によって、それを裏づける証拠を得たのは、オープンの数十年後のことである。天井に塗った石膏は、ねらい通り中音域の音を吸収したが、意外にも低周波音を吸収する効果もあったのだ。泡立て器は天才的なひらめきだった。

　ジミ・ヘンドリックスは痛ましくも、スタジオがオープンしてひと月と経たずに亡くなった。世界は彼が生きていれば生み出したであろう、すばらしい音楽を失った。だが彼のスタジオは残った。スティーヴィー・ワンダーがここでアルバムをレコーディングした。レッド・ツェッペリン、ルー・リード、ローリング・ストーンズ、ジョン・レノン、デイヴィッド・ボウイ、AC／DC、ザ・クラッシュ等々が続いた。スタジオは今も現役で、U2、ダフト・パンク、アデル、ラナ・デル・レイ、そしてジェイ・Zもが、ニューヨーク最古にして世界一有名なこのスタジオでレコーディングしている。

「もとの6枚の図面をまだ持っているよ」とストーリックは言う。テック界の大物から、5万ドルで売らないかと持ちかけられたこともある。「売り物じゃないよ。今も筒に入れたままだ。ニューヨーク近代美術館が引き取ると言ってきた」

このプロジェクトは、清水の舞台から飛び降りるような、向こう見ずな冒険だった。カリスマ的アーティストが、設計・建設の経験も計画もない2人の若造に、前代未聞のプロジェクトを思いつきで任せ、文字通り袋入りの現金で費用を支払った。

誰が見ても、とくにヘンドリックスの資金が尽きたときは、悪い結果に終わると思われた。完成には長い時間と莫大なコストがかかった。だがプロジェクトは最終的に、想像を超える見返りをもたらしたのだ。

## 「幸運な無知」は存在するか？

私はジミ・ヘンドリックスが大好きだし、この物語も大好きだ。嫌いな人がどこにいるだろう？　計画など立てずに、偉業にひたすら身を投じる人々の物語には、心を揺さぶる何かがある。彼らは夢を描き、考えをめぐらせ、困難を切り抜け、大成功を遂げる。

こうした物語は「ロマン」にあふれている――これは計画立案を説明するのには、ふつう使われない言葉だ。

エレクトリック・レディの物語は、創造は謎めいた、自発的な活動だという、一般的な見方とも一致する。創造は管理、計画できるようなものではない。せいぜいできるのは、創造性が必要とされる状況に身を置き、ひらめきが訪れるのを待つことだけ。なにしろ、「必要は発明の母」なのだから、と。

この見方に立てば、私が本書で勧めるような周到な計画は不要だ、あるいは周到な計画によって余計な問題が露呈するのは困る、という結論に飛びつきたくもなる。計画段階で問題が明らかになり、簡単に解決できそうになければ、プロジェクトは無理だとあきらめてしまうかもしれない。そのせいで、思い切って突き進んでいたら生まれたであろう解決策が発見されないまま終わる、というのだ。

この説では、「とにかくやってみろ」のほうがずっとよいアドバイスということになる。「思いつきでやったほうがいい結果になるんです」と、自宅の大規模なリフォームを行った女性が、ＢＢＣの番組で言っていた。彼女はろくに住宅診断もせず、リフォームの計画も立てずに、競売で家を買った。あえてそうしたのだという。「計画を立てすぎると、結局やらずに終わってしまいますから」[4]

この考え方は強力な知的裏づけを得ている。半世紀以上前、コロンビア大学の著名な経済学教授アルバート・Ｏ・ハーシュマンは、いまなお影響力を誇る論説を書いた。[5]最近ではジャーナリストのマルコム・グラッドウェルが、ニューヨーカー誌でこの論説を好意的に取り上げ、ハーバード大学教授で元ホワイトハウス高官のキャス・R・サンスティーンも、ニューヨーク・レビュー・オブ・ブックス誌で称賛している。[6]

2015年にはワシントンDCの著名なシンクタンク、ブルッキングス研究所が、ハーシュマンがこの論説を初めて発表した書物を「ブルッキングス・クラシック」と銘打ち、ハーシュマンの思想と刊行50周年を祝して、新しい前書きと後書きをつけて復刊した。[7]

ハーシュマンは、計画を立てるのは得策ではないと論じた。「創造性はつねに思いがけないときに生まれる」と彼は書いている。「そのため、私たちは創造性をけっして頼りにすることはできないし、実際に創造性が生まれるまでは、それを信用しようとしないのである」

だが、もし大型プロジェクトに、創造性によってしか乗り越えられない問題があることが前もってわかっていて、かつ創造性を必要に応じて働かせることができないのであれば、誰が大型プロジェクトに着手するだろうか？　着手すべきではないのだ。

それなのにあえて挑戦する人たちがいる。それは無知のおかげだと、ハーシュマンは言う。無知は私たちにプロジェクトを着手させてくれる「友人」である。彼はこれを「幸運な無知」と呼んだ。[8]

## 「『目隠し』をすれば大胆にできるだろう！」

人は大きなプロジェクトを検討するとき、プロジェクトに起こり得る問題の数や程度をつねに過小評価する。そしてこの無知のせいで、過度に楽観的になる。それはよいことなのだとハーシュマンは言う。

「私たちは必然的に、自分の創造性を過小評価する傾向がある。したがって、私たちが取り組まなくてはならない問題の難しさについても、ほぼ同じ程度に過小評価することが望ましい。なぜなら、私たちが難しい問題に手を出してしまうのは、そうした2つの過小評価が互いに打ち消し合うからである。もしそうでなかったら、誰もあえて着手しようとはしないだろう」

ハーシュマンによれば、人は「典型的に」大型プロジェクトのコストと困難を過小評価し、それが予算超過と工期遅延につながる。だがこれらのマイナスは、プロジェクトがもたらす期待以上の便益によって打ち消されるという。

彼はこの原理に名前をつけることを提案した。「困難を都合よく隠してくれる、何らかの見えざる手、または隠れた手が存在するのは明らかである。これを『目隠しの手』と呼ぶことを提案したい」

ハーシュマンはこの原理を、現在のバングラデシュにあった製紙工場を例にとって説明した。この工場は近くの竹林資源を利用するはずだった。だが工場が稼働し始めた矢先に、半世紀に1度しか見られない竹の一斉開花が起こって、竹林全体が枯死してしまった。

竹を原料として利用できなくなったため、責任者は代わりの方法を探さざるを得なくなり、3つの対策を取ることにした。他地域から竹を調達するための新しい供給網を構築する、枯れた竹に代わる成長の早い品種を栽培する、竹以外の材木を利用する新しい方法を開発する、である。

結果的に、絶望から生まれた創造のひらめきのおかげで、工場はもとの竹林が生き続けた場合よりも成功したと、ハーシュマンは書いている。だが、もし事前に周到な調査を行い、竹林の枯死が近いことがわかっていたら、どうなっていただろう？　その場合、工場は建設されなかったかもしれない。

奇妙に思えるが、このケースではずさんな計画が成功をもたらしたのだと、ハーシュマンは論じた。[10]

## サメロボットが故障したから「ジョーズ」がヒット？
### ——語られるときトラブルが「美談」になる

ハーシュマンは彼の専門である経済開発の分野からほかにも例を引いているが、似たような例はまったく違う分野にも散見される。

私が気に入っているのは、スティーヴン・スピルバーグ監督を一躍有名にした映画、「ジョーズ」の物語だ。

この作品の制作がトラブル続きだったことはよく知られている。脚本がひどかった。天候が悪かった。サメのロボットが故障続きで——1体は海底に沈んだ——しかも恐ろしいというより、間が抜けて見えた。

ピーター・ビスキンド著の優れた映画史、『イージーライダーとレイジング・ブル：セックス、ドラッグ、ロックンロールの世代がいかにしてハリウッドを救ったか』（未邦訳）によると、撮影日数は当初計画の3倍、制作費も3倍に上り、スピルバーグは自分のキャリアが破壊されることを恐れて、神経衰弱の一歩手前まで追い込まれたという。

では、ジョーズはいったいどうやって空前の大成功を収める映画になったのだろう？

もとの脚本がお粗末だったため、監督と俳優が一緒になってシーンやセリフを考え、それがキャラクターに深みを与えた。サメロボットがうまく動作しなかったため、人間に焦点を当てることにし、サメをほとんど見せずにその存在だけを暗示したことで、かえって恐怖を煽った。この2つの新機軸が、安っぽいB級映画を大ヒットの傑作サスペンスにつくり替えたのだ。[11]

本書で取り上げてきた物語の中にも、ハーシュマンの議論にうってつけの例がある。シドニー・オペラハウスでは、ヨーン・ウッツォンの「見事な落書き」を実現することの難しさが大幅に過小評価されていた。だが建設が進む中で、ウッツォンはなんとか難問を解決することに成功した。大幅な予算超過と工期遅延が発生し、音響や構造に問題はあったが、それでもシドニー・オペラハウスは世界を代表する建造物になった。

もちろん、エレクトリック・レディもハーシュマンの説の好例だ。2人の若者が1969年に開始したこのプロジェクトは、困難に満ちていたが、彼らは迷わず突き進み、全力を尽くして、次々と降りかかる難問を解決していった。私が最近ストーリックとクレイマーに話を聞いたときも、2人はあの偉業に明らかに大きな誇りを感じていた。当然のことだ。

これらの物語はとても説得力が高い。だから私は困ってしまう。ハーシュマンと私の主張は、水と油のようにまったく相容れない関係にある。彼が正しければ私は間違っているし、逆もまた同じだ。それほどはっきりしている。

## 物語VSデータは「物語」が勝ってしまう

では、どちらが正しいかをどうやって確かめればいいのだろう？　たいていの場合、それを判断するための十分なデータがないから、カオスが創造性を生み出すのか、計画性が重要なのかという議論に、物語によって決着をつけようとする。

私はこういう議論をしょっちゅう、学者たちからも、挑まれている。これはハーシュマン自身の論法でもあるし、キャス・サンスティーンやマルコム・グラッドウェルをはじめ、多くの人がそれに魅了されている。

彼らの論法の根拠とされるのは、ジョーズやシドニー・オペラハウス、エレクトリック・レディのような華々しい物語だ。

では、私にはどんな物語があるのか？　たとえば、「計画を立てすぎると、結局やらずに終わってしまいますから」と言ったくだんの女性は、実は1章に登場した、古民家をリフォームしたロンドンの夫婦の妻である。リフォームの当初予算は26万ドルだったが、コストは130万ドルを超え、今も増え続けている。もし2人が「計画を立てすぎ」ていれば、家を買うのをやめていたかもしれない。

そうすればよい物語になっただろう。だが正直、ジョーズの物語には負ける。

私に足りないのは、物語のドラマ性だけではない。そもそも収集できる物語の数が限られているのだ。理由は単純だ。困難に見舞われ、惨めな失敗に終わったプロジェクトは、興味を引かないからすぐに忘れ去られる。他方、トラブルにぶつかるも試練を乗り越え、大成功に終わったプロジェクトは、記憶に残り、称賛され続ける。

ジョーズがその好例だ。スティーヴン・スピルバーグは映画が完成して公開を待つ間、映画が大コケしてハリウッドで働けなくなるのを本気で心配していた。もしそうなっていたら、今頃ジョーズは、スピルバーグ本人と一握りの映画史家の記憶にしか残っていないだろう。

同じことがシドニー・オペラハウスなどについても言える。もしエレクトリック・レディのプロジェクトが途中で打ち切られていたら、あるいは完了したが音響に問題があったら、スタジオは売却されるか靴屋にでも転用され、物語の痕跡はジミ・ヘンドリックスの伝記の脚注に――あるいは丸窓に――しか残っていないだろう。

この現実は、若きデニス・ホッパーが初めて監督した2本の映画によく表れている。1960年代のホッパーは気まぐれなドラッグ漬けのヒッピーで、脚本や計画、予算など屁とも思っていなかった。彼の初監督作品は「イージーライダー」だ。私は十代の頃デンマークで、スクリーンに釘付けになりながら何度も見たのを鮮烈に覚えている。私だけではない。イージーライダーは商業的にも批評的にも大成功を収め、時代を象徴する傑作となった。

では彼の2作目は？　見たかどうかも覚えていないし、タイトルさえ思い出せない。ホッパーはこの作品も、イージーライダーと同じマニアックな即興的手法で撮影したが、不評ですぐにお蔵入りになり、今となってはコアな映画マニアしかその名を覚えていない（調べたところ、「ラストムービー」だった）。

このように、何らかの選択過程を通過した事例だけに注目し、それ以外のものを見過ごしてしまう、人間のありがちな誤りは、**「生存者バイアス」**と呼ばれる。たとえば、「スティーブ・ジョブズとビル・ゲイツ、マーク・ザッカーバーグは、大学を中退した。だから、IT業界で成功する秘訣は学校をやめることだ」、などと考える。この考え方に特徴的なのは——またこのおかしな結論を成り立たせているのは——ＩＴ業界で鳴かず飛ばずに終わり、忘れ去られた大学中退者の物語の不在である。これが生存者バイアスだ。

物語だけを考慮するなら、生存者バイアスが働くせいで、ハーシュマンの説に必ず軍配が上がる。創造性を爆発させて困難を乗り越え、輝かしい成功を収めたプロジェクトは、ビリオネアになった大学中退者と同様、すばらしい物語だからこそ、注目を集める。

だが、どちらの考え方が正しいかを判断するには、物語にならなかった、失敗した無名の中退者についても知る必要がある。

つまり、物語以上のものが必要だ。データが必要なのだ。

## 「メリット」が超過コスト以上になることはほぼない

ハーシュマンはデータを何一つ示さず、11件のケーススタディだけを紹介した。これだけの事例では、彼が「典型的」で「一般原理」だと主張したパターンが実在することは証明できないし、ましてやそれが典型的で一般原理であることなど示せるはずがない。[12]

だが1章で述べたように、私は数十年かけて大型プロジェクトの大規模データベースを構築し、豊富なデータを持っている。そこで、ハーシュマンが研究したプロジェクトと比較可能な、「ダム」「鉄道」「トンネル」「橋」「ビル」の5タイプ・2062件のプロジェクトのデータを分析してみた。この結果は論文として、2016年に学術誌ワールド・デベロプメントに発表されている。

ハーシュマンの説に立てば、典型的なプロジェクトでは、次の2種類の過小評価が行われると考えられる。

①プロジェクトの困難を予見できず、プロジェクトの最終コストを過小評価する。

②プロジェクトリーダーの創造性による問題解決能力を予見できず、プロジェクトの便益を過小評価する。

これらはジョーズ、シドニー・オペラハウス、エレクトリック・レディの3例すべてに共通するパターンであり、ハーシュマンの説に合致する。

またハーシュマンの説に立てば、便益の超過幅――プロジェクトが当初の想定を超えてもたらす便益――がコストの超過幅を上回るはずだ。これも3例に共通して見られるパターンである。ジョーズのコスト超過率は300%だったが、それを補って余りある興行収入をたたき出した。

では、データはこれらのパターンを示していただろうか？　答えはノーである。**平均的なプロジェクトでは、便益の超過幅はコストの超過幅を上回らない。それどころか、超過便益そのものが存在しない。**[13]

ひと言で言えば、典型的なプロジェクトではコストが過小評価され、便益が過大評価される。つまり**実際のコストは予想を上回り、便益は予想を下回るのが、典型的な大型プロジェクトである。**

そしてこのパターンは、私が分析した5タイプのうちの4つに見られ、ハーシュマンの説に合致したのは1つだけだった。要するに、清水の舞台から飛び降りれば、鼻を骨折して終わるのがつねである。ジミ・ヘンドリックスはツイていた。スピルバーグとシドニーもだ。

だが、こう反論する人もいるだろう。企業のCEOやベンチャーキャピタリスト、政府などが重視するのは、個別のプロジェクトではなく、プロジェクトのポートフォリオ全体の成績だ。8割のプロジェクトが大損失を出しても、残りの2割がハーシュマン的なハッピーエンドに終わり、それらの損失を上回る利益を上げれば問題ないのだ、と。

そこでデータを調べてみると、**ポートフォリオに関しても明確な結果が出た――損失が利益を大幅に上回っていた。**平均的なプロジェクトであれ、プロジェクトのポートフォリオ全体であれ、ハーシュマンの説は成り立たないのである。

これらの結論には、ダニエル・カーネマンや行動科学の重要研究をはじめとする、理論と証拠の圧倒的な裏づけがある。要するに、もしカーネマンが正しいなら、ハーシュマンは間違っていることになる。

楽観バイアスは「数ある認知バイアスの中で最も重大なもの」だと、カーネマンは言っている。[14]そして、楽観的な便益の予想とはもちろん、プロジェクトから得られるであろう便益を過大評価することだ。

つまりカーネマンと行動科学は、プロジェクトプランニングでは便益が過大評価されると予想する。他方、ハーシュマンと「目隠しの手」の原理は、いま見たようにその正反対で、便益が過小評価されると予想する。

私のデータは、これらの正反対の予想のどちらを示しているだろう？　結果は、**ハーシュマンと目隠しの手ではなく、カーネマンと行動科学の圧勝**に終わった。

この結果が感情的に理解しがたいのは、私もわかる。そんなはずがない、と。ハーシュマンが「典型的」だと思い込んでいたが、実はきわめて例外的な事例は、ほぼ必然的にたまらなく魅力的な物語になる。

それらは普遍的なヒーローズジャーニー（英雄の旅物語）のパターンをたどる。大きな期待から始まった旅が、困難にぶつかり、危機的状況に追い込まれるが、試練を乗り越え、最終的に大きな栄光を勝ち取り、称賛をほしいままにする、という筋書きだ。[15]

人間はこの種の物語を本能的に好むようにできている。古今東西の文化にこうした物語があるし、ハーシュマンやマルコム・グラッドウェルのようにそれを語る人たちが今も後を絶たない。

そんな栄光を前にして、誰がデータに目をくれるというのだろう？

## 当たっても「アイデア一発屋」

数年前のこと、私はシドニーのオーロラプレイスと呼ばれる美しい高層ビルで、大型プロジェクトに関する講演を行った。私が敬愛する建築家のレンツォ・ピアノが手がけたこの建物は、はるか下に見下ろすオペラハウスの優雅な曲線と空間的に調和するように設計されている。

講演を終えると、聴衆の1人がこんな発言をした。「コストなんて気にしなくていい」と、眼下のオペラハウスのシェルに向かって手をひらひらさせながら言った。「ただ建てりゃいいんですよ」。私はうなずいた。そういう意見はしょっちゅう聞いている。

「オペラハウスを設計した天才建築家は、私と同郷のデンマーク人でした」と私は語り始めた。「ヨーン・ウッツォンです。設計を依頼されたとき、まだ30代の若さでした。亡くなったのは90歳です。彼が長い生涯の間に設計したほかの建物を、1つでも挙げられますか？」

客席は静まりかえった。

「挙げられませんよね。それには理由があります。オーストラリア政府がシドニー・オペラハウスの計画と建設をしくじったせいで、コストと工期がかさんでしまいました。ウッツォンに責任はほとんどありません。でも、建築家だったために責任を問われ、建設の途中で解任されたのです。彼は面目を失ったまま、人知れずこの国を去りました。彼の評判は地に墜ちました。世界中から設計依頼が殺到する代わりに、無視され、忘れ去られました。世の巨匠たちが絶対になりたくない存在、巨匠にふさわしくない存在になり果てました。一発屋の建築家です」[16]

**「一般に言う『コスト』は、すべてのコストではありません」**と私は続けた。「たしかにシドニー・オペラハウスには、当初の想定を大幅に超える莫大な金額がかかりました。しかしあの建物の全コストには、ヨーン・ウッツォンが建てることのなかった、ほかのすべての傑作が含まれるのです。シドニーは傑作を得ましたが、世界中の都市がウッツォンの傑作を奪われました」

客席はさらに静まりかえった。

プロジェクトが暴走するときには必ず、金額以外の、スプレッドシートには表れないコストが発生する。最もわかりやすいものが、経済学でいう**「機会費用」、つまりほかの選択肢を選べば得られたはずの利益**である。計画を誤ったせいで資金が無駄になり、ほかのプロジェクトに投資していたら得られたはずの利益を逸してしまう。

まずい計画のせいで、世界はどれだけの傑作を、どれだけの奇跡を奪われてきたのだろう？　それはわからない。だが、1つ確実に言えるのは、あのずさんな計画のせいで、ヨーン・ウッツォンが設計したに違いない傑作の数々が、世界から奪われたということだ——ちょうどジミ・ヘンドリックスの早すぎる死によって、彼が生み出したであろう傑作が世界から奪われたように。

私がハーシュマンや、シドニーの講演での発言者に賛成できないのは、金額やデータの問題だけではない。

人生やキャリアなど、ほかにも多くのものが、プロジェクトの成功にかかっている。だからこそ、プロジェクトは正しく行われなくてはならないのだ。そして、プロジェクトが成功したときは、それが――シドニー・オペラハウスやエレクトリック・レディ・スタジオに劣らないほど――ありがたいことなのだと、肝に銘じるべきだろう。

というわけで、たしかに清水の舞台から飛び降りて鮮やかに着地することは、不可能ではない。実際にそれが起これば、すばらしい物語になるだろう。だがそんなハッピーエンドはごくまれで、ときには悲劇的に破壊されたウッツォンのキャリアのような、大きな代償に目をつぶらなくてはならないこともある。

私のデータによれば、超過コストをわずかでも上回る超過便益が得られる確率は、20％でしかない。裏返せば、それが得られない確率は80％になる。これは危険で不要な賭けだ。

## 計画段階でこそ「創造的」になれる

無知を払拭する周到な計画立案は、たしかに前途に待ち受ける困難を明らかにする。しかし、だからといってプロジェクトから手を引く理由にはならない。ハーシュマンの主張の、「人間は創造性に富んでいる」という部分は正しいが、「創造性を発揮するためには、思い切ってプロジェクトに飛び込み、背水の陣を敷く必要がある」という部分は間違っている。

フランク・ゲーリーを見ればそれがよくわかる。ゲーリーは創造性豊かな建築家だが、ザ・シンプソンズのあのエピソードで描かれたような、彼の設計方法に対するばかげた一般的イメージとは裏腹に、彼の創造は時間がかかり、骨の折れる、執拗なまでに反復的なプロセスだ。

そして彼はこれを、問題が起こりがちな実行フェーズではなく、計画フェーズで行う。実際、ゲーリーが綿密に計画を立てる目的は、創造性によって打開しなくてはならないような、絶望的な状況を避けるためなのだ。**周到な計画は創造性を奪うどころか、むしろあと押しする**と、ゲーリーは考えている。

同じことが、4章で説明した、ピクサー・アニメーション・スタジオの数十年にわたる創造的活動についても言える。もしピクサーがハーシュマンの方式を採用していたら、とうの昔に倒産しているだろう。

創造性を発揮するために、自分を追い込む必要などない。むしろ、追い込まれると創造性が阻害されるという証拠がある。

心理学者はストレスが創造性におよぼす影響を数十年も研究しており、その影響が、完全にではないにしても、主としてネガティブであることを示す研究が多々ある。２０１０年のメタ分析は、76件の研究を精査し、ストレスが創造性をとくに阻害する状況が２つあることを明らかにした。

１つは、自分では状況をどうにもできないと感じるとき。もう１つは、自分の能力が試されているように感じるときだ。あなたのプロジェクトが「手に負えなく」なれば、１つめの条件が当然当てはまる。またそうした状況では、おそらくあなたの評判が危機にさらされるため、２つめの条件も当てはまる。つまり苦境に陥ったプロジェクトは、まさにストレスが創造性を阻むような状況と言える。[17]

創造のひらめきを活かすべきときは、実行フェーズではなく、計画フェーズである。リスクもストレスもない状況なら、自由に思いをめぐらせ、試行し、実験することができる。計画フェーズにこそ創造性は宿るのだ。

# 「見直す」ほうが早く終わる

ジョン・ストーリックほど、このことをよく理解している人もいないだろう。レコーディングスタジオに足を踏み入れたこともなかった22歳のストーリックは、ジミ・ヘンドリックスにエレクトリック・レディの設計を任されたことで、音楽業界で一躍名を揚げた。エレクトリック・レディが完成もしないうちから2つのスタジオ設計を依頼され、そこから奇《く》しくも彼の新しいキャリアが始まった。エディ・クレイマーが伝説的音楽プロデューサーの道を歩む一方で、ストーリックはスタジオ音響設計の第一人者となった。彼の会社、ウォルターズ・ストーリック・デザイングループは、ニューヨークのリンカーン・センター劇場からスイス国会議事堂、カタール国立博物館まで、世界中の一流施設を手がけている。

私が話を聞いたとき、ストーリックは74歳の現役で、彼のキャリアが始まった忘れがたい瞬間を、昨日のことのように覚えていた。彼が大ブレイクしたいきさつを考えれば当然のことだが、彼はセレンディピティ（偶然の幸運）の価値を信じ、この言葉を盛んに使う。それは彼のオープンでこだわりのない人生哲学になっている。しかし、今ではプロジェクトを成功に導くために幸運には頼らない。周到に、ゆっくり時間をかけて計画を立てている。

とかくすばやさが求められがちだが、彼は「いつもペースを落とそうと努めているよ」と言う。じっくりアイデアを練る。じっくり問題を突き止め、修正する。それを建設現場ではなく、製図板の上でやっている。**「ときどきペースダウンして、2度、3度と見直すと、ミスが減る」と彼は言う。「そのほうが、結局は早く完了するんだ」**

たしかにストーリックのキャリアは、アルバート・ハーシュマンの理論が提唱するような、向こう見ずな冒険から始まったかもしれない。だが彼がその後の半世紀にわたり、世界中のプロジェクトを成功に導き続けていることは、本書の「ゆっくり考え、すばやく動く」手法の正しさを証明する。データもこれを裏づけている。

つまり、ゆっくり考え、周到で有効性が実証された計画を立てることは、得策なのだ。とはいえ、どんなに優れた計画があっても、それだけでは実現できない。実行という最後の重要なフェーズを成功させるためには、一丸となったチームがすばやく動き、決められた工期内に完了させなくてはならない。

次章では、そうしたチームを編成する方法を説明しよう。

# 8章 一丸ですばやくつくる

## 「一体感」で全員の士気を高める

ゆっくり考えて周到な計画と予測を立てることは重要だが、すばやく動いて実行するためには、強力な計画だけでなく、強力なチームが欠かせない。立場も利害も異なる多様な人や組織を、連帯意識を持つ「チーム」としてまとめ、同じ「実行」という目的に向かって進ませるには、どうしたらいいのだろう？

あなたはプロジェクトの目的を決定し、右端のボックスに書き込んだ。実験とシミュレーション、経験を活用して、計画を練った。過去のプロジェクトの実績に基づく正確な予測を立て、リスク軽減策を講じた。これらすべてをもとに、ゆっくり考え、計画と呼ぶにふさわしい計画を立てた。とうとう、すばやく動いて計画を実行に移すときが来た。

強力な計画は、プロジェクトが迅速かつ円滑に実行される見込みを大いに高める。だがそれだけでは足りない。経験豊富なプロジェクトマネジャーが口をそろえて言うように、有能果敢な実行チームが必要なのだ。

プロジェクトの成否を分けるのは、よいチームをつくれるかどうか、つまり私の同僚たちが言うように、**「よい人たちをバスに乗せ、よい席に座らせる」ことができるかどうか**にかかっている。

## 「百戦錬磨」をチームに引き込む

私の知り合いに、数十億ドル規模のＩＴプロジェクトを次々と手がけている、引く手あまたのマネジャーがいる。ＩＴプロジェクトにつきものの、経営陣の首がかかった八方ふさがりの状況で、問題解決人として駆り出される人材だ。

彼が助っ人を引き受ける条件は何か？　自分のチームを連れて行けること。これがよいチームをつくる彼の方法である。**百戦錬磨の実行部隊には千金の価値がある。**

成功したプロジェクトの背後には、こういうチームがいることが多い。フランク・ゲーリーが予算内、工期内にクライアントのビジョンを実現して、成功を重ねているのは、ゲーリー自身の力はもちろん、彼の数年、数十年来の優秀な仲間の力によるところも大きい。エンパイア・ステート・ビルは、前に述べたように計画立案が優れていたが、高層ビルの迅速な建設に定評のある建設会社も雇っていた。

そして、フーバー・ダムの例がある。1936年の完成時から今に至るまで、多くの観光客を魅了し続ける壮大なフーバー・ダムは、辺鄙《へんぴ》で寂れた危険な立地に計画された、巨大プロジェクトだった。それでも大型プロジェクトには珍しく予算内、工期内に完了した。

この大成功は、プロジェクトを管理した技術者のフランク・クロウの功績でもある。クロウはアメリカ西部のダム建設にキャリアを捧げ、長年かけて編成した忠実な大所帯のチームを引き連れて、数々のプロジェクトを渡り歩いた。チームは豊かな経験を蓄え、信頼と敬意、理解で結ばれていた。[1]

経験豊富なチームには計り知れない価値があるが、このことは見過ごされることが多い。たとえば、私が相談を受けた、カナダの水力発電ダムの例がある。このプロジェクトを監督していたのは、水力発電ダムに関わった経験のない企業幹部だった。なぜだろう？経験のある幹部が見つからなかったからだ。

「大型プロジェクトを実現するのはどれだけ大変なことだろう？」と、ダムの事業者は思案した。石油・ガス業界は、大型プロジェクトを日常的に手がけている。水力発電ダムは、大型プロジェクトだ。だから、石油・ガス会社の幹部にダムを任せれば大丈夫だろう。

事業者はこの三段論法で、石油・ガス会社の幹部を雇って、プロジェクトを運営させた。そしてご想像の通り、プロジェクトは地域経済を脅かすほどの大混乱に陥った。私が問題を診断するために呼ばれたのはこのときだったが、もう手の施しようがなかった。[2]

では、よいチームを集めるにはどうしたらいいのか？　簡単な方法は、フランク・クロウやフランク・ゲーリーが持っているような、優れたチームを雇うことだ。そんなチームが存在するなら、なんとしてでも連れてこよう。たとえお金がかかっても、コストと時間を節約し、評判の失墜を防ぐことができるのだから、安いものだ。また、状況が悪化してからでは遅い。最初から雇おう。

あいにく、そんなチームが存在しないか、存在していても雇えない場合がある。**チームを雇えないなら、つくる必要がある。**これはよくある状況だ。イギリス空港運営公団（BAA）も、ロンドン・ヒースロー空港に数十億ドル規模の新ターミナルを建設すると発表した2001年に、この難題に直面していた。

## 空港を運行しながら「拡張」させるには?

ヒースロー空港は当時も今も世界で最も忙しい空港に数えられるが、「ターミナル5（T5）」の新設によって、空港はさらに拡張されることとなった。T5のメインターミナル・ビルは、完成すればイギリス最大の独立建造物になる。これに2つのビルを加えたT5全体は、ゲート数53、総床面積約35万平方メートルの巨大プロジェクトである。

ふつう「空港」と聞けば、滑走路や巨大な建物を想像するが、実際の空港は施設やサービスが複雑に集積した、小都市に似ている。T5にも、トンネルから道路、駐車場、鉄道への乗換動線、電子システム、手荷物処理、飲食施設、安全設備、空港全体の新しい交通管制塔までの多数のシステムが必要で、しかもこれらをシームレスに連携させる必要があった。

T5の建設用地は、南北を2本の滑走路に挟まれ、東側には既存の中央ターミナルエリア、西側には混雑した高速道路が走っていた。

また空港はひとときたりとも閉鎖することはできなかった。**つまりこのプロジェクトは、ヒースローの目まぐるしい活動を1分たりとも止めずに実行する必要があった。**

それだけでも十分大変なのに、イギリスの主要空港を運営するＢＡＡは、長年の計画立案を経て、２００１年にこんな目標をぶち上げた。Ｔ５の建設を２００２年に開始し、６年半後に完成させる。開業日は２００８年３月30日の午前４時きっかりとする、と。

「つまり朝４時の時点で、コーヒーは熱々で、食事の用意が整い、ゲートの準備ができていなくてはならないということだ」と、Ｔ５の建設を監督した、ＢＡＡの役員で技術者のアンドリュー・ウォルステンホームは説明する。[3]

これほど大規模なプロジェクトの開業日をこれほど早く発表するのは、控えめに言っても野心的で、見ようによっては無謀で、間違いなく異例なことだった。ヒースロー空港の混雑はひどく、年間数千万人の疲れた旅行客が、混雑した古い通路を荷物を引きながら移動していた。新しいターミナルの必要性は15年も前に認められたが、周辺住民の反対と、イギリス史上最長の公開協議のせいで、計画はなかなか前進しなかった。ＢＡＡが開業日を発表した時点で、Ｔ５をめぐるすべてが不透明だった。

そしてＢＡＡはさらにプレッシャーを高めるかのように、６章で説明したＲＣＦ法に似た手法を用いて、イギリス国内の大型建設プロジェクトと海外の空港建設プロジェクトのデータを分析し、次の結論に至った。

もしT5のプロジェクトが標準的な結果に終われば、完成は予定より1年遅れ、予算を10億ドル超過するだろう。これではBAAは潰れてしまう。[4] 期日を表す「デッドライン（死の線）」という言葉は、アメリカ南北戦争時に捕虜収容所の周りに引かれた境界線に由来する。この線を越えた捕虜は、容赦なく銃殺された。[5] BAAに恐ろしいほど当てはまるたとえである。

つまり、このプロジェクトを成功させるためには、標準をはるかに超えるパフォーマンスが必要だった。BAAはこれを実現するために、3つの戦略を用意した。

## 現場では「組み立てるだけ」にする

第一が、計画立案に関する戦略だ。T5は、精密なシミュレーションに使われる高精細デジタル表現技術を利用して、4章で説明した「ピクサー・プランニング」に似た手法で設計された。T5は現実より先に、コンピュータ上で建設と稼働のシミュレーションが行われた。

このデジタルシミュレーションが、第二の戦略の、革新的な建設手法を可能にした。資材を現場に搬入し、そこで測定、切断、形成、溶接して建物をつくるという、エジプトのピラミッド以来の伝統的な建設手法を取る代わりに、資材を工場に搬入して、詳細かつ正確なデジタル仕様書をもとにパーツを製作し、それを現場に運んで組み立てた。T5は、素人目には普通の建設現場に見えたかもしれないが、実際には組立現場だった。[6]

この違いの重要性は、いくら強調しても足りないほどだ。そして、建設が21世紀に生き残るためには、すべての大型建設現場でこの手法を取らなくてはならない。「製造組立容易性設計（DfMA）」と呼ばれるこのプロセスは、超効率的な自動車業界で設計開発に広く用いられている。元ジャガー社長で現BAA最高経営責任者（CEO）のサー・ジョン・イーガンは、イギリス政府に提出して大きな反響を呼んだ報告書の中で、この手法が建設の効率を大いに高めると論じ、T5でそれを実行に移したのである。[7]

そして第三が、人に関する戦略だ。

人々が実力を存分に発揮できるのは、連帯意識と主体性を持って、価値ある目的の実現に本気で取り組むときである。このことは数々の心理学や組織学の研究によって裏づけられている。[8]

これはごく当たり前のことでもあるし、こうした人々の集まりを指す用語さえある――「チーム」だ。もしT5プロジェクトに少しでも勝算があるとしたら、関係者全員が1つのチームになって取り組むときだ、とウォルステンホームをはじめ、T5の幹部たちは考えた。

また彼らは、それがどんなに大変なことかも知っていた。T5の建設には、幹部から弁護士、技術者、建築士、施工業者、測量士、会計士、設計士、電気技師、配管工、大工、溶接工、ガラス工、塗装職人、運転手、鉛管工、造園士、料理人等々までの数千人が関わることになる。ホワイトカラーとブルーカラーがいて、経営陣と組合員がいる。文化も利害も異なる組織からやってくる。だがこのまとまりのない集団を、連携が取れ、目的意識を持った、創意あふれるワンチームに変えなくてはならない。

ウォルステンホームは、これを実現するための意図的なキャンペーンを最初から推進した。「気の弱い人には向かない、大胆でリスキーな手法だ」と彼は笑う。「『何をやるべきか（WHAT）』を知っているだけでなく、『どうやるか（HOW）』を考えられる、最強のリーダーたちが必要だった」

## 利害が一致すればおのずと「協力的」になる

最初の「HOW」は、BAAはただ業者を雇って作業を監督する以上の役割を担う、という決断である。BAAは積極的に先導し、リスクを分担する。そのためには、対立や衝突に、できるだけ早く介入しなくてはならない。

現場監督のリチャード・ハーパーは、T5で4年半働き、メインターミナルの鉄骨を組み立てる数百人の作業員を指揮していた。ハーパーの所属する鉄鋼会社は、プロジェクトが始まったばかりの頃、イギリスの大手土木会社の後工程を担当した。

この会社はBAAの元請業者(以下、元請)で、コンクリート打設を行っていた。ハーパーは元請の作業に時間がかかりそうなことを察知し、元請が自社より速いペースを維持できない場合、自社の作業員を「遊ばせ」ることになってしまうと、前もってBAAに警告した。もしそうなれば、ハーパーの会社は人材や設備を活用できないまま待機させることになり、大損害を被る。なぜならBAAとの契約で、ハーパーの会社の報酬は固定制だったからだ。元請からは遅れないようにするという言質を取ったが、案の定遅延が発生し、ハーパーの会社の経営者が激怒して、両社は責任の所在をめぐって口論になった。

「BAAはトラブルの火種に気づいた」とハーパーは鼻にかかったバーミンガム訛りで言った。彼の会社は元請を訴えることもできたし、「うちの喧嘩早い経営者がキレて、プロジェクトから手を引くこともあり得た。過去に(ほかのプロジェクトで)何度もそういうことがあったからね」。

ここでＢＡＡが介入した。ＢＡＡはハーパーの会社との契約を、実費償還契約に変更し、マイルストーンの達成に応じて利益の一定割合を上乗せするという取り決めを盛り込んだ。この報酬体系の改定が、対立を和らげた。ハーパーの会社と元請は責任のなすり合いをやめ、協力して問題解決にあたった。元請は作業員を数百人増やし、ハーパーの会社は元請が遅れを取り戻すまでの間、作業員をほかの業務に回した。破綻を招いたかもしれない対立はすぐに収まり、プロジェクトは波に乗り始めた。

ＢＡＡがハーパーの会社と結んだような契約は、このプロジェクトのあり方を象徴している。ＢＡＡは、通常の契約に含まれるよりもずっと大きなリスクを引き受けた。また、よい結果を促すポジティブなインセンティブ――ベンチマーク達成・超過時のボーナスなど――だけを与え、多種多様な参加企業の利害衝突を防いだ。**その結果、全員が「Ｔ５を期限内に完了する」という利害を共有するようになった**のである。[10]

ハーパーの会社と元請も利害が一致し、協力関係を深めていった。あるときハーパーの会社は、元請の作業が干渉して、現場にクレーンを搬入できなくなった。だが両社は揉めることも、ＢＡＡに苦情を持ち込むこともせず、幹部同士が冷静に話し合い、両社が同時に作業できるように、現場にクレーンを乗り入れるための傾斜路を新しく設けることにした。元請は直ちに傾斜路を設置し、その費用まで負担した。「10万ポンドはかかったはずだ」とハーパーは目を丸くする。プロジェクトは着々と進行した。

プロジェクト参加企業の幹部同士が旧知の間柄だったことも幸いした。「ロンドンやイングランド、ウェールズの現場で長年一緒に仕事をしてきた仲だ」とハーパーは言う。ハーパーも例に漏れず、T5に来たときすでに幹部たちと数十年のつき合いがあった。「最初から助け合いの精神があったんだ」

それは、BAAが意図したことでもある。あまり理解されていないことだが、**「最低入札」が「最低コスト」になるとは限らない。**BAAはそれを知っていたから、慣例通り最低額の入札者を選ぶ代わりに、BAAと長年協力関係にあり、BAAのニーズに応えた実績のある企業にこだわった。またこれらの元請業者に対しても、経験と実績を重視して下請を選定するよう促した。

「サッカーでは、勝つために毎シーズン同じチームで戦う」と、アンドリュー・ウォルステンホームはいかにもイギリス人らしいたとえを使って説明した。「私たちの間には信頼関係があった。お互いを理解していた」

だが、多くの企業から人が集まって共同プロジェクトに取り組む場合、「どの」チームのために働くのか、「誰」がチームメイトなのか、という問題がある。

所属チームはアイデンティティの一部になる。全員が1つのチームになるには、同じチームの一員であるという意識を共有することが欠かせない。そこでBAAは自社社員を含む全関係者に、明快で揺るぎないメッセージを送った。「大型プロジェクトの慣行は忘れよう。あなた方の所属チームはそれぞれの会社ではない。ここではT5があなたのチームになる。私たちはワンチームなのだ」と。

ウォルステンホームは建設業界で数十年のキャリアを持つベテラン技術者だが、元はイギリス軍に従軍していた。軍では文字通り額に――帽子のバッジに――所属部隊が記される。ウォルステンホームによれば、T5に来た人はこう申し渡されたという。「バッジを外してもらおう。これからはT5のために働くのだから」

この率直で明快なメッセージがくり返し伝えられた。「壁にポスターを貼ったよ。頭に電球が灯って、『そうだ、T5のために働いているんだ』と言っている人たちのね」

## 必要なものを「ただち」に支給する

チームビルディングの第一歩は、アイデンティティだった。第二歩は、目的意識だ。T

5での仕事に意義を感じてもらわなくてはならない。そのために、T5を過去の偉業になぞらえるポスターやバナーを、作業現場に貼り出した。

未完成のパリのエッフェル塔や、ニューヨークのグランドセントラル駅、ロンドンのテムズ川防潮堤などのポスターを並べ、その上に、「私たちも歴史をつくっています」のキャプションをつけた。そして、新管制塔建設などの重要なステージが完了するたび、ポスターの横にそれらの写真を追加していった。「いつか誇りを持って言える日が来るでしょう。『T5は私がつくった』と」

「私たちBAAがめざしたのは」とアンドリュー・ウォルステンホームは説明する。「経営トップから、滑走路のゴミを掃く人、コンクリートを仕上げる人、床にタイルを貼る人までの全員が、同じ文化を共有することだ。自分たちが建設の一翼を担っている、T5を通して歴史をつくっているという意識を、全員に持ってほしかった」

私自身が建設業界で育った経験から知っているように、現場で働く人々は周りの状況をすばやく察知し、経営側に不信感を持っていることが多い。彼らは会社のプロパガンダを見抜き、はなから信用しない。

「どこの現場でも、作業員は最初から反感を持ってやってくる」とリチャード・ハーパーは指摘する。そしてそれは当然のことだと彼は言う。なぜなら「経営陣が言うのはきれいごとだからだ」。約束は守られず、労働環境は劣悪で、労働者の言い分は無視される。上層部の言動が一致しなければ、「チームワーク」や「歴史をつくる」などと会社がいくら太鼓を叩いても、現場はシラけるだけだ。

Ｔ５でもご多分に漏れず、作業員は最初は斜《はす》に構えていたと、ハーパーは言う。「だがこの現場に限っては、48時間後か、長くて１週間後には、全員がＴ５の哲学を受け入れていた。Ｔ５が有言実行しているのがわかったからだ」

すべては現場施設から始まった。「いやはや度肝を抜かれたね」と、ハーパーは今も驚いているような口ぶりで語る。「みんな目を丸くしていたよ。私も世界のいろんな現場を見てきたが、あんなにすばらしいトイレやシャワー、食堂は初めてだった」

作業に必要なすべてのもの、とくに安全性に関わるものは何であれ、ＢＡＡが直ちに支給した。「ＰＰＥ（個人用保護具）は一式支給された」とハーパーは言う。「**手袋が濡れたら、売店で新品に交換してもらえる。保護メガネが傷ついて見えづらくなったら、売店で取り替えてもらえる。**連中はそういうのに慣れていない。まったく初めての経験だった。ほかの現場では、『メガネや何やらが気に入らなかったら自分で買え』と言われるわけだから」

事情を知らない人は些細なことに思うかもしれないが、ハーパーが言うように、作業員にとっては「大きいこと、ほんとにありがたいことなんだ。必要なものが全部そろっていれば、何も気にせず思いっきり働ける。でも最初から足りないものがあると、そこから8時間、10時間働き続けるのはとてもつらい」。これが数千人分、数千日分積み重なれば、大きな違いになる。

## 「心理的安全性」が士気に直結する

T5の上層部は作業員の意見を聞くだけでなく、助言も求めた。設計士との話し合いに彼らを招き、デザインやワークフローを改善する方法を一緒に考えた。

また、作業完成の判断基準が上層部との間で取り決められると、ベテラン作業員は作業品質を確保するために独自に基準を設け、部下たちにもそれらを徹底した。約1400の基準の実例を撮影、分類して、現場に展示した。作業員は自発的に定めたこれらの基準を、主体性を持って達成し、ますます作業効率を上げていった。

アイデンティティと目的意識、基準を共有したおかげで、風通しがよくなった。だがBAAはさらに一歩踏み込んで、プロジェクトの関係者全員が、発言する権利と責任を持っていると感じられるような環境を整えた。何か言いたいことがあれば「BAAがあと押ししてくれる」ことを全員が知っていたと、ハーパーは言う。

「『これをこうやったほうがいい』というアイデアがあれば自由に言えるし、何かに不満があればそれも遠慮なく言える」

ハーバード大学のエイミー・エドモンドソン教授は、自分のありのままの考えや気持ちを気兼ねなく言える状態を、**「心理的安全性」**と呼んだ。その重要性はいくら強調しても足りないほどだ。心理的安全性は士気を高め、改善を促す。

また心理的安全性があれば、「悪い知らせがすばやく伝わり」、その分早く問題に対処できると、アンドリュー・ウォルステンホームは指摘する。[11]

## チーム作りには「コスト」をかける

戦略は奏功した。「私は60歳で、15のときから建設業界で働いている」とハーパーは言う。イギリス国内と世界各地で働いてきたが、「あれほどの協力関係は見たことがなかったね」と請け合う。

ホワイトカラーからブルーカラーまでの全員が、同じ意識を持っていた。「T5を悪く言う人は1人もいなかった。全員がただただほめていた。すばらしい仕事だ、経営者から現場作業員まで一丸となって働いている、と。怒号も金切り声もなく、みんながハッピーだった」とハーパー。

それが何よりも表れていたのは、プロジェクトのロゴ入りTシャツとジャケットの扱いだ。大型建設プロジェクトではたいていこういったギアが配られるが、作業員が現場以外で身につけることはほとんどない。「たとえば私の今の職場では、みんな一刻も早く脱ぎたがっている。プロジェクトの運営会社に反感を持っているからだ」

だがハーパーが驚いたことに、T5では全員が、サッカーファンがひいきチームのジャージを着るように、喜んでT5のギアを身につけていた。「仕事が引けるとあれを着たまま、パブに直行するんだ！　こんなプロジェクトに関われて誇らしいと、みんな喜んでいた」

T5は予算内、期限内に完成した。そして予定より3日早い2008年3月27日の午前4時きっかりに、新ターミナルがオープンした。コーヒーはちゃんと熱かった。

もちろん、すべてが完璧とはいかなかった。開業後数日は荷物処理システムに不具合が発生し、ブリティッシュエアウェイズがフライトのキャンセルを強いられるという、高価でばつの悪い失敗もあった。

だがそうした不具合は解消し、開業の数か月後から今に至るまで、ターミナルは順調に稼働し続けている。T5は世界の旅行者の人気ターミナルランキングではつねに上位に選ばれ、開業からの11年間で6度も1位を獲得している。[12]

成功には代償が伴った。「チームづくりにはずいぶんとお金をかけたよ」とアンドリュー・ウォルステンホームは言う。時間と労力もだ。より直接的な経済的リスクも引き受けた。だが、もしチームのパフォーマンスが標準どまりだったら、おそらく期限を過ぎ、コスト超過はたちまち数十億ドルに上っていただろう。その意味で、チームづくりに費やしたお金は有意義な投資と言えた。

この教訓を実感させる別の巨大プロジェクトが、偶然にもT5と同時期に同じロンドンの別の場所で行われていた。世界一有名なサッカースタジアムで、一種聖地化されているウェンブリー・スタジアムは、2002年に建て替えのために解体された。

イギリスの国技たるサッカーの新しい本拠地の建設以上に、チーム精神をかきたてるプロジェクトがあるだろうか？

だがウェンブリーでは、T5に見られたような目的の共有も、「歴史をつくる」という心意気も生まれなかった。むしろその正反対で、対立が蔓延し、ストライキが絶えなかった。

「あの連中は、ナショナルスタジアムの建設に何の誇りも感じていなかった」とリチャード・ハーパーは驚く。

はたしてプロジェクトは期限を数年過ぎ、そのせいでFAカップ決勝をはじめ、多くのイベントが開催地変更を余儀なくされた。ガーディアン紙によれば、総工費は当初見積もり（4億450万ポンド）の2倍の9億ポンド（12億米ドル）に膨らみ、案の定巨額の訴訟に発展した。[13]

T5は人が愛着を持つような対象ではない。なにしろただの空港ターミナルだ。それでも、T5を建設した作業員は、プロジェクトに思い入れを持っていた。完成時に帽子に元のバッジをつけ直して去るとき、「もとの環境に戻るのがつらかったようだね」とウォルステンホームは回想する。

私がリチャード・ハーパーと話したときは、T5の完成から13年が経っていたが、彼の口ぶりには名残惜しさがにじみ出ていた。「あれは楽しかったな」と彼は言った。

## 達成したら「お祝い」をする

プロジェクトが工期内かつ予算内に完了し、期待された便益を実現したら、シャンパンを開けてお祝いする時間だ。だから、本書もここで終わると思った人がいるかもしれない。だが、まだ終わるわけにはいかない。1章で示した「謎」の解明が残っている。

前に述べたように、ほとんどのタイプのプロジェクトは、ただ工期が遅れ、予算を超過し、想定した便益が得られないリスクがあるだけでなく、とんでもなく失敗するリスクがある。予算を10％超えるというレベルではなく、100％、ときには400％、いやそれ以上超過することもある。

これらは「ブラックスワン」的結果で、こうしたリスクがあるものは「ファットテール」なプロジェクトと呼ばれる。原子力発電、水力発電ダム、IT、トンネル、大型ビル、航空宇宙などはこれに属する。実際、私のデータベースのほとんどのプロジェクトタイプがファットテールである。だが、すべてではない。

ファットテールではないプロジェクトタイプ、つまり予算超過、工期遅延のリスクはあるが、とんでもない失敗に終わるリスクが低いタイプは、5つある。この幸運な5タイプは何だろう？　太陽光発電、風力発電、化石燃料発電、送電、道路だ。そして私のデータベースの中でも抜群にパフォーマンスの高いプロジェクトタイプが、風力発電と太陽光発電である。

というわけで、謎に戻ろう。なぜこれらのプロジェクトタイプだけが例外なのか？　なぜこれらはほかよりも安全な賭けなのだろう？　そして、その中でもなぜ風力と太陽光発電は、最も信頼性が高く、最も確実に成功するのだろう？

次章と終章では、示唆に満ちた答えを示したい。そしてここまで紹介してきたアイデアを組み合わせて、ウェディングケーキからキッチンリフォーム、地下鉄、人工衛星までの**あらゆる規模のプロジェクトで、コストを下げ品質を改善するために、誰もが使える方式**を紹介しよう。

スケールアップ〔急速な拡大・拡張〕——それも大幅なスケールアップ——が必要なプロジェクトにとっては、この方式はただ役に立つだけでなく、必要不可欠である。この方式を導入すれば、真に巨大なプロジェクトを大幅に安く、迅速に、確実に実行できる。莫大な規模のプロジェクトを高品質で、加速度的に完了させ、会社や産業、国家の運命を変えるほどの大金を節約することができる。

おまけにこの方式は、気候変動の影響から地球を守るのにも役立つのだ。

9章

# スモールシング戦略
## ——小さいものを積み上げて巨大にする

小さいもの、つまり基本の構成要素を手に入れよう。あなたのほしいものができあがるまで、それをどんどん組み合わせていこう。この方法で、ソーラーセルがパネルになり、パネルがアレイになり、アレイがメガワット級のソーラーファームになる。

モジュール性は工期を縮め、コストを下げ、品質を高めるから、どんな種類と規模のプロジェクトにも役立つ。都市や国、世界を変えてしまうほどの、正真正銘の巨大プロジェクトにとって、モジュール性はただ役に立つだけでなく、必要不可欠である。

1983年、日本政府は有望な巨大プロジェクトに着手した。このプロジェクトは知恵の象徴とされる文殊菩薩にちなんで、「もんじゅ」と命名された。

もんじゅは完成すれば、原子力発電所として消費者に電力を供給するとともに、新型原子炉である高速増殖炉として原子力産業に燃料を供給することになる。国内資源に乏しく、エネルギー問題につねに悩まされてきたこの国で、もんじゅは発電に使った以上の核燃料を生み出す、夢の原子炉として大いに期待された。[1]

1985年に建設が始まり、約10年後の1995年に発送電を開始した。だが同年に火災事故が発生し、直ちに運転停止となった。事故後の隠蔽工作が発覚して政治スキャンダルに発展し、そのせいで運転停止は長期化した。[2]

2005年に最高裁がもんじゅの設置許可を有効とする判決を下し、運転再開が認められた。だが2008年に予定された再開は、2009年に延期された。

2010年にようやく試運転が始まり、2013年からの本格運転をめざした。だが2013年5月、原子炉の安全確保に欠かせない重要機器を含む、1万4000点の機器の点検漏れが見つかり、再開はさらに遠のいた。

その後も保安規定違反が相次いで確認された。これらを受けて日本原子力規制委員会は、日本原子力研究開発機構（JAEA）がもんじゅの運営主体として不適当であると宣言した。[3]この時点でもんじゅに投じられた国費はすでに120億ドルに上り、運転を再開して10年間稼働させるにはさらに60億ドルの費用が必要とされた。折り悪く2011年の東日本大震災時の原発事故により、国内世論は反原発に大きく傾いていた。政府はとうとうさじを投げ、2016年にもんじゅの廃止を発表した。[4]もんじゅの廃炉コストは、30年間で約34億ドルと推定されている。もしこの見積もりがほかの見積もりよりも正確だとすれば、プロジェクトは60年の歳月と150億ドルの資金を費やしたあげく、生み出した電力はほぼゼロ、ということになる。[5]

もんじゅは極端な例だが、例外ではない。いや、例外にはほど遠い。原子力発電は私のデータベースで最もパフォーマンスの悪いプロジェクトタイプの1つで、コスト超過率は実質ベースで平均120%、工期の超過率は平均65%である。おまけにコストと工期の両方にファットテールのリスクがある——つまりコストと工期の見積もりを20〜30%どころか、200〜300%、ときには500%以上超過する可能性がある。もんじゅが華々しく証明したように、生じ得る損失に上限はほぼない。[6]

問題は原子力だけではない。ほかの多くのプロジェクトタイプも、これよりいくぶんましというだけだ。もんじゅのような巨大プロジェクトが一般に設計、実行される方法にこそ、問題がある。この問題を理解すれば、矛盾するようだが、**大きいものを小さくつくることができる。小さいどころか、レゴのブロックのようにささやかなものを使って、驚くほど大きなことができる。**それをこれから見ていこう。

## 1つの大きいもの

莫大な規模のプロジェクトを設計し、実行する方法に、1つの大きなもの、あるいは巨大なものをつくる方式がある。

もんじゅは1つの巨大なものだ。ほとんどの原子力発電所がそうだ。巨大な水力発電ダムや、カリフォルニアなどの高速鉄道、巨大ITプロジェクト、高層ビルもだ。

こういうつくり方をすると、1つのものだけをつくることになる。そしてそれは定義上、唯一無二のもの、仕立て用語で言えばオーダーメイドになる。標準の部品や既製品は使わず、前例を単純にくり返すこともしない。

すると必然的に時間がかかり、複雑になる。たとえば原子力発電所は無数のカスタム化されたパーツやシステムでできていて、発電所全体が機能するためには、その1つひとつが単体としても、全体としても機能しなくてはならない。

複雑なカスタム性一つとっても、この方式がいかに困難かがわかる。だがそれをさらに難しくしている要因が、ほかにもある。

第一に、原子力発電所をすばやく建設して、しばらく運転し、何が機能するのかしないのかを確かめてから、その教訓を活かして設計を変更する、などということはできない。そんなことをしたらコストもリスクも高くなりすぎる。つまり、「実験」――4章で説明した、優れたプロジェクトを特徴づける「エクスペリリ（実験＋経験）」の半分――ができない。となれば、一発で成功させる以外に選択肢はない。

第二に、エクスペリリの残り半分の、「経験」についても問題がある。原子力発電所を建設する人は、経験をあまり積んでいない。なぜなら過去に建設された原発は少ないし、1基を建設するのにとてつもなく時間がかかるからだ。だが実験ができず、経験が乏しいにもかかわらず、一発で成功させなくてはいけない。これは不可能ではないにせよ、きわめて困難である。

それに、たとえ多少の経験があったとしても、この特定の原発を建設したことはないはずだ。わずかな例外を除けば、それぞれの原発は、実際の立地に合わせて、時代とともに変わる技術を用いて設計される。もんじゅと同様、唯一無二のカスタム品だ。

カスタム化されたものは、仕立てのスーツと同様、つくるのにコストと時間がかかる。たとえばスーツづくりの経験がほとんどない仕立屋が、オーダーメイドのスーツを一発でうまく仕立てる必要があるとしたらどうだろう？　よい結果に終わるはずがない。

ただのスーツでもこれなのだから、数十億ドル規模の複雑きわまりない原発の難しさは計り知れない。

## 巨大だと「完成」するまでお金を生まない

実験と経験が不十分だと、プロジェクトを進めるうちに、予想以上に困難で高くつくことがわかってくる。思わぬ問題にぶつかり、うまくいくはずの方法が失敗する。おまけに、試行錯誤することも、計画を修正してやり直すことも許されない。これはオペレーションの専門家が「ネガティブラーニング（負の学習）」と呼ぶ現象である。学習すればするほど問題が見つかり、それに対処することがますます困難になり、コストもかかる。

第三が、経済的負担だ。原発は100％完成するまでは電力を生産できない。9割方完成していても、まったく使い物にならない。つまりこの原発につぎ込まれた莫大な資金は、除幕式を終えるまでの間は、何の便益も生まないのだ。

そして、カスタム性と複雑性、実験と経験の不足、ネガティブラーニング、一発ですべてを成功させる必要性を考えれば、それは非常に長い年月になる。こうしたすべてが、原発建設の惨憺たる実績のデータに表れている。

そして最後に、ブラックスワンを忘れてはいけない。どんなプロジェクトも予測不可能で衝撃的なできごとの影響にさらされやすく、その可能性は時間の経過とともに高まっていく。したがって、完成に膨大な時間がかかる「1つの大きいもの」は、不測の事態に翻弄されるリスクが必然的に高い。

もんじゅに起こったのが、まさにそれだった。プロジェクト開始から四半世紀以上が過ぎ、まだ運転準備が完了していなかったとき、大震災による津波が福島原発を襲った。そしてその結果起こった事故のせいで、世論が反原発に傾き、ついには政府を動かして、もんじゅは廃炉されることになったのだ。

1983年当時、こんな展開を誰が予見できただろうか？　だが実行に数十年かかるプロジェクトでは、不測の事態は必ず起こる。

これらの要因が積み重なるのだから、原子力発電をはじめとする「1つの大きいもの」型プロジェクトの実行に、とてつもない時間とコストがかかるのは、何の不思議もない。完成するだけでもすごいことだ。さいわい、大きいものをつくる方法はもう1つある。

## 多くの小さいもの

本書の冒頭で、ネパールに2万校の学校を建設したプロジェクトを紹介した。私は建築家のハンス・ラウリッツ・ヨルゲンセンとともに、企画と計画、設計を担当した。

このプロジェクトについては2通りの見方ができる。ある面から見れば、それは「巨大」だった。なにしろ一国の学校システムの大半を建設したのだから。

もう1つは、教室にフォーカスする見方だ。一部の学校は、教室を1つつくれば完成した。教室が2つ、または3つという学校もあった。十分な数の教室を集めて十分な数の学校をつくれば、学区に必要なすべての学校ができる。これをすべての学区でくり返せば、国全体の学校システムができあがる。

教室はたくさんあっても、1つひとつは小さい。だからこのプロジェクトは「小さい」ということもできる。

**小さいことはよいことだ。なぜなら、小さいプロジェクトは単純だからだ。**ヨルゲンセンと私のねらいは当初からそこにあった。私たちは機能性と品質、耐震性の高い学校をつくることをめざした。だがこれらの条件を満たした上で、できる限り単純なものをつくろうとした。そのために、たとえば学校の主要な設計を、建設地の傾斜に合わせて――ネパールは山がちな国なのだ――3種類だけに限定した。

ネパール政府が学校を切実に必要としていたため、進捗を早めるために手を尽くした。わずか数週間で基本設計と建設計画の草案を策定し、次の数か月を資金調達と最終設計に費やした。そして第一弾の学校の建設が始まった。[7]

小さい単純なものをつくるのは、比較的簡単だ。1つの教室がすぐに完成した。そして次も。村の学校の多くでは、それが学校全体になった。より大きい学校のためには、より多くの教室をつくった。学校ができると生徒が教室に集まり、教師が授業を始めた。成功した点、失敗した点を専門家が分析した。設計が修正され、第二弾の教室と学校の建設が始まった。そして第三弾も。

このプロセスを何度もくり返したものが、プロジェクトの全貌である。教室を集めたものが学校になり、学校を集めたものが学区になり、学区を集めたものが、数十万人の生徒が学ぶ学校システムに新たに追加された。これが、「小さいもの」でできた「巨大なもの」だ。

ただ注意してほしいのだが、「小さいものでつくった巨大なもの」と、「1つの巨大なものとしてつくられたもの」の間には、大きな違いがある。ネパールの学校は予定より数年前倒しで、予算内に完成した。そして複数の第三者機関から機能性の点で高い評価を受けている。[8]

## モジュール性――小さいものを集めて巨大にする

「小さいもので大きいものをつくる」という優美なアイデアを表す無骨な用語が、「**モジュール性**」だ。1つのレゴブロックは小さいが、9000個以上集まれば史上最大級のレゴセット、「コロッセオ」になる。これがモジュール性だ。

周りを見回せば、モジュール性はどこにでもある。レンガの壁は数百個のレンガでできている。ムクドリの群れは単体の生き物のように動くが、数百、数千羽で構成される。人体もモジュール型で、数兆個の細胞が集まってできている。これには進化的な理由がある。生存競争に勝つ「適者」は、自己複製に長けたモジュールであることが多いのだ。[9]

モジュール性の中核にあるのが、「反復」だ。レゴブロックを1個置こう。それにもう1個のレゴをはめよう。また1個。さらに1個。反復、反復、反復。パチッ、パチッ、パチッ。

反復はモジュール性の真髄である。反復は実験を可能にする。うまくいったことは計画に取り入れよう。うまくいかなかったら、シリコンバレーで言うように「さっさと失敗」して、失敗の原因を分析、学習し、計画を調整しよう。あなたは賢くなり、設計は改善される。

また、反復は経験を生み出し、パフォーマンスを改善する。これが前に説明した、「ポジティブラーニング」である。反復することによって学習曲線を駆け上がり、反復するたびにより効率よく、簡単に、安く、速くできるようになる。

ラテン語の格言にあるように、「反復は学習の母」である。そう、4章にも書いたが、大事なことなのでくり返そう。本当に「反復は学習の母」なのだ。

ウェディングケーキがこの好例だ。どんなに豪華なウェディングケーキも、数種類の大きさの、まったく同じ平たい普通のケーキでできている。同じ大きさのケーキを何個か積み重ねれば、1つの段ができる。別の大きさのケーキを積み重ねれば、もう1段できる。これらの段を積み上げれば、ケーキのタワーになる。

一見簡単なようだが、料理愛好家が知っているように、あなたが初めてつくるウェディングケーキは、たとえ1つひとつのケーキがうまく焼けたとしても、雑誌に載るようなゴージャスな作品というよりは、ピサの斜塔のように見えるだろう。

パティシエは何度も試行錯誤を重ね、あちこちで小さな教訓を得て、初めて完璧なケーキをつくる技術を学ぶ。だが、ウェディングケーキは本質的にモジュール型で反復的だから、何度もくり返すうちに急速に経験を積み、高度なスキルをすばやく身につけることができる。

ここで注目してほしいのは、モジュール性にも程度があるということだ。たとえば実物のエンパイア・ステート・ビルは、レゴ版のエンパイア・ステート・ビルほどにはモジュール性が高くないが、各フロアは可能な限り同じに設計され、まったく同一のフロアも多かった。そのため作業員は同じ作業をくり返すことが多く、そのなかで学習と作業のスピードを上げていった。

ペンタゴン（国防総省）は、建物の5つの面を同一にすることで建設を加速させた。この考え方に沿って、私は巨大原子力発電所を建設する企業に、直近に原発を建設したときの方法をそっくりそのまま再現するよう勧めた。その理由は、直近の方法が大成功したからではなく、その程度の反復であっても学習を速めることができるからだ。塵も積もれば山となる。

## 「分ける」と効率が上がる

ネパールの学校プロジェクトでは、教室がレゴで、学校と学区がより大きなモジュールだったから、プロジェクトのモジュール性は非常に高かった。だが、さらに高めることもできただろう。ネパールの学校は従来型の方法で建設された。建設資材を現場に搬入し、そこで切断、組立、設置、接合、釘打ち、研磨、仕上げを行い、教室を1つずつつくって学校にした。ネパールではいろいろな理由でできなかったが、他の国でならこれらの作業を工場でできたはずだ。

工場から出荷されるレゴは、完成した教室かもしれない。十分小さい教室であれば、平台トラックの荷台に載せて、陸路で輸送できる。ただ、道路のない山村が多いネパールでは無理だった。もし教室がそれより大きければ、工場で教室の半分や一部をつくり、それを出荷するという方法もある。これらのモジュールが現場に搬入されれば、建物を建設する代わりに、レゴのように組み立てられる。前に述べたように、建設現場を組立現場に変えるのだ。

この手法は、イングランドですでに実行されている。工場で教室の半分を製造し、現場に運び、組み立てて新しい学校にする。「この手法のおかげで、作業の効率とペース、質が向上した」と、この計画の担当官であるマイク・グリーンは言う。それにずっと安上がりでもある。「学校の1平米当たり建設コストをすでに3分の1減らし」たうえ、削減余地はまだあるという。[10] 私のデータも、彼の正しさを裏づけている。

工場でパーツを製造して現場で組み立てる方法が、従来型の建設方法よりはるかに効率的なのはなぜだろう？

それは、工場が効率性、直線性、予測可能性を最大限に高めるように設計された、制御環境だからだ。わかりやすい例を挙げると、屋外の作業は悪天候に阻まれがちだが、工場での製造は天候に左右されずに進められる。前章で説明したように、「製造組立容易性設計（DfMA）」と呼ばれるこのプロセスは、ヒースローのT5（ターミナル5）建設の大きな成功要因となった。

工場から出荷されたレゴを組み立てる方式をとれば、同じものをどんどん追加するだけでスケールアップできる。そのわかりやすい一例が、サーバーファームだ。サーバーファームは、実物を見た人も関心を持つ人もほとんどいない施設だが、デジタル世界はこれがなければ成り立たない。この場合のレゴは、サーバーだ。サーバーを並べたものがラックになり、ラックを並べたものが架列、架列を並べたものがルーム、ルームを並べたものがビル、ビルを並べたものがファームになる。

アップルやマイクロソフトなどの巨大IT企業は、サーバーのリソースを増強する必要が生じると、ファームを増設する。この方式を取れば、増やせる容量に原則として上限はなく、迅速に、右肩下がりのコストで増やしていける。

## 自由自在に「スケール」を変えられる

ここまでの議論では、正確な数字を挙げなかったことに注目してほしい。その理由は、ちょうどムクドリの群れが50羽、あるいは500羽や5000羽で構成されていようと、全体のふるまいが変わらないように、**この方式を取れば全体の性質を変えずに、1から無限大まで好きなようにモジュールの数を増減して、スケールアップ／ダウンできる**からだ。

全体のサイズが変化しても性質は変わらない、というこの特徴を表す専門用語は、「スケールフリー〔スケールに依存しない〕」である。スケールフリー性のおかげで、どんなサイズのものをつくるにも、同じ原則に従ってスケールアップ／ダウンするだけでいい。

これが、「スケールフリーなスケーラビリティ」と私が名づけた特質であり、巨大なものを簡単につくるための方法である。この性質を初めて提唱した数学者のブノワ・マンデルブロは、それを「フラクタル」と呼んだ。フラクタルは、ネットで出回っている画像のように、どんなに縮小／拡大しても同じパターンが無限にくり返される構造である。[11]

モジュール性を利用すれば、ものすごいことができる。

新型コロナのパンデミックが初めて中国で発生した2020年1月、中国のモジュール式（プレハブ）住宅のメーカーが、既成の部屋の設計を手直しして、工場で病室のユニットを量産した。わずか9日後、1400人の医療スタッフが常駐する1000床の病院が、感染源の武漢にオープンした。より大規模な病院もほぼ同じ速さで建てられた。[12]

香港でも、同様の方法で隔離施設が建設された。建設用地が確保された4か月後に、最新設備を完備した快適な1000戸の施設が完成した。政府が香港入境者に21日間の強制隔離措置を義務づける決定を下したときも、この施設は3500戸にすばやく拡大され、7000人の収容が可能となった。これらのユニットは分離して、ほかの場所に設置することも、保管することもできる。[13]

ここでよくある反論は、「モジュールは非常時の仮設建物やサーバーファームなどの建設には向いているが、安っぽく見栄えが悪いから、長く使うものや一般向けのものには使えない」だろう。

これには一理ある。ひと昔前のモジュール式住宅は、たしかに安っぽく見栄えの悪いものが多かった。だがすべてがそうというわけではない。モジュール式住宅にも、シアーズ・モダン・ホームズのようなすばらしいものがあった。20世紀前半のアメリカでは、シアーズ・ローバック社の通販カタログから家を注文して、イケア製家具のように必要な全パーツと組立説明書が入った工場製のキットを届けてもらうことができた。シアーズはこのキットを約7万個販売した。その多くが、90年、100年、110年後の今も残っており、高品質の建設とクラシックなデザインが高く評価されている。[14]

しかもこれは1世紀も前のものだ。現代の情報技術と製造技術をもってすれば、はるかに多くのことをはるかに簡単に行うことができる。

## 「効率的」「美しい」「高品質」はすべて成立する

私がイギリス政府高官のマイク・グリーンと話したとき、彼は地方公務員と市民向けのアプリ開発に関わっていた。このアプリを使うと、標準サイズの教室と廊下を、ドラッグ

&ドロップで好きな場所に動かして、学校を自由に設計することができる。「そして『完了』をクリックすると、パーツのリストが出てきて、それをそのままメーカーに送れるようになっている」。ねらいは、教室を自動車のように注文できるようにすることだという。[15]

このたとえはぴったりだ。自動車はモジュール性がきわめて高い。そして最高級、最先端の自動車もレゴ方式で組み立てられているが、美しく高品質の車がないなどと文句を言う人はいない。**「モジュール」「美しい」「高品質」はすべて同時に成立する概念なのだ。**

建築家のダニー・フォースターは、マンハッタンの華やかな通りに建設予定の26階建てのマリオットホテルを、完全にモジュール方式で設計した。彼のレゴは、客室だった。家具を含む装備を完備した客室が、ポーランドの工場で製造され、ブルックリンの倉庫に運ばれた。コロナ禍で計画は中断されたが、今後観光が回復し採算の目処が立てば、客室を倉庫から出して、世界最大かつ最もクールなモジュール型ホテルを組み立てる計画だ。「モジュール式建設は、ただ工場の効率性を活用するだけじゃない」とフォースターは語る。「時代を象徴する優美なタワーを建てることもできる。そのことを世界に見せつけたいね」[16]

安っぽく見栄えが悪い、という形容からさらにかけ離れているのが、カリフォルニア州クパチーノのアップルのまばゆい優美な本社だ。ノーマン・フォスターとスティーブ・ジョブズ、ジョニー・アイヴが設計したこの建物でも、モジュール性が重要な役割を果たしている。

ジョブズの構想を、ジャーナリストのスティーヴン・レヴィは次のように要約した。「ここは人々が互いに、また自然に対して心を開く職場である。そのカギとなっているのが、仕事や共同作業を行うための『ポッド』と呼ばれるモジュール型の空間だ。……ジョブズは、ポッドをいくつも並べるというアイデアを持っていた。オフィスワークのためのポッド、チーム作業のためのポッド、人と交流するためのポッド。ちょうどフィリップ・グラスの作品をくり返し演奏する自動ピアノのように、これらを並べていく」[17]

このアプローチは建設方法にもおよんだ。「建設工程を製造プロジェクトとみなして、できるだけ多くの部分をここで実際に試してみようとした」とアップルCEOのティム・クックは、ワイヤード誌に語っている。「それから、パーツをレゴのように組み立て始めたんだ」

これらのプロジェクトと、安っぽく見栄えの悪いモジュールとの違いは、想像力とテクノロジーにある。モジュール性に秘められた可能性を完全に解き放つためには、またその驚くべき柔軟性を理解するためには、アップルの往年のスローガンである「シンク・ディファレント」（発想の転換）が欠かせない。

## マスクはレゴのように「工場」「スペースX」を作った

「このプロジェクトの基本の構成要素は何だろう？　何度もくり返しつくるうちに、スキルと効率を高められるものは何だろう？」

すべてのプロジェクトリーダーが、この問いに答えなくてはならない。たくさん組み合わせて、大きいものや巨大なものをつくれる、小さいものとは何だろう？　つまり、私たちのレゴは何だろう？　この問いを考えることで、驚くべき発見があるはずだ。

たとえば巨大な水力発電ダムを例に取ろう。このプロジェクトは、川を巨大ダムでせき止めるか、せき止めないかの二者択一の問題で、モジュール性が入り込む余地などない、と思うかもしれない。

だが実はあるのだ。河川の水流の一部を迂回させ、小型の水力発電タービンに通してから元の水路に戻すこともできる。これは「小（規模）水力発電」と呼ばれる方法だ。この種の発電設備は規模が小さく、巨大ダムに比べわずかな電力しか生成できない。だがこれらをレゴとみなして、いくつも組み合わせれば、環境負荷と反対運動、コスト、リスクを抑えながら、大規模な発電を行うことができる。

水力発電王国ノルウェーは、人口わずか500万人だが、小水力発電を国策として積極的に推進し、2003年以降350件を超える小水力発電プロジェクトを進めており、その数は今も増え続けている。[18]

巨大工場の建設も、1つの大きいものをつくるか、つくらないかの二択に思えるかもしれない。だが起業家イーロン・マスクの自動車会社、テスラが建設するギガファクトリー1（現ギガ・ネバダ）は、当初からモジュール方式で設計された。

マスクのレゴは、小さい工場だ。それを1つ建設して、稼働させる。その隣に2つめを建てて1つめと統合し、3つめ、4つめと増やしていく。テスラはこの方法を取ることによって、巨大施設の建設作業を進める間にも、発表から1年と経たずにバッテリーの生産を開始して、収益を上げ始めた。完成すれば、21のレゴブロックからなる、世界最大の敷地面積を有する工場が誕生する。[19]

イーロン・マスクはモジュール性の主要要素を、彼のエンジニアリング手法の根幹に据え、まったく異質なベンチャーにもモジュール性を導入している。宇宙輸送とサービスに革命を起こしたマスクの会社スペースXは、テスラと何の共通点もないように見えるかもしれない。

だが再現可能なモジュール設計によって学習曲線を駆け上がり、実行を加速させ、パフォーマンスを改善する手法は、スペースXの計画立案・実行方式にも織り込まれている。[20]

これまで宇宙開発は、大規模で複雑な単発的プロジェクトを中心として推進され、膨大な資金がつぎ込まれてきた。設計・開発に当初予算の5・5倍の88億ドルを要した、NASAのジェームズ・ウェッブ宇宙望遠鏡は、その最新の一例に過ぎない。だが宇宙開発にもモジュール性の教訓が定着しつつあることを示す、有望な兆候がある。

たとえば人工衛星の製作では、衛星画像ベンチャーのプラネット（旧プラネット・ラブズ）が、携帯電話やドローン用に量産される市販の電子部品を使って、10センチ角の立方体型モジュールを安価に、簡単につくっている。これらのレゴを組み合わせたものが、「キューブサット」モジュールになり、キューブサットを3個組み合わせたものが、超小型人工衛星「プラネット・ダヴ」の電子装置になる。

従来型の複雑で高価な大きい衛星とは対照的に、ダヴは重量は約5キロ、製作期間は数か月、しかも製作コストは100万ドル未満と、衛星としては破格に安価なため、失敗しても倒産を恐れずに学習することができる。

プラネットはすでに数百基のダヴを軌道に乗せ、これらの「フロック（衛星群）」を利用して、気候や農業条件、災害対応、都市計画の監視を行っている。政策当局の対応が求められるプライバシー上の懸念はあるものの、ダヴの衛星は、とくにNASAのオーダーメイド型アプローチと比較した場合の、モジュール型システムの適応性と拡張性の高さを強く指し示している。[21]

## バラバラに作ってあとで組み立てる

地下鉄はその性質から、モジュール化とはさらにかけ離れているように思うかもしれない。だがマドリード地下鉄株式会社(メトロ)は、1995年から2003年にかけて実施した世界最大級の地下鉄延伸工事において、2つの面でモジュール方式を採用した。

第一に、延伸部分の76の駅をレゴとみなし、すべての駅に単純簡潔で機能性の高い同一の設計を採用して、大幅なコストダウンとスピードアップを実現した。またこれらの効果をさらに高めるために、最新技術を避け、有効性が実証された、高度な「凍れる経験」の蓄積された技術だけを利用した。

第二に、メトロの経営陣は、一定の長さのトンネルをレゴとみなすという、重要な発想の転換を行った。まず、1台の掘削機とチームが掘削できるトンネルの最適な長さを割り出した。一般に、200日から400日の工期で、3キロから6キロの長さを掘削するのが最適とわかった。

次に、掘削するトンネルの全長をこの長さで割り、スケジュールに間に合わせるために必要な数の掘削機とチームを用意した。多いときは6台の掘削機を同時に稼働させるという、類を見ない方法を取ることもあった。[22] 最適なトンネルの長さをレゴとみなすことで、プロジェクトは上向きの学習曲線をさらに駆け上がり、工期とコストを大いに削減することができた。[23]

計131キロの路線と76の駅を2段階に分け、それぞれをわずか4年で完成させた。このスピードは業界平均の2倍、コストは半分である。メガプロジェクトのマネジメントには、このようなパフォーマンスがもっと必要だ。

それに、貨物輸送の例もある。

港湾作業員は大昔から、輸送中に荷崩れしないように貨物を1つひとつ手で積み込み、目的地に着くとまた手で荷降ろしをしていた。実に時間のかかる、困難で危険な作業だ。だが1950年代に、アメリカの陸運業者マルコム・マクリーンがこう考えた。貨物を同一規格のスチール製の箱に入れれば、それらを積み重ねて無駄なく船に積み込み、目的地で列車やトラックに簡単に積み替えられるのではないか？　これはコストをわずかでも減らそうとする、ささやかなアイデアだった。

だが貨物をレゴにしたことで、貨物輸送のモジュール性とコスト効率が飛躍的に高まった。箱はますます高く積まれ、船は大型化し、輸送手段間の積み替えは迅速になった。こうして貨物輸送のスピードと簡便性が大きく向上し、コストが劇的に低下した結果、世界の生産と物流の経済性が一変したのである。

経済学者のマルク・レビンソンは、コンテナ輸送の歴史を魅力的な筆致でつづった、『コンテナ物語：世界を変えたのは「箱」の発明だった』の中で、輸送用コンテナというささやかなアイデアが、グローバリゼーションの拡大に大きく貢献したと論じている。[24]

劇的なコストダウンとスピードアップは、すばらしい成果である。だがモジュール化にはそれ以上のことができる。リスクを大幅に軽減し、6章で推奨した「テールを切り落とす」方法として、最も有効な手段になり得るのだ。

## 「反復」をあえて埋め込む

ここまで来れば、前章の終わりに示した「謎」の答えはもうおわかりだろう。ファットテールではないプロジェクトタイプは、太陽光発電、風力発電、化石燃料発電、送電、道路のたった5つだ。つまりこれらはほかのタイプと違って、壊滅的に失敗するリスクがそれほど高くない。この幸運な5タイプに共通する特長は何か？　**モジュール性が非常に高い、または極端に高い**のだ。

太陽光発電を考えてみよう。太陽光発電は本質的にモジュール式だ。基本要素は太陽電池（ソーラーセル）である。工場でセルを並べてパネルをつくり、それらを現場に運び、電線でつないでアレイを組み立てる。アレイを増やせば、必要な量の電力を得ることができる。巨大なソーラーファームも、仕組みはほとんど変わらない。太陽光発電はモジュール性の王者で、私がコストと工期を分析したどのプロジェクトタイプよりもリスクが低い。これはけっして偶然ではない。

風力発電はどうか？　やはりモジュール性がきわめて高い。現代の風力発電所は、工場製の4つの基本要素を現場で組み立ててつくる。「基礎」「タワー」、発電機を格納する「ヘッド（ナセル）」、そして風で回転する「ブレード」。これらを連結すれば、ウィンドミルになる。このプロセスをくり返せば、ウィンドファームができあがる。

化石燃料発電は？　たとえば石炭火力発電所は、工場製の少数の基本モジュールを組み立てた、とてもシンプルな仕組みである。巨大ボイラーで石炭を燃やして水を沸騰させ、その蒸気でタービンを回して発電する。発電所は最近の自動車と同じくらいモジュール性が高い。石油やガス火力発電所も同様だ。

送電は？　工場製のパーツを使って鉄塔を組み立て、工場製の電線を鉄塔間に架け渡す。または製造された電線を、区間ごとに地中に埋めていく。

道路は？　数十億ドル規模の高速道路は、数百万ドル規模の区間を連結してつくる。反復、反復、反復。1つの区間の建設で学習した成果を、次の区間に活かす。ちょうどエンパイア・ステート・ビルの作業員が、1つのフロアでの学習成果を次のフロアに活かしたように。そしていったん十分な学習が行われれば、その後は複数区間を同時に建設して、工期短縮を図ることができる。

次のチャートは、すべてのプロジェクトタイプを、コストの「ファットテール性」——極端なまでのコスト超過が生じ、プロジェクトや当事者のキャリアが破壊され、会社が破綻し、政府の面目が丸つぶれになるリスク——順に並べたものだ。

一方の極——誰も行きたがらない恐ろしい場所——には、核廃棄物貯蔵、オリンピック開催、原子力発電所建設、ITシステム構築、水力発電ダム建設が並ぶ。

これらはどれも典型的な「1つの大きいもの」型のプロジェクトだ。

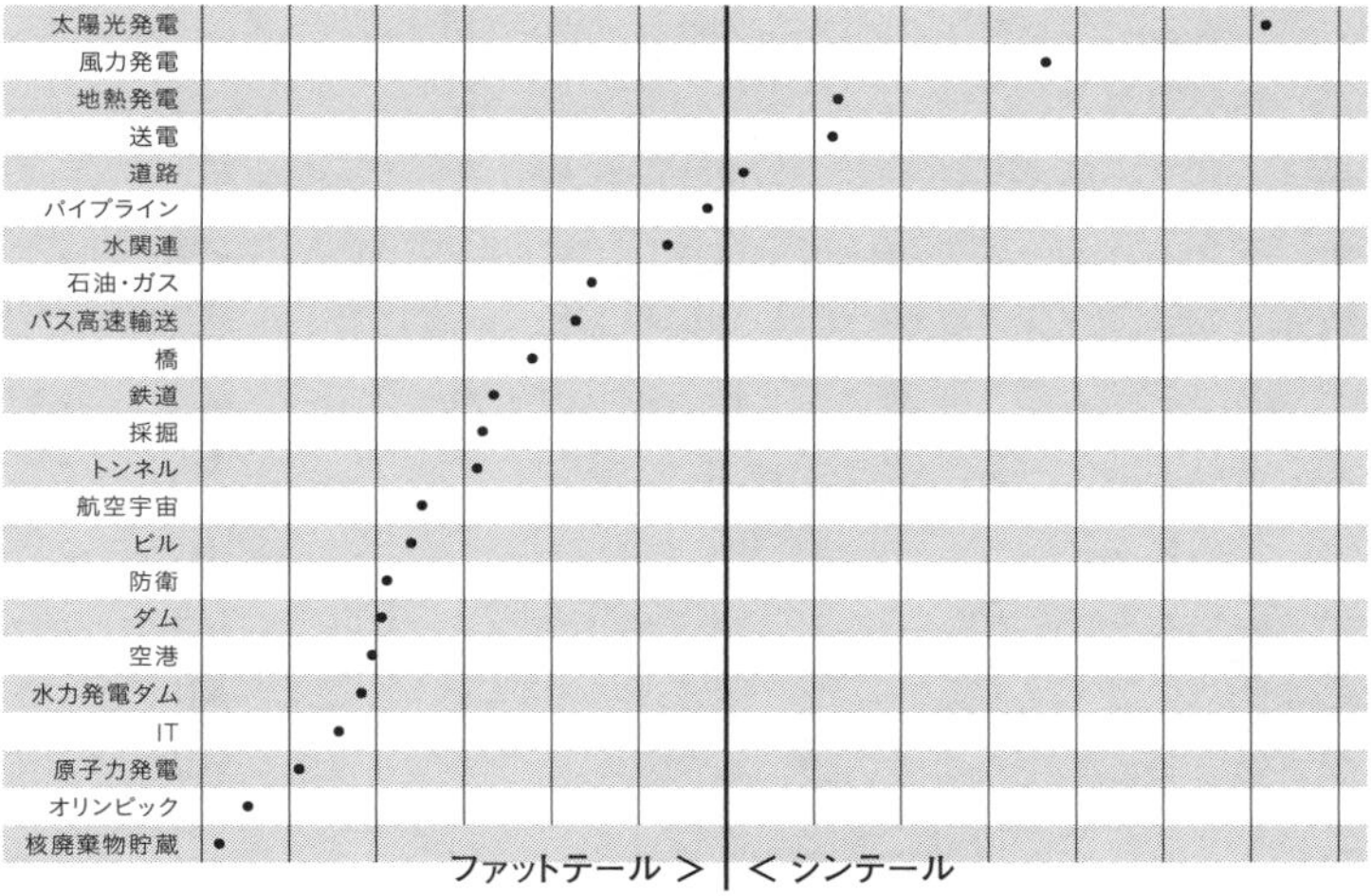


そしてもう一方の極にあるのが、ファットテールのリスクにさらされない、幸運な5タイプだ。これらは（境界線にわずかに届かないパイプラインも含め）どれもモジュール型である。また、太陽光発電と風力発電がほかを大きく引き離して優位に立っていることがわかる。

そしてこれらはモジュール性がきわめて高い。これらの発電コストが、化石燃料、原子力、水力などのエネルギー源を急速に下回り始めているのも、これで説明がつく。[25]

パターンは明らかだ。モジュール型のプロジェクトは、ファットテールの餌食になるリスクがずっと低い。つまりモジュール型プロジェクトは、スピード、コスト、リスクのすべての面で優位に立っている。これはきわめて重要な事実である。

## 「数兆ドル」レベルの節約になる

コロナ禍前の数年間、世界中の巨大なインフラプロジェクトに、空前の規模の公的・民間資金が注ぎ込まれていた。そしてそれ以降も、とくにアメリカや中国、ＥＵでは、資金が洪水のように流れ込んでいる。

私はまだ投資が完全に過熱する前の２０１７年に、世界全体で今後10年間に毎年6兆ドルから9兆ドルの資金が巨大プロジェクトに投入されるだろうと予想した。この予想はほかと比べて低めで、最も多いものでは毎年22兆ドルという予想もあった。[26] これにコロナ後の投資の記録的な増加が加わったのだから、私の予想が低すぎたのは明らかだ。だがここではさしあたり、この低い予想を叩き台にして考えてみよう。

もし世界中の巨大プロジェクトの惨憺たる記録を、ほんの少しでも改善できたらどうなるだろう？　コストがわずか5％削減されるだけでも、年間３０００億から４５００億ドルと、ノルウェーのＧＤＰにほぼ匹敵する金額の節約になる。これに加えて、便益も同じくらい改善すれば、スウェーデンのＧＤＰにほぼ相当する金額を節約できる——毎年だ。

だがフランク・ゲーリーやマドリード地下鉄が証明したように、5%の改善はそれほど大変なことではない。そして、コストを30%削減できれば——これでもまだ控えめで、十分可能である——イギリスやドイツ、日本のGDPに相当する金額が毎年浮くことになる。

これは世界を変えてしまうほどの金額だ。たとえばドイツ政府の資金提供で行われた2020年の研究によると、世界の飢餓を2030年までに終わらせるには、10年間で3300億ドルが必要だという。これは、巨大プロジェクトを少々改善することで得られる金額の、ほんの一部に過ぎない。[27]

## ゲイツやバフェットも「レゴ方式」を支持し始めた

読者の中には、私が「1つの巨大なもの」方式に厳しすぎると思う人もいるだろう。「1つの巨大なもの」型のプロジェクト、たとえば原子力発電は、世論や政府の反対、過度に厳格な安全・環境規制などの逆風にさらされている。こうした制約から解き放たれれば、風力発電や太陽光発電などのモジュール型のライバルに負けない成績を上げられるのだ、と。

これは興味深い仮説だ。さいわい、それは自然実験によって検証され、結果も出ている。

この「実験」は、過去10年間に中国で行われた。たしかに多くの国では、煩雑な手続きや住民の反対運動がプロジェクトの遅延や中止を招くことがあるが、中国は違う。中国では最高指導部がプロジェクトを優先すると決めれば、どんな障害も取り除かれ、必ず遂行される。

中国政府は過去10年以上にわたって、非化石燃料による発電容量を大幅に拡大することを国家戦略に掲げ、風力、太陽光、原子力のすべての発電能力を、できるだけ早急に高めることをめざしてきた。

では、中国ではこれらの3つのプロジェクトタイプはどれだけ迅速に実行されているのだろう？ 次ページのグラフは、エネルギーアナリストのマイケル・バーナードによる調査を、国際再生エネルギー機関（ＩＲＥＮＡ）のデータでアップデートしたもので、２００１年から２０２０年までに中国の送電網に追加された新規発電容量（メガワット）を示している。[28]

結果はこれ以上ないほど明らかだ。**原子力発電に代表される「１つの巨大なもの」方式はグラフの底辺を這う破線で、右肩上がりで急増する「多くの小さいもの」方式の風力発電と太陽光発電に惨敗している。**

中国の新規発電容量推移(MW)［年度別・電源別］

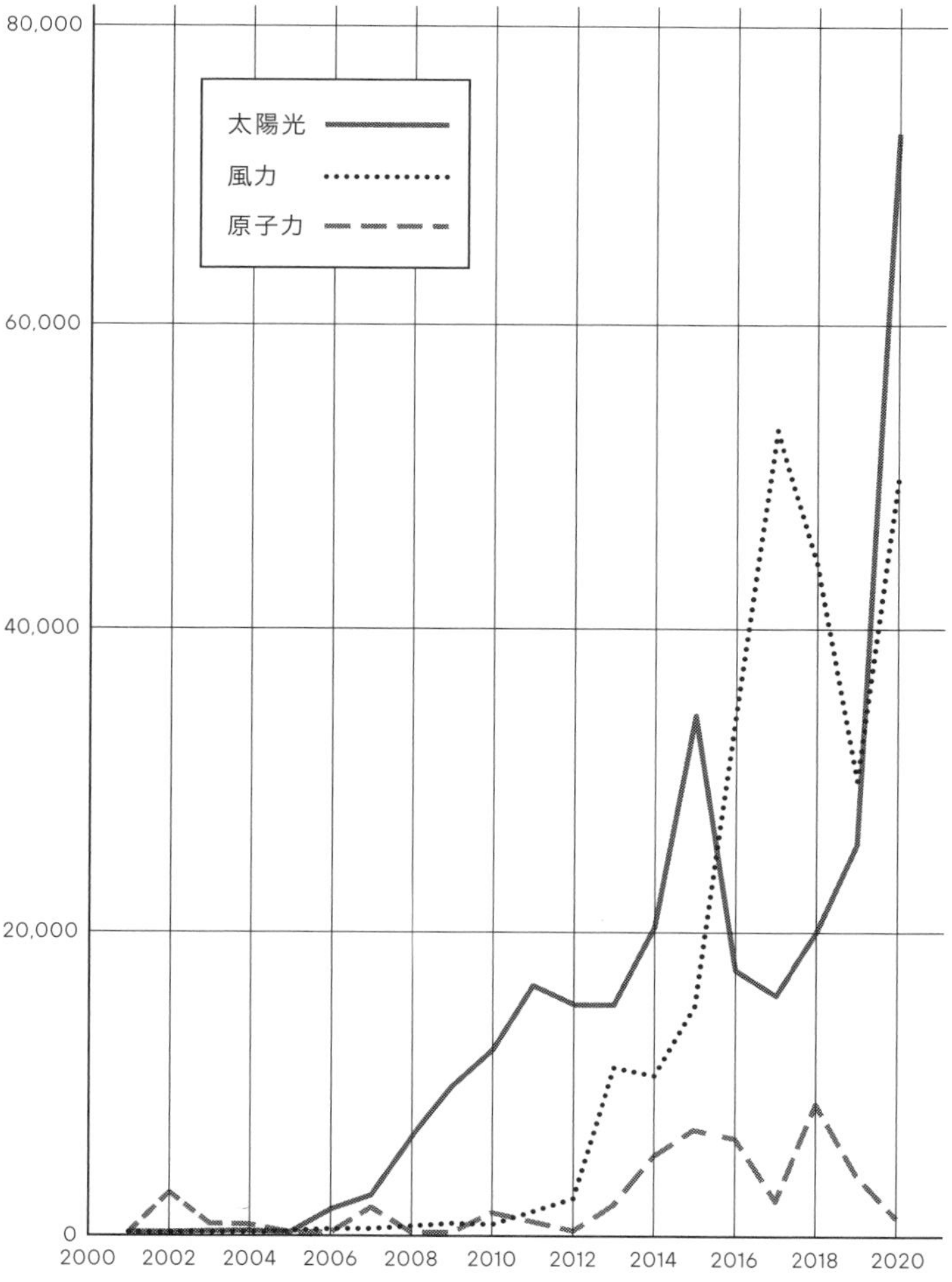

中国は、原子力発電に関する条件が世界で最も整っている、決定的な事例だ。したがって、もし原子力発電の拡大が中国で成功しないのであれば、他国で成功する確率は低いと言わざるを得ない——ただし、原子力産業が自己変革を起こせば、話は別だ。

より明敏な原子力推進派が最近主張しているのが、これである。彼らは「1つの巨大なもの」方式の限界を認識し始め、原子力産業に抜本的な方向転換を求めている。工場で小型原子炉のパーツを製造し、必要とされる場所に送って組み立て、建設現場を組立現場に変えることを提唱する。この方法が、当然のように成功のカギとして注目されているのだ。

この種の原子炉の発電能力は、従来型原子炉の1割から2割に過ぎない。だがさらに電力が必要なら、2基、3基と、好きなだけ追加していけばいい。[29] この新方式の原子力発電は、その名もずばり「小型モジュール炉（SMR）」である。

これを書いている今、SMRはまだ実証段階にあり、最終的に期待通り機能するかどうか、またそれまでにどれくらいの時間がかかるのかは、ここでは推測しない。

だが60年以上にわたる民生用原子力開発を経た今、原子力産業の大半が——ビル・ゲイツやウォーレン・バフェットなどの投資家の支援も得て——ようやく「1つの巨大なもの」方式から「多くの小さいもの」方式へと考え方をシフトしつつあることは、注目に値する。[30]

その他の「1つの巨大なもの」方式の世界的インフラも、この動向を注視し、学ばなければならない。

## 「異常な地球」がこれなら救える

本書はここで終わりにすることもできたが、そうするわけにはいかない。なぜなら大型プロジェクトの計画・実行方法を根本的に改善すべき理由が、それもさらに差し迫った恐ろしい理由があるからだ。それは、気候変動である。

2021年7月半ば、ドイツ西部に天が抜けたような大雨が降った。たった1日で平年のひと月分の雨量を超えた地域もあった。農村に洪水が押し寄せ、都市も大きな被害を受け、犠牲者は少なくとも200人に上った。

ドイツが洪水に見舞われていたちょうどその頃、北米西海岸のオレゴン州（アメリカ）とブリティッシュコロンビア州（カナダ）は猛烈な熱波に襲われ、異常な高温を記録した。穀物は枯れ、森林火災が相次ぎ、ブリティッシュコロンビアの村は焼け落ちた。この熱波での死者はアメリカ全体で600人と推定され[31]、カナダではブリティッシュコロンビアだけで595人が亡くなったと考えられている。[32]

世界保健機関（WHO）の予測では、世界全体で2030年から2050年までの間に

「気候変動による栄養不良、マラリア、下痢、熱中症が原因での死者は年間25万人増える」とされる。[33]

異常気象はいつの時代にもあったが、近年では気候変動のせいでますます異常に、ますます頻繁になっている。今後もこの傾向が続くことは確実で、唯一不確実なのは「どれだけ」ひどくなるかだけだ。

国連の科学委員会によれば、人間が気候に影響をおよぼす前は、極度の熱波が発生する頻度は50年に1回だった。現在の地球の気温は当時に比べて1・2度上昇しており、その結果、熱波の発生頻度は50年に4・8回、つまり約10年に1回になったと推定されている。気温が2度上昇すれば50年に8・6回、約6年に1回のペースになる。5・3度上昇すれば50年に39・2回、つまり15か月に1回と、まれな危険事象が常態化する。[34]

同じことが、ハリケーンや洪水、干ばつ、森林火災、氷の融解等々についても言える。これらのすべてで、極端な事象が発生する確率がますます高まっているのだ。もしこの進行を直ちに遅らせ、ついには止めることができれば、人間が繁栄できる環境が維持されるだろう。だがそうでない場合、私たちは深刻な脅威にさらされる。[35]

壊滅的な事態になる前に気候変動を止めるには、世界のほとんどの国が「2050年までにネットゼロ」をめざさなければならない。今世紀半ばまでに温室効果ガスの排出量と吸収量を差し引きゼロにするということだ。

世界全体がこの目標を達成すれば、気温上昇を1・5度以内に抑制できる可能性が高い。これは簡単なように聞こえる。だが実際にはきわめて野心的な目標であり、達成するためにはプロジェクトの円滑な推進がカギを握る――このことはいくら強調しても足りないほどだ。

OECDの枠内の自律的機関として設立された国際エネルギー機関（IEA）は、ネットゼロの達成に必要な手段を検証した詳細な報告書を、2021年に発表した。[36] それによれば、化石燃料が世界全体の電力供給に占める割合は現在約80％だが、2050年には20％しか満たせなくなる。

## 人類は「風力発電11倍、太陽光発電20倍」で生き残れる

これを代替するために欠かせないのが、電化の大幅な拡大と――孫たちの世代になれば、ガソリンスタンドは歴史の教科書でしか見ない、過去の遺物になるだろう――再生可能エ

ネルギー発電の爆発的拡大だ。

2050年までに風力発電を現在の11倍、太陽光発電を20倍に増やす必要がある。[37] そのためには再生可能エネルギー投資を2030年までに現在の3倍に拡大し、数十億ドル規模の風力、太陽光発電所を数百、数千か所に建設しなくてはならない。新型原子炉と新型水力発電所は、2030年の目標達成にはすでに間に合わないことが判明しているが、2050年の目標には貢献できる可能性がある。

さらに、現在はまだ構想・試作段階にあるテクノロジーも、大規模展開の準備を早急に進めなくてはならない。なかでも目玉とされているのが、「二酸化炭素回収・利用・貯留」、いわゆるカーボンキャプチャーといって、大気中の二酸化炭素を回収し、地下に貯留したり、原材料として産業利用したりする技術である。

また、風力・太陽光電力を工業規模の電解槽で水素に変換する技術もある。IEAによれば、2050年までにネットゼロを達成するには、2030年以降、毎月10か所の重工業プラントにカーボンキャプチャーを付設し、3か所に水素ベースの産業プラントを新設し、2ギガワットの電解槽を工業団地に設置する必要がある。毎月だ。

やるべきことはまだまだあるが、大体のイメージはつかんでもらえただろうか。**気候変**

**動の緩和と適応のために、人類史上類を見ない規模と数のプロジェクトが必要とされているのだ。**

ＩＥＡ事務局長のファティ・ビロルは率直に述べている。「この重要で手強い目標のために必要な取り組みのスケールとスピードを考えれば……これが人類史上最大の難題になるのはおそらく間違いないだろう」[38]

キーワードは「スケールとスピード」だ。気候変動との戦いに勝つためには、過去の長い残念な実績をはるかに超えるスケールとスピードで、巨大プロジェクトを進めていかねばならない。

膨らみ続けるコストや遅れ続けるスケジュールは、もはや許容できない。公約を実現できないプロジェクトは、断じて受け入れられない。もんじゅやカリフォルニア高速鉄道のようなプロジェクトを行う余裕は、もはやない。今の世界の状況で資源と時間を無駄にすれば、文明の存続さえ脅かされる。

大規模かつ迅速にプロジェクトを推進することが絶対に欠かせない。さいわい、それをやり遂げた強力な前例が、私の故郷デンマークにある。

## 「ブロックのように組み立てられないか？」と考える

デンマークは他国と同様、１９５０年代と60年代に中東の安い石油への依存を高めた。１９７３年に石油輸出国機構（ＯＰＥＣ）が西側諸国への石油輸出を停止すると、デンマーク経済は大打撃を受け、その脆弱性が露呈した。

デンマークは国を挙げて新たなエネルギー源の確保に奔走し、周辺地域の石炭、石油、天然ガス資源へのシフトを急速に進めた。だがその一方で、別の方向をめざした開拓者たちもいた。デンマークは海に囲まれた平坦な小国で、つねに強い海風にさらされている。この力を活かせないだろうかと、彼らは考えた。１９７８年にユトランド半島に世界初の数メガワット規模の風力タービンが建設され、現在も稼働を続けている。

開拓者たちはガレージや農場で試行錯誤を重ね、設計や規模、立地を変えて実験をくり返した。風力発電投資には税制上の優遇措置も導入された。それでも陸上風力発電は小規模な補助的産業にとどまった。デンマークには無人の土地がほとんどなく、住民の反対で計画は思うように進まなかったのだ。

１９９０年末、デンマークの先見的な環境大臣スヴェン・オーケンが一計を案じた。石炭火力発電所の建設許可を求めた企業に対し、世界初の洋上風力発電所を2か所に建設するという条件で、許可を与えたのだ。こうして洋上風力発電所が建設され、一方は成功し、もう一方は失敗に終わったが、どちらの所有者もエクスペリリ(実験+経験)を得た。これが始まりとなった。

2006年にデンマークのエネルギー企業数社が合併して、デンマーク石油・天然ガス会社(DONG)を設立した(現オーステッド)。DONGはこれら2か所の洋上風力発電所と、アイリッシュ海のもう1か所を引き継いだ。化石燃料にほぼ依存していた同社にとってはささやかな資産だったが、「当社は図らずも、洋上風力発電の経験を最も積んだ会社になった」と、新会社の初代CEOアンデルス・エルドラプは打ち明ける。[39]

2009年、国連がコペンハーゲンで気候変動を話し合う画期的な会議を開催し、エルドラプはこの場で大胆な宣言をぶち上げた。当時同社の電源構成は85%以上が化石燃料で、再生可能エネルギー源(主に風力)は15%に過ぎなかった。エルドラプはこの比率をひと世代で逆転させるという、「85/15計画」を打ち出した——ただ大胆というだけでなく、多くの人が不可能とみなした目標である。

風力発電はまだ未熟な技術で、コストが高かった。政府契約で高価格での電力買取が長期間保証されていたが、投資家はおよび腰だった。なぜなら洋上風力発電の並外れたモジュール性の強みを認識していなかったからだ。基礎、タワー、ヘッド、ブレードの4種類のレゴをパチッ、パチッと組み合わせれば、風力タービンが完成し、直ちに発電を開始できる。8基から10基ほどのタービンを集めて連結した「ストリング」は、そのまま変電所を経由して国内送電網に接続できる。ストリングをいくつか集めれば風力発電所が完成し、その日から稼働できる。

これをどんどん反復すれば、好きなだけスケールアップでき、しかも反復するたび全員で学習曲線を上っていける。

「洋上風力発電の競争力を高めるためには、コストを大幅に下げるしかないとわかっていた。そこで、7年間で3割から4割削減するという目標を立てた」と、２０１２年に引退したアンデルス・エルドラプの後任としてＤＯＮＧのＣＥＯに就任した、ヘンリク・ポールセンは言う。[40]

パートナー企業と協力して、事業のあらゆる側面を見直した。最も劇的な変革が、タービンの大型化だ。２０００年のタービンは自由の女神よりも少し高いほどで、１５００戸の住宅に電力を供給できたが、２０１７年にはその2倍の高さになり、７１００戸の電力を賄えるようになった。

大型化はその後も加速した。2013年に完成した洋上風力発電所は、設置面積が88平方キロだった。だがイングランド沖合の世界最大規模の洋上風力発電所プロジェクト、「ホーンジー」は、2020年に完了した第一段階の面積が407平方キロで、第二段階が完了すれば869平方キロと、ニューヨーク市の5つの行政区の面積（784平方キロ）よりもずっと広くなる〔東京23区の面積の約1・4倍に相当〕。

## 寄り集まると「世界」が変わる

この爆発的拡大が、コストを急激に引き下げた。ポールセンはこう語る。

「いったんイギリスと、その後ドイツ、デンマーク、オランダのプロジェクトに着手し、それから洋上ウィンドファームの建設方法を規格化、標準化し、そして産業のバリューチェーン全体を洋上風力発電を中心に編成し直してみると、洋上風力発電のコストは4年で60％も低下した」

この下げ幅は予想以上で、目標は予定より3年も早く達成された。風力発電のコストは誰が予想するよりも早く、化石燃料を下回った。[41] この取り組みは楽観バイアスとは無縁だった。むしろその逆で、きわめて現実的に進められた。

2017年、DONGは石油・ガス事業の売却に伴い、社名を「オーステッド」に変更した。電磁気を発見したデンマークの物理学者、ハンス・クリスティアン・オーステッドにちなんだ名前だ。そしてその2年後に、アンデルス・エルドラプが掲げた「不可能な」85／15計画が達成された。ひと世代どころか、10年しかかからなかった。[42] **計画より15年も早いという、従来型の大型エネルギープロジェクトではあり得ないペース**だ。

そしてこの同じ10年間に、デンマーク全体の電力供給に占める化石燃料の割合は72％から24％に低下し、風力の割合は18％から56％に上昇した。[43] デンマークの風力タービンは、日によっては国内の消費量を超える電力を生み出すこともある。余剰電力は周辺国に輸出される。

デンマークはこの革命の恩恵を、今後何十年にもわたって実感することだろう。世界の風力発電業界は急成長しており、世界各地の開発はますます大型化している。そして業界の主要企業の多くが、この分野で先駆的役割を果たしてきたデンマークから生まれている。

オーステッドは世界進出を果たし、同じくデンマーク企業である風力タービン世界最大手のヴェスタスも同様である。[44] そして、この業界の小規模な専門企業の多くは、ただデンマーク発祥というだけでなく、1970年代に世界に先駆けてタービンの実験が行われた、ユトランド半島から生まれているのだ。

現在は投資会社の顧問を務めるヘンリク・ポールセンによると、彼の会社は風力発電機の制御システムを製造するデンマーク企業を買収したばかりだ。「今後はこの会社を拡大するために、プラットフォームに統合できる買収先を探している」。もちろん世界全体を視野に入れて探しているが、今のところ買収先候補はすべてユトランド半島の「同じ数百キロ圏内に固まっている」という。

「ちょっとびっくりしてしまうね」とポールセンは笑う。これは私のような経済地理学者が、「クラスター化」や「集積の経済」と呼ぶ現象で、1920年代のハリウッドの映画会社や、20世紀半ばのシリコンバレーのテック企業がその好例だ。

現在ユトランド半島は、風力発電業界のシリコンバレーと化している——人口がロサンゼルス郡の半分強〔東京都の約半分〕しかない国にとっては驚異的なことだ。

## 小さな「お試し」をくり返す

だがこれはデンマークだけの物語ではない。世界全体に関わる物語、世界がデンマークの風力革命から学ぶべき教訓の物語だ。

教訓の1つは、政府が開発において果たすべき役割である。「政府の枠組みがなければ、この革命は起こり得なかった」とアンデルス・エルドラプは断言する。

現代のアメリカではあまり見られないが、実はこの方式は意外にもアメリカを手本としている。もしアメリカ政府がデジタル技術の創出を支援しなければ、シリコンバレーの巨大企業が主導する、デジタル革命そのものがあり得なかった。インターネットの原型もそうだ。世界を変えるほどの雪崩を起こしたいのなら、政府が最初の岩を動かす手助けをしなくてはならない。

だがより根本的な教訓は、モジュール性の力である。デンマークはモジュール性による急速な学習と爆発的成長の波に乗ったからこそ、開拓者たち自身が予想したよりはるかに早く、多くの国が「1つの巨大なもの」型プロジェクトを推進するよりも短い時間で、風力発電技術と電力供給で革命を起こすことができた。これが、「スケールとスピード」である。これが、私たちに必要なモデルである。「多くの小さいもの」を量産し、レゴのように組み立てる。パチッ、パチッ、パチッ。

この物語が企業や政府にとって持つ意味は明らかだ。モジュール方式を促進、支援、実践しよう。

だがモジュール方式は、個人にも可能性を開く。**小さいものをすばやくスケールアップできるから、個人でも小さい実験を通して大きいことができる。**想像力と粘り強ささえあればいい。今日の風力発電産業を生み出したのは、ガレージや農場で試行錯誤を重ねた、一握りのデンマーク人だった。想像力を働かせよう。試行錯誤を始めよう。

新しいアイデアとモジュール方式の徹底活用によって、人類と地球に必要な変革を実現するチャンスを高められるのだ。

# 終章

# 「見事で凄いもの」を創る勝ち筋

## ――メガプロジェクト研究が導く11の経験則

「ヒューリスティック」とは、複雑な意思決定を簡素化するための、迅速で簡便な経験則をいう。語源は古代ギリシア語の「ユリーカ！」。何かを発見したときの喜びや満足を表す感嘆詞だ。[1]「ゆっくり考え、すばやく動く」も、そうした経験則の1つである。

不確実な状況で意思決定を行わなくてはならないときは、一般人はもちろん、専門家も経験則を利用する。[2]経験則は、複雑さを減らして意思決定を下しやすくするための思考の近道だ。無意識に使われることが多いため、それを言葉で共有するには、思考プロセスを意識的にたどる必要がある。賢明な人たち、つまり優れたプロジェクトリーダーや、あなたのおばあさんなど、フロネシス（実践知）を持つ人はみな、生涯を通じて自分なりの経験則を磨き、改良を重ねている。[3]

これから紹介するのは、私自身が数十年間の大型プロジェクトの研究と実践で培ってきた、11の経験則だ。[4]

ただ注意してほしいのだが、経験則は、それさえ守れば必ず成功できる、というようなルールではない。実際に使う前に、あなた自身の経験と照らして、納得できるかどうか考えてほしい。そして何より、これらの経験則をたたき台にして、調査をし、新しいことを試しながら、あなたなりの経験則をつくってほしい。**あなた自身の経験則がものをいう。**

自分の経験則をつくる方法とそれが必要な理由を知るには、巻末の参考文献を読んでほしい。そして経験を深め、野心的なビジョンを具体的な現実に変える能力が劇的に高まるのを体感しよう。

## 1 「マスタービルダー」を雇おう

マスタービルダーとは、中世ヨーロッパの大聖堂を建設した、熟練した棟梁《とうりょう》に与えられた称号だ。経験則を1つだけ選ぶとしたら、これである。

なぜならマスタービルダーは、あなたのプロジェクトの実現に必要なすべてのフロネシス（実践知）を持っているからだ。あなたのプロジェクトが住宅リフォームであれ、結婚式やITシステム、高層ビルであれ、深い専門的経験を持ち、プロジェクトを成功に導いた実績のある人を雇おう。だがマスタービルダーがいない場合や雇えない場合は、次の経験則を検討してほしい。

## 2 「よいチーム」を用意しよう

私が出会ったプロジェクトリーダー全員が、口をそろえてそう言っていた。エド・キャットムルがその理由を説明している。

「いくらよいアイデアでも、平凡なチームに与えたら台無しにされてしまう。だが優れたチームに平凡なアイデアを与えると、それを修正するか、もっといいアイデアを考えてくれる。だからよいチームさえ用意できれば、よいアイデアが手に入るんだ」[5]

だが、そのチームは誰が選ぶのか？ できればマスタービルダーに選んでもらいたい。実際、それがマスタービルダーの主な仕事である。マスタービルダーは単独で仕事をするイメージがあるが、そんなことはない。プロジェクトを実現するのはチームだ。

そこで、この経験則はこう言い換えることもできる。「可能ならマスタービルダーと、マスタービルダーのチームを雇おう」

## 3 「なぜ？」を考えよう

何のためにプロジェクトを行うのかを考えれば、あなたが最終的に成し遂げたい目的と結果という、最も重要なことに自然と目が向く。

これらは、プロジェクトチャートの右端のボックスに書かれることだ。プロジェクトが波瀾万丈の現実に向かって船出したあとも、優れたリーダーは最終目的をけっして見失わない。8章に登場した、ヒースロー空港ターミナル5の建設監督者、アンドリュー・ウォルステンホームも言っていた。「実行フェーズになれば、どこにいて何をしていようと、今の自分の行動が右端の結果に結びつくのかどうかをつねに考えている」、と(3章参照)。

## 4 「レゴ」を使ってつくろう

大きいものは、小さいものでつくるのが一番だ。

小さいケーキを1つ焼こう。もう1つ焼こう。さらにもう1つ。それらを積み重ねよう。どんなに高くそびえるウェディングケーキも、デコレーションは別として、この方法でつくられる。

ウェディングケーキと同様、太陽光発電から風力発電、サーバーファーム、バッテリー、コンテナ輸送、パイプライン、道路までのすべてが、基本要素を組み合わせるモジュール方式を利用している。

この方式を取れば、とてつもないスケールとスピード、品質、コストパフォーマンスの向上を実現できる。小さいケーキはウェディングケーキの基本要素、レゴブロックにあたる。ソーラーパネルはソーラーファームの、サーバーはサーバーファームのレゴだ。

このパワフルな小さいアイデアは、すでにソフトウェアから地下鉄、ハードウェア、ホテル、オフィスビル、学校、工場、病院、ロケット、人工衛星、自動車、アプリ販売までのあらゆるものに応用されている。想像力が許す限り、どんなことにも使える。あなたのレゴは何だろう？（9章参照）

## 5 ゆっくり考え、すばやく動こう

計画フェーズで起こり得る、最悪のことは何だろう？　誰かに書きかけのホワイトボードを消されることかもしれない。

では、実行フェーズで起こり得る最悪のことは？　ドリルが海底を突き破り、トンネルが浸水する。映画公開直前にパンデミックが起こり、映画館が閉鎖される。ワシントンDCの絶景が台無しになる。オペラハウスの数か月分の工事をダイナマイトで破壊し、がれきを撤去して、一からやり直す羽目になる。高架橋が崩落して、数十人が命を落とす、等々。

実行フェーズでは、想像できるどんな悪夢も起こり得るし、実際に起こっている。こうしたリスクへの露出を減らさなくてはならない。そのために、**十分な時間をかけて、詳細な実証済みの計画を立てよう。**

計画立案は相対的に安価で安全だが、実行は高価で危険だ。優れた計画によって、リスクが飛び込んでくる窓をできるだけ狭め、できるだけ早く閉じれば、プロジェクトを迅速に効率よく完了できる確率が高まる(1章参照)。

## 6 「外の情報」を取り入れよう

あなたのプロジェクトはたしかに特別だ。だが、たとえばタイムマシンをつくる、ブラックホールを生み出す、といった、まったく前例のないことをするのでない限り、「唯一無二」ではなく、より大きなカテゴリーの一部に過ぎない。

あなたのプロジェクトが「数ある中の1つ」だという視点を持ち、データを集め、参照クラス予測を立てて、データに反映された経験から学ぼう。また同じ視点に立って、リスクを特定し、軽減しよう。視点を「プロジェクト」から、プロジェクトが属する「タイプ」にシフトすれば、かえってあなたのプロジェクトを正確に理解できる(6章参照)。

## 7 「リスク」に目を向けよう

リスクと機会は、同じくらい重要なものとして、天秤にかけられることが多い。だがそれは間違いだ。リスクはプロジェクトやキャリアを破壊する場合があり、どんな機会をもってしても、それを埋め合わせることはできない。ほとんどのプロジェクトに内在する恐ろしいファットテールのリスクについては、リスクを予測してそれに対応する予備費を計上するという通常の方法ではなく、起こりそうな危険を直接特定して対策を立てる方法で、リスク軽減に努めよう（6章参照）。

過酷な3週間の自転車レース「ツール・ド・フランス」の参加選手によれば、大事なのは勝つことではなく、21日間毎日負けないことだ。そうして初めて、勝つことを考えられるようになるという。成功するプロジェクトリーダーも同じ考え方をする。目的という賞品を見据えながら、毎日負けないことに集中し続けよう。

## 8 「ノー」と言って手を引こう

プロジェクトを完了するためには、集中を保つ必要がある。集中を保つためには、「ノー」と言うことが欠かせない。

プロジェクトの成功に必要な人材と、予備費を含む十分な資金が得られないなら、手を引こう。今やっている活動は、右端のボックスの目的を達成するのに役立つのか？　そうでないなら、やめてしまおう。壮麗なモニュメントにノーと言おう。実績のないテクノロジーにも、訴訟にも、ノーと言おう。

何かを断るのは、とくに実行重視の組織では、難しい場合がある。だがプロジェクトと組織を成功させるには、取捨選択がカギを握る。

「私は自分がしてきたことと同じくらい、してこなかったことに誇りを感じている」とスティーブ・ジョブズは言った。ジョブズの見るところ、アップルは「してこなかったこと」のおかげで、少数のプロダクトに集中し続け、とてつもない成功を遂げることができた。[6]

## 9　「友好な関係」を築こう

私の知り合いは、公共部門の数十億ドル規模のＩＴプロジェクトを指揮した際に、外交官の役割を担い、プロジェクトの重要な利害関係者の理解と支持を得ることにかなりの時間を費やしたという。

なぜだろう？　これもリスク管理のうちだからだ。問題が発生したときにプロジェクトの命運を握るのは、強固な人間関係なのだから。問題が生じてから関係を築こうとしてももう遅い。必要になる前に架け橋を築いておこう。

## 10 「地球」をプロジェクトに組み込もう

今日の世界では、気候リスクの軽減以上に緊急を要する問題はない。公共の利益のためだけでなく、あなたの組織やあなた自身、あなたの家族のためにも必要なことだ。

アリストテレスの言う「フロネシス」は、全体にとっての善が何であるかを知り、かつそれを実現する能力である。

何が「善」かを、私たちはすでに知っている。たとえば気候変動緩和策の一環として、住宅や自動車、オフィス、工場、店舗などを電化し、豊富な再生可能エネルギーから電力を得るなど。私たちはこれを実現する能力も持っていて、9章で見たようにすでに実現しつつある。

いまや問題は、本書で説明した原則を指針として、さらに多くの大小の緩和策と適応策をすばやく加速、拡大していけるかどうかである。私がこの本を書き、この経験則のリストをまとめたねらいは、それをあと押しすることにあった。

## 11 最大のリスクは「あなた」

プロジェクトが失敗する原因は、不測の事態にあると考えたくなるのもわかる。価格や条件の変更、事故、天候、新しい管理体制、等々。

だがこれは浅い考えだ。シカゴ大火祭が失敗したのは、企画者のジム・ラスコが点火装置が故障する状況を正確に予測できなかったからではない（6章参照）。失敗したのは、彼が内部情報にこだわり、ライブイベントというカテゴリー全体で起こりがちな失敗の原因を調べようとしなかったからだ。

なぜだろう？　木を見て森を見ないのは、人間の心理としてありがちなことなのだ。ラスコの最大の脅威は、外の世界にはなく、彼自身の頭の中にあった――行動バイアスである。これはどんな人にも、どんなプロジェクトにも当てはまる。つまり、最大のリスクはあなた自身なのだ。

# 付録A コストリスクの基準率*

## ―「非現実的なやり方」から「ほぼ確実なやり方」まで

＊スケジュールリスクと便益リスクについても、データは少ないが同様の結果が出ている。以下を参照。Bent Flyvbjerg and Dirk W. Bester, "The Cost-Benefit Fallacy: Why Cost-Benefit Analysis Is Broken and How to Fix It," *Journal of Benefit-Cost Analysis* 12, no. 3 (2021): 395–419.

次ページの表に、25タイプ・1万6000件のプロジェクトのコスト超過率をまとめた。超過率は、次の3つの指標で測定している。(A) コスト超過率の平均値、(B) 分布のテールに位置する (超過率50%以上と定義) プロジェクトの割合、(C) テールの平均超過率。

この表の数値が、プロジェクト管理におけるコストリスクの「基準率」(期待値) になる。たとえばオリンピック開催の場合、コスト超過の基準率は157%で、テールリスク (プロジェクトがテール部分で終わる確率) は76%、その場合の超過率の期待値は200%であり、それを超えるリスクもかなり高い。プロジェクトのスポンサーやリーダーが考えるべき重要な問題は、「これほどのリスクを許容できるのか?」、そして許容できない場合は、「プロジェクトから手を引くか、リスクを軽減することはできるのか?」である。

この表から、コストリスクの平均値 (A) とテールリスク (B) の基準率が、プロジェクトタイプによって大きく異なることがわかる。平均リスクが最も高いのは核廃棄物貯蔵の238%、最も低いのは太陽光発電の1%だ。テールリスクが最も高いのはオリンピックの76%、テールの平均超過率が最も高いのはITプロジェクトの447%である。プロジェクトの計画管理においては、基準率の違いを必ず考慮に入れる必要があるが、考慮されない場合が非常に多い。経験的な基準率は往々にしてまったく考慮に入れられない。

| プロジェクトタイプ | (A) コスト超過率の平均値*(%) | (B) 分布のテールに位置する(超過率50%以上と定義)プロジェクトの割合(%) | (C) テールの平均超過率(%) |
|---|---|---|---|
| 核廃棄物貯蔵 | 238 | 48 | 427 |
| オリンピック | 157 | 76 | 200 |
| 原子力発電 | 120 | 55 | 204 |
| 水力発電ダム | 75 | 37 | 186 |
| IT | 73 | 18 | 447 |
| 非水力発電ダム | 71 | 33 | 202 |
| ビル | 62 | 39 | 206 |
| 航空宇宙 | 60 | 42 | 119 |
| 防衛 | 53 | 21 | 253 |
| バス高速輸送 | 40 | 43 | 69 |
| 鉄道 | 39 | 28 | 116 |
| 空港 | 39 | 43 | 88 |
| トンネル | 37 | 28 | 103 |
| 石油・ガス | 34 | 19 | 121 |
| 港湾 | 32 | 17 | 183 |
| 病院・医療 | 29 | 13 | 167 |
| 採掘 | 27 | 17 | 129 |
| 橋 | 26 | 21 | 107 |
| 水関連 | 20 | 13 | 124 |
| 化石燃料発電 | 16 | 14 | 109 |
| 道路 | 16 | 11 | 102 |
| パイプライン | 14 | 9 | 110 |
| 風力発電 | 13 | 7 | 97 |
| 送電 | 8 | 4 | 166 |
| 太陽光発電 | 1 | 2 | 50 |

出所:FLYVBJERG DATABASE

* コスト超過率は、インフレを考慮しない、プロジェクトサイクルのできるだけ遅い段階の、許可が下りる直前(最終的な投資決定に用いられた最終版の事業計画)の予算を基準として算出した。つまり、表の数値は控えめである。もしインフレを考慮し、初期段階の事業計画を基準としていれば、コスト超過率はこれよりもずっと高くなり、場合によっては数倍に上るはずだ。

*Management Journal* 2015 Paper of the Year Award.
- Bent Flyvbjerg, "How Planners Deal with Uncomfortable Knowledge: The Dubious Ethics of the American Planning Association," *Cities* 32 (June 2013): 157–63; with comments by Ali Modarres, David Thacher, and Vanessa Watson (June 2013), and Richard Bolan and Bent Flyvbjerg (February 2015), https://papers.ssrn.com/sol3/papers.cfm?abstract_id=2278887.
- Bent Flyvbjerg, "Quality Control and Due Diligence in Project Management: Getting Decisions Right by Taking the Outside View," *International Journal of Project Management* 31, no. 5 (May 2013): 760–74, https://papers.ssrn.com/sol3/papers.cfm?abstract_id=2229700.
- Bent Flyvbjerg, "Why Mass Media Matter and How to Work with Them: Phronesis and Megaprojects," in *Real Social Science: Applied Phronesis*, ed. Bent Flyvbjerg, Todd Landman, and Sanford Schram (Cambridge, UK: Cambridge University Press, 2012), 95–121, https://papers.ssrn.com/sol3/papers.cfm?abstract_id=2278219.
- Bent Flyvbjerg and Alexander Budzier, "Why Your IT Project May Be Riskier Than You Think," *Harvard Business Review* 89, no. 9 (2011): 23–25, https://papers.ssrn.com/sol3/papers.cfm?abstract_id=2229735. This article was selected by *Harvard Business Review* as the leading article for its "Ideas Watch" section, featuring the most important new ideas in business and management.
- Bent Flyvbjerg, "Survival of the Unfittest: Why the Worst Infrastructure Gets Built, and What We Can Do About It," *Oxford Review of Economic Policy* 25, no. 3 (2009): 344–67, https://papers.ssrn.com/sol3/papers.cfm?abstract_id=2229768.
- Bent Flyvbjerg, Massimo Garbuio, and Dan Lovallo, "Delusion and Deception in Large Infrastructure Projects: Two Models for Explaining and Preventing Executive Disaster," *California Management Review* 51, no. 2 (Winter 2009): 170–93, https://papers.ssrn.com/sol3/papers.cfm?abstract_id=2229781.
- Bent Flyvbjerg, Nils Bruzelius, and Bert van Wee, "Comparison of Capital Costs per Route-Kilometre in Urban Rail," *European Journal of Transport and Infrastructure Research* 8, no. 1 (March 2008): 17–30, https://papers.ssrn.com/sol3/papers.cfm?abstract_id=2237995.
- Bent Flyvbjerg, "Policy and Planning for Large-Infrastructure Projects: Problems, Causes, Cures," *Environment and Planning B: Planning and Design* 34, no. 4 (2007), 578–97, https://papers.ssrn.com/sol3/papers.cfm?abstract_id=2230414. This article was awarded the Association of European Schools of Planning (AESOP) Prize for Best Published Paper, July 2008.
- Bent Flyvbjerg, "Cost Overruns and Demand Shortfalls in Urban Rail and Other Infrastructure," *Transportation Planning and Technology* 30, no. 1 (February 2007): 9–30, https://papers.ssrn.com/sol3/papers.cfm?abstract_id=2230421.
- Bent Flyvbjerg, "From Nobel Prize to Project Management: Getting Risks Right," *Project Management Journal* 37, no. 3 (August 2006): 5–15, https://papers.ssrn.com/sol3/papers.cfm?abstract_id=2238013.
- Bent Flyvbjerg, "Design by Deception: The Politics of Megaproject Approval," *Harvard Design Magazine*, no. 22 (Spring–Summer 2005): 50–59, https://papers.ssrn.com/sol3/papers.cfm?abstract_id=2238047.
- Bent Flyvbjerg, Mette K. Skamris Holm, and Søren L. Buhl, "How (In)accurate Are Demand Forecasts in Public Works Projects? The Case of Transportation," *Journal of the American Planning Association* 71, no. 2 (Spring 2005): 131–46, https://papers.ssrn.com/sol3/papers.cfm?abstract_id=2238050.
- Bent Flyvbjerg, Carsten Glenting, and Arne Rønnest, *Procedures for Dealing with Optimism Bias in Transport Planning: Guidance Document* (London: UK Department for Transport, June 2004), https://papers.ssrn.com/sol3/papers.cfm?abstract_id=2278346.
- Bent Flyvbjerg, Mette K. Skamris Holm, and Søren L. Buhl, "What Causes Cost Overrun in Transport Infrastructure Projects?," *Transport Reviews* 24, no. 1 (January 2004): 3–18, https://papers.ssrn.com/sol3/papers.cfm?abstract_id=2278352.
- Bent Flyvbjerg, Nils Bruzelius, and Werner Rothengatter, *Megaprojects and Risk: An Anatomy of Ambition* (Cambridge, UK: Cambridge University Press, 2003), https://amzn.to/3ELjq4R.
- Bent Flyvbjerg, "Delusions of Success: Comment on Dan Lovallo and Daniel Kahneman," *Harvard Business Review* 81, no. 12 (December 2003): 121–22, https://papers.ssrn.com/sol3/papers.cfm?abstract_id=2278359.
- Bent Flyvbjerg, Mette K. Skamris Holm, and Søren L. Buhl, "Underestimating Costs in Public Works Projects: Error or Lie?," *Journal of the American Planning Association* 68, no. 3 (Summer 2002): 279–95, https://papers.ssrn.com/sol3/papers.cfm?abstract_id=2278415.
- Nils Bruzelius, Bent Flyvbjerg, and Werner Rothengatter, "Big Decisions, Big Risks: Improving Accountability in Mega Projects," *International Review of Administrative Sciences* 64, no. 3 (September 1998): 423–40, https://papers.ssrn.com/sol3/papers.cfm?abstract_id=2719896.

## 付録B　ベント・フリウビヤの研究をもっと知りたい人へ

プロジェクト運営に関する私の研究に関心がある人には、以下の参考文献を読むことを勧めたい。これらの文献は、Social Science Research Network (SSRN)、ResearchGate、Academia、arXiv、Google Scholarより無料でダウンロードできる。本書執筆時点で発表されている文献については、SSRNへの直接リンクを掲載した。


- Bent Flyvbjerg, Alexander Budzier, Maria D. Christodoulou, and M. Zottoli, "So You Think Projects Are Unique? How Uniqueness Bias Undermines Project Management," under review.
- Bent Flyvbjerg, Alexander Budzier, Mark Keil, Jong Seok Lee, Dirk W. Bester, and Daniel Lunn, "The Empirical Reality of IT Project Cost Overruns: Discovering a Power-Law Distribution," *Journal of Management Information Systems* 39, no. 3 (Fall 2022), https://www.jmis-web.org.
- Bent Flyvbjerg, "Heuristics for Masterbuilders: Fast and Frugal Ways to Become a Better Project Leader," *Saïd Business School Working Papers*, University of Oxford, 2022, https://papers.ssrn.com/sol3/papers.cfm?abstract_id=4159984.
- Atif Ansar and Bent Flyvbjerg, "How to Solve Big Problems: Bespoke Versus Platform Strategies," *Oxford Review of Economic Policy* 38, no. 2 (2022): 1–31, https://papers.ssrn.com/sol3/papers.cfm?abstract_id=4119492.
- Bent Flyvbjerg, "Top Ten Behavioral Biases in Project Management: An Overview," *Project Management Journal* 52, no. 6 (2021): 531–46, https://papers.ssrn.com/sol3/papers.cfm?abstract_id=3979164.
- Bent Flyvbjerg, "Make Megaprojects More Modular," *Harvard Business Review* 99, no.6 (November–December 2021): 58–63, https://papers.ssrn.com/sol3/papers.cfm?abstract_id=3937465.
- Bent Flyvbjerg and Dirk W. Bester, "The Cost-Benefit Fallacy: Why Cost-Benefit Analysis Is Broken and How to Fix It," *Journal of Benefit-Cost Analysis* 12, no. 3 (2021): 395–419, https://papers.ssrn.com/sol3/papers.cfm?abstract_id=3918328.
- Bent Flyvbjerg, Alexander Budzier, and Daniel Lunn, "Regression to the Tail: Why the Olympics Blow Up," *Environment and Planning A: Economy and Space* 53, no. 2 (March 2021): 233–60, https://papers.ssrn.com/sol3/papers.cfm?abstract_id=3686009.
- Bent Flyvbjerg, "Four Ways to Scale Up: Smart, Dumb, Forced, and Fumbled," *Saïd Business School Working Papers*, University of Oxford, 2021, https://papers.ssrn.com/sol3/papers.cfm?abstract_id=3760631.
- Bent Flyvbjerg, "The Law of Regression to the Tail: How to Survive Covid-19, the Climate Crisis, and Other Disasters," *Environmental Science and Policy* 114 (December 2020): 614–18, https://papers.ssrn.com/sol3/papers.cfm?abstract_id=3600070.
- Bent Flyvbjerg, Atif Ansar, Alexander Budzier, Søren Buhl, Chantal Cantarelli, Massimo Garbuio, Carsten Glenting, Mette Skamris Holm, Dan Lovallo, Daniel Lunn, Eric Molin, Arne Rønnest, Allison Stewart, and Bert van Wee, "Five Things You Should Know About Cost Overrun," *Transportation Research Part A: Policy and Practice* 118 (December 2018): 174–90, https://papers.ssrn.com/sol3/papers.cfm?abstract_id=3248999.
- Bent Flyvbjerg and J. Rodney Turner, "Do Classics Exist in Megaproject Management?," *International Journal of Project Management* 36, no. 2 (2018): 334–41, https://papers.ssrn.com/sol3/papers.cfm?abstract_id=3012134.
- Bent Flyvbjerg, ed., *The Oxford Handbook of Megaproject Management* (Oxford, UK: Oxford University Press, 2017), https://amzn.to/3OCTZqI.
- Bent Flyvbjerg, "Introduction: The Iron Law of Megaproject Management," in *The Oxford Handbook of Megaproject Management*, ed. Bent Flyvbjerg (Oxford, UK: Oxford University Press, 2017), 1–18, https://papers.ssrn.com/sol3/papers.cfm?abstract_id=2742088.
- Atif Ansar, Bent Flyvbjerg, Alexander Budzier, and Daniel Lunn, "Does Infrastructure Investment Lead to Economic Growth or Economic Fragility? Evidence from China," *Oxford Review of Economic Policy* 32, no. 3 (Autumn 2016): 360–90, https://papers.ssrn.com/sol3/papers.cfm?abstract_id=2834326.
- Bent Flyvbjerg, "The Fallacy of Beneficial Ignorance: A Test of Hirschman's Hiding Hand," *World Development* 84 (May 2016): 176–89, https://papers.ssrn.com/sol3/papers.cfm?abstract_id=2767128.
- Atif Ansar, Bent Flyvbjerg, Alexander Budzier, and Daniel Lunn, "Should We Build More Large Dams? The Actual Costs of Hydropower Megaproject Development," *Energy Policy* 69 (March 2014): 43–56, https://papers.ssrn.com/sol3/papers.cfm?abstract_id=2406852.
- Bent Flyvbjerg, ed., *Megaproject Planning and Management*: Essential Readings, vols. 1–2 (Cheltenham, UK: Edward Elgar, 2014), https://amzn.to/3kg1g1s.
- Bent Flyvbjerg, "What You Should Know About Megaprojects and Why: An Overview," *Project Management Journal* 45, no. 2 (April–May 2014): 6–19, https://papers.ssrn.com/sol3/papers.cfm?abstract_id=2424835. This article was awarded the *PMI Project*

# 謝辞

本の執筆は「大きいこと」であり、チームワークが必須である。本書の実現を助けてくれた多くの人たちに感謝を捧げる。私のチームはとても大きいので、もしもすべての人の名前を挙げられなかったとしたら、お許しいただきたい。だがたとえ名前が漏れた人たちがいたとしても、彼らの大きな貢献と私の感謝は変わらない。

本書にとくに大きな知的影響をおよぼしたのが、ゲルト・ギーゲレンツァー、ダニエル・カーネマン、ブノワ・マンデルブロ、ナシーム・ニコラス・タレブである。彼ら以上にリスクをよく理解している人たちはいない。そしてリスクの理解こそが、大型プロジェクトを理解するカギである。カーネマンとタレブが、オックスフォード大学の私のグループの名誉研究員になってくれたことには、感謝しても感謝しきれない。おかげで知的交流を持ちやすくなり、彼らの影響は本書の随所に表れている。

本書の実践的側面に主な影響を与えたのが、フランク・ゲーリーとエド・キャットムルだ。ゲーリーがグッゲンハイム・ビルバオを工期内、予算内に建設したとき、私は何がなんでもゲーリーに話を聞かなくてはと心に決めた。あれほどの建物を工期内、予算内に実現できるなら、どんなものでも工期内、予算内に実現できるに違いない。なぜそれは非常にまれなことなのだろう、そしてゲーリーの秘訣は何だろう？　ゲーリーは寛大にも話を聞かせてくれることになり、何度もインタビューすることができた。

エド・キャットムルはハリウッドで非常に長い間（映画史上最長期間）にわたってヒット作品を連発している。ヒットするかしないかが成り行き任せの映画界にあって、これは統計的にまず不可能なことだ。どうやってこれほどの快挙を成し遂げているのだろう？　キャットムルも快く話を聞かせてくれた。

貴重な時間と知見を提供してくれ、チームメンバーへのインタビューを手配してくれた、キャットムルとゲーリーに感謝の意を表する。また2人は親切にもオックスフォードの私の講義に来て、アイデアを説明してくれた。

インタビューで経験を語ってくれた、次のみなさんに感謝を捧げたい。

パトリック・コリソン、モーガン・ドーン、ピート・ドクター、サイモン・ダウスウェイト、デイヴィッド・ドレイク、アンデルス・エルドラプ、サリー・フォーガン、ダニー・フォースター、ポール・ガーディアン、マイク・グリーン、リチャード・ハーパー、ロビ・カーシク、バーニー・コス、エディー・クレイマー、ジム・ラスコ、ダナ・マコーレイ、アダム・マレリ、イアン・マカリスター、モリー・メルチング、マヌエル・メリス、デブ・ニーヴン、ドン・ノーマン、ドニミク・パッカー、ヘンリク・ポールセン、アラン・サウス、ラルフ・ヴァータベディアン、クレイグ・ウェッブ、アンドリュー・ウォルステンホーム、リッキー・ウォング、マイカ・ゼンコ。

正式なインタビューではないが、さらなる情報収集を手伝ってくれたみなさんにも感謝する。カーミット・ベイカー、エレナ・ボノメッティ、スコット・ギルモア、ジャン・ハウスト、ポール・ヒリア、リアム・スコット。

本書は、1万6000件超の大小のプロジェクトのデータを網羅する、この種のものとしては世界最大を誇るデータベースをもとに書かれた。オールボー大学で最初のデータ収集を主に担ってくれたのが、メッテ・スカムリス・ホルムだ。シャンタル・カンタレリとバート・ヴァン・ウィーは、私がデルフト工科大学教授だったときにデータ収集を手伝ってくれた。その後シャンタルは私とともにオックスフォード大学に移り、そこでアレグザンダー・バジアー、アティフ・アンサーをはじめとする多くの研究助手とともに、データベースを今のかたちにするのに重要な役割を果たしてくれた。また私がマッキンゼーの外部コンサルタントとして行った仕事を通して、主にユルゲン・ラーツの尽力のおかげで、マッキンゼーのクライアントからさらにデータを得ることができた。データベース構築に手を貸し、支援してくれた人々と組織に感謝している。このデータベースがなければ本書を書くことはできなかった。

データとともに、統計学と統計学者がやってきた。彼らの仕事は本書には直接表れていない。極力専門用語を使いたくなかったからだ。だが彼らは目に見えないところで奮闘し、研究成果の妥当性を保証してくれた。ダーク・W・ベスター、ソレン・ブール、マリア・クリストドゥールー、ダニエル・ラン、マリアグラツィア・ゾットーリにとくに感謝したい。テクニカルな面に関心のある読者は、巻末の統計の参照文献を読んでほしい。

長い間苦労をともにしてきた共著者のダン・ガードナーに特別な感謝を捧げたい。ダンは2年もの間私につき合い、さまざまなアイデアを出し、古今の事例を探し、私よりもはるかに巧みに物語を伝えてくれた。ダンは私が学者の性分で一字一句に細かく口出ししても耐えてくれた。どんなときも冷静さを失わず、私が学術性を重視するのと同じくらい、物語性を強硬に主張した。

メガプロジェクト運営における私の分身であり片腕である、アレグザンダー・バジアーにとくに感謝の気持ちを捧げたい。私たち2人は何年も前に、どんなことがあろうとも協力して支え合おうと誓った。アレックスが約束を守ってくれたように、私も約束を守ったと彼が考えてくれていることを望みたい。数字を分析しているときも、6章で見たような脱線した数十億ドル規模のプロジェクトを軌道に戻そうとして四苦八苦しているときも、そばにいてほしい人は彼を置いてほかにいない。アレックスは本書のデータ、アイデア、ファクトチェックまでのすべてで力を貸してくれた。

ジム・レヴァインは作家が望み得る最高のエージェントだ。ジムは本書の構想段階でいち早くその可能性を見抜いてくれた。彼がいなければ、構想のままで終わっていただろう。ジムは本書の内容について貴重な意見をくれ、原稿を巧みに編集し、すばらしいチームワークでタイトルを決めるのを手伝ってくれた。

レヴァイン・グリーンバーグ・ロスタン・リテラリー・エージェンシーのチーム全員に感謝を捧げる。コートニー・パガネリはいつも励ましてくれ、生まれたてのプロジェクトを本のかたちにするのにとても力になってくれた。

ランダムハウスの全員に感謝している。見識と洞察力をもって原稿を編集し、よりよくしてくれたタリア・クロンとポール・ウィットラッチ、貴重な意見をくれたダグ・ペッパー。原稿を整理し、スケジュールを管理してくれたケイティ・ベリー、最終原稿を校閲してくれたリン・アンダーソン、美しい本に仕上げてくれたロバート・シーク、ケイティ・ジルバーマン、フリッツ・メッシュ、スタイリッシュな装丁をデザインしてくれたジェシー・ブライト、索引を作成してくれたジェーン・ファーノル、幅広い読者に訴求する本になるよう手を尽くしてくれたコゼッタ・スミス、ダイアナ・メシナ、メイソン・イング、ジュリー・セプラーに感謝する。

そしてデイヴィッド・ドレイク、ジリアン・ブレイク、アンズリー・ロスナー、ミシェル・ジュセフィ、サリー・フランクリン、アリソン・フォックスをはじめ、出版チームの全員にありがとうと言いたい。ニコール・アムターは参考文献をまとめてくれた。

本書のための下調べをする間、多くのメンターや同僚との示唆に富んだ会話から多くを学んだ。

博士課程と博士研究員時代の恩師マーティー・ワクスは、私の研究キャリアにおけるすべての重要な決定と、本書を含む著述活動を支援してくれた。だが彼は、専門である序章のカリフォルニア高速鉄道のファクトチェックで力を貸してくれていたときに、突然亡くなってしまった。彼が突然、彼らしくもなくメールをくれなくなって困惑していたとき、悲報を知らされた。彼ほど優れた、心の広い指導教官とメンターは望めなかった。マーティーは私の心に深く悲しい穴を残した。

ヴァーナー・C・ピーターセンはプロジェクトの計画立案と管理を理解する上で、哲学と社会理論の基本的思想の重要性を教えてくれた。

重要な話し相手になってくれた、次のみなさんにお礼申し上げる。ジェレミー・アデルマン、アルン・アグラワル、ミシェル・アラセヴィッチ、アラン・アルトシュラー、ヨルゲン・アンドリーセン、アティフ・アンサー、ダン・アリエリー、マーティン・ベニストン、マリア・フリウビヤ・ボー、アレグザンダー・バジアー、シャンタル・カンタレリ、デイヴィッド・チャンピオン、アーロン・クローセット、スチュワート・クレッグ、アンドリュー・デイヴィス、ヘンリク・フリウビヤ、ジョン・フリウビヤ、W・H・フォク、カレン・トラペンバーグ・フリック、ハンス＝ギョーグ・ゲムンデン、ガード・ギゲレンザー、エドワード・グレーザー、カーステン・グレンティング、トニー・ゴメス＝イバネス、ハーディー男爵閣下、マルティナ・ヒューマン、サー・バーナード・ジェンキン、ハンス・ローリッツ・ジョーゲンセン、ダニエル・カーネマン、マーク・カイル、マイク・キアナン、トーマス・ニーズナー、ジョナサン・レイク、エドガルド・ラトロベッセ、リチャード・ルブラン、ジョング・ソク・リー、ジー・リウ、ダン・ロヴァロ、ゴードン・マクニコル、エドワード・メロウ、ラルフ・ミューラー、サイモン・フリウビヤ・ノレリッケ、ファン・デ・ディオス・オルチュザ、ジェイミー・ペック、モーテン・ルトヴェド・ピーターセン、ドン・ピックレル、キム・ピルガード、シャンカール・サンカラン、ジェンス・シュミット、ピーター・セストフト、ヨナス・ソーデルランド、ベンジャミン・ソヴァクール、アリソン・スチュワート、キャス・サンスティーン、ナシーム・ニコラス・タレブ、フィリップ・テトロック、J・ロドニー・ターナー、ボー・ヴァグンビー、バート・ヴァン・ウィー、グレイアム・ウィンチ、アンドリュー・ジンバリスト。

また私の経営幹部向け教育プログラムの受講生にも感謝を捧げる。オックスフォード大学の大規模プロジェクトマネジメント研究修士課程、イギリス政府の大規模プロジェクトリーダーシップ・アカデミー、香港政府の大規模プロジェクトリーダーシップ・プログラム、その他民間の同様のプログラムを通じて、本書のアイデアをアメリカからヨーロッパ、アジア、アフリカ、オーストラリアまでの1000人以上の一流の優秀な政財界の指導者と共有する貴重な機会を得ることができた。とくに大きな感謝を、これらのプログラムの創設、監督、実行を手伝ってくれたアティフ・アンサー、アレグザンダー・バジアー、ポール・チャップマン、パトリック・オコンネル、アンドリュー・ホワイトに捧げたい。

私はアレグザンダー・バジアーとともに、私たちの学術研究を実践し、さらなるデータを得る場として、オックスフォード・グローバル・プロジェクツ（OGP）を創設した。OGPも本書のアイデアをテストする重要な場になった。私たちのデータや理論、手法をプロジェクトに適用することを許してくれた多くのクライアントに感謝したい。OGPチームの一人ひとりに感謝を捧げる。ラヤヒーン・アドラ、カーリーン・アガード、サイモン・アンダーセン、マイク・バートレット、ラディア・ベナリア、アレグザンダー・バジアー、ケイトリン・コンブリンク、ミシェル・ダラチーザ、ガード・ダッチ、サム・フランツェン、アンディ・ガラバグリア、アダム・ヒード、アンドレアス・リード、ニュートン・リ、カイシア・マオ。

本書の研究資金は私の寄付講座の資金提供元から得た。オックスフォード大学大規模プログラムマネジメントBT寄付講座、コペンハーゲンIT大学大規模プログラムマネジメント・ヴィラム・カーン・ラスムッセン寄付講座。私の研究に何の制限も設けず、惜しみない資金を提供して、独立研究の理想的な条件を整えてくれた、BTグループとヴィラム・ファウンデーション、オックスフォード大学、コペンハーゲンIT大学に感謝する。

私が必要とするときはいつもそばにいてくれた家族や友人たちへの感謝はとても言葉で

は言い尽くせない。カリッサ、マリア、アヴァ、オーガスト、カスパー、ジョン、ミカラ、ヘンリク、オルガ、クラウス、デーモン、フィン、フランク、ジェレミー、キム、ニールス、ヴォーン、ありがとう。

カリッサ・ヴェリスに心から感謝の気持ちを捧げる。私が本書を執筆する間、彼女も自分の本を執筆しながら、一緒に閉じこもってくれた。カリッサは、本書のタイトルから表紙に至るまで、すべての側面に影響をおよぼした。共著者のダンは、2人が確信を持てないときや意見が合わないときの私の決まり文句、「カリッサに聞いてみるよ」を聞き飽きていることだろう。だが彼女は私が最も信頼する言葉の達人で（彼女の文章を読めばわかる）、本書をとてもよくしてくれた。カリッサがすべての原稿を隅から隅まで熟読してくれたおかげで、本書はかなりよくなった。

最後に、家族から遠く離れた異国で、永遠にも思える長い時間を思いがけなく過ごすことになったが、彼女のおかげでパンデミックを乗り越えることができた。私の称賛と感謝は到底言葉には表せない。それでも心の底から言いたい。ありがとう、愛しい人よ。

# 参考文献（原則、原書のまま掲載）


・258t. 2015. "Steve Jobs Customer Experience." YouTube, October 16. https://www.youtube.com/watch?v=r2O5qKZlI50.
・Aaltonen, Kirsi, and Jaakko Kujala. 2010. "A Project Lifecycle Perspective on Stakeholder Influence Strategies in Global Projects." *Scandinavian Journal of Management* 26 (4): 381–97.
・Abi-Habib, Maria, Oscar Lopez, and Natalie Kitroeff. 2021. "Construction Flaws Led to Mexico City Metro Collapse, Independent Inquiry Shows." *The New York Times*, June 16.
・Academy of Achievement. 2017. "Frank Gehry, Academy Class of 1995, Full Interview." YouTube, July 18. https://www.youtube.com/watch?v=wTElCmNkkKc.
・Adelman, Jeremy. 2013. *Worldly Philosopher: The Odyssey of Albert O. Hirschman*. Princeton, NJ: Princeton University Press.
・Adler, Paul S. 1993. "Time-and-Motion Regained." *Harvard Business Review* 17 (1): 97–108.
・Aguinis, Herman. 2014. "Revisiting Some 'Established Facts' in the Field of Management." *Business Research Quarterly* 17 (1): 2–10.
・Ahmed, Kaamil. 2020. "Ending World Hunger by 2030 Would Cost $330 Billion, Study Finds." The Guardian, October 13.
・Alacevich, Michele. 2007. "Early Development Economics Debates Revisited." *Policy Research Working Paper* no. 4441. Washington, DC: World Bank.
・Alacevich, Michele. 2014. "Visualizing Uncertainties, or How Albert Hirschman and the World Bank Disagreed on Project Appraisal and What This Says About the End of 'High Development Theory.' " *Journal of the History of Economic Thought* 36 (2): 157.
・Albalate, Daniel, and Germa Bel. 2014. *The Economics and Politics of High-Speed Rail*. New York: Lexington Books.
・Alho, Juha M. 1992. "The Accuracy of Environmental Impact Assessments: Skew Prediction Errors." *Ambio* 21 (4): 322–23.
・Altshuler, Alan, and David Luberoff. 2003. *Mega-Projects: The Changing Politics of Urban Public Investment*. Washington, DC: Brookings Institution.
・Alvares, Claude, and Ramesh Billorey. 1988. *Damning the Narmada: India's Greatest Planned Environmental Disaster*. Penang: Third World Network and Asia-Pacific People's Environment Network, APPEN.
・Amazon. 2022. "Leadership Principles." https://www.amazon.jobs/en/principles.
・Ambrose, Stephen E. 2000. *Nothing Like It in the World: The Men Who Built the Transcontinental Railroad, 1863–1869.* New York: Touchstone.
・Anderson, Cameron, and Adam D. Galinsky. 2006. "Power, Optimism, and Risk-Taking." *European Journal of Social Psychology* 36 (4): 511–36.
・Andranovich, Greg, Matthew J. Burbank, and Charles H. Heying. 2001. "Olympic Cities: Lessons Learned from Mega-Event Politics." *Journal of Urban Affairs* 23 (2): 113–31.
・Andriani, Pierpaolo, and Bill McKelvey. 2007. "Beyond Gaussian Averages: Redirecting International Business and Management Research Toward Extreme Events and Power Laws." *Journal of International Business Studies* 38 (7): 1212–30.
・Andriani, Pierpaolo, and Bill McKelvey. 2009. "Perspective—from Gaussian to Paretian Thinking: Causes and Implications of Power Laws in Organizations." *Organization Science* 20 (6): 1053–71.
・Andriani, Pierpaolo, and Bill McKelvey. 2011. "From Skew Distributions to Power-Law Science." In *Complexity and Management*, eds. P. Allen, S. Maguire, and Bill McKelvey. Los Angeles: Sage, 254–73.
・Anguera, Ricard. 2006. "The Channel Tunnel: An Ex Post Economic Evaluation." *Transportation Research Part A* 40 (4): 291–315.
・Ansar, Atif, and Bent Flyvbjerg. 2022. "How to Solve Big Problems: Bespoke Versus Platform Strategies." *Oxford Review of Economic Policy* 38 (2): 338–68.
・Ansar, Atif, Bent Flyvbjerg, Alexander Budzier, and Daniel Lunn. 2014."Should We Build More Large Dams? The Actual Costs of Hydropower Megaproject Development." *Energy Policy* 69: 43–56.
・Ansar, Atif, Bent Flyvbjerg, Alexander Budzier, and Daniel Lunn. 2016. "Does Infrastructure Investment Lead to Economic Growth or Economic Fragility? Evidence from China." *Oxford Review of Economic Policy* 32 (3): 360–90.
・Ansar, Atif, Bent Flyvbjerg, Alexander Budzier, and Daniel Lunn. 2017. "Big Is Fragile: An Attempt at Theorizing Scale." In *The Oxford Handbook of Megaproject Management*, ed. Bent Flyvbjerg. Oxford, UK: Oxford University Press, 60–95.
・Anthopoulos, Leonidas, Christopher G. Reddick, Irene Giannakidou, and Nikolaos Mavridis. 2016. "Why E-Government Projects Fail? An Analysis of the healthcare.gov Website." *Government Information Quarterly 33* (1): 161–73.
・Architectural Videos. "Frank Gehry Uses CATIA for His Architecture Visions." YouTube, November 1, 2011. https://www.youtube.com/watch?v=UEn53Wr6380.
・Aristotle. 1976. *The Nicomachean Ethics*. Translated by J. A. K. Thomson, revised with notes and appendices by Hugh Tredennick. Introduction and bibliography by Jonathan Barnes. Harmondsworth, UK: Penguin Classics.
・Arkes, Hal R., and Catherine Blumer. 1985. "The

Psychology of Sunk Cost." *Organizational Behavior and Human Decision Processes* 35 (1): 124–40.

- Arup, Ove, and Partners Scotland. 2004. *Scottish Parliament, Edinburgh Tram Line 2: Review of Business Case*. West Lothian, UK: Ove Arup and Partners. Australian Transport and Infrastructure Council. 2018. *Optimism Bias*. Canberra: Commonwealth of Australia.
- Avery, Dan. 2021. "Warren Buffett to Offer a Fresh Approach on Modular Construction." *Architectural Digest*, May 20. https://www.architecturaldigest.com/story/warren-buffett-offer-fresh-approach-modular-construction.
- Awojobi, Omotola, and Glenn P. Jenkins. 2016. "Managing the Cost Overrun Risks of Hydroelectric Dams: An Application of Reference-Class Forecasting Techniques." *Renewable and Sustainable Energy Reviews* 63 (September): 19–32.
- Baade, Robert A., and Victor A. Matheson. 2004. "The Quest for the Cup: Assessing the Economic Impact of the World Cup." *Regional Studies* 38 (4): 343–54.
- Baade, Robert A., and Victor A. Matheson. 2016. "Going for the Gold: The Economics of the Olympics." *Journal of Economic Perspectives* 30 (2): 201–18.
- Bach, Steven. 1999. *Final Cut: Art, Money, and Ego in the Making of* Heaven's Gate, *the Film that Sank United Artists*. New York: Newmarket Press.
- Backwell, Ben. 2018. *Wind Power: The Struggle for Control of a New Global Industry*. London: Routledge.
- Baham, Cory, Rudy Hirschheim, Andres A. Calderon, and Victoria Kisekka. 2017. "An Agile Methodology for the Disaster Recovery of Information Systems Under Catastrophic Scenarios." *Journal of Management Information Systems* 34 (3): 633–63.
- Bain, Susan. 2005. *Holyrood: The Inside Story*. Edinburgh: Edinburgh University Press.
- Bak, Per. 1996. *How Nature Works: The Science of Self-Organized Criticality*. New York: Springer Science & Business Media.
- Bak, Per, Chao Tang, and Kurt Wiesenfeld. 1988. "Self-Organized Criticality: An Explanation of the 1/f Noise." *Physical Review Letters* 59 (4): 381.
- Bak, Per, Chao Tang, and Kurt Wiesenfeld. 1988. "Self-Organized Criticality." *Physical Review A* 38 (1): 364–74.
- Bakker, Karen. 1999. "The Politics of Hydropower: Developing the Mekong." *Political Geography* 18 (2): 209–32.
- Baldwin, Carliss Y., and Kim B. Clark. 2000. *Design Rules: The Power of Modularity.* Cambridge, MA: MIT Press.
- Bar-Hillel, Maya. 1980. "The Base-Rate Fallacy in Probability Judgments." *Acta Psychologica* 44 (3): 211–33.
- Barabási, Albert-László. 2005."The Origin of Bursts and Heavy Tails in Human Dynamics." *Nature* 435: 207–11.
- Barabási, Albert-László. 2014. *Linked: How Everything Is Connected to Everything Else and What It Means for Business, Science, and Everyday Life*. New York: Basic Books.
- Barabási, Albert-László, and Réka Albert. 1999. "Emergence of Scaling in Random Networks." *Science* 286 (5439): 509–12.
- Barabási, Albert-László, Kwang-Il Goh, and Alexei Vazquez. 2005. Reply to Comment on "The Origin of Bursts and Heavy Tails in Human Dynamics." arXiv preprint. arXiv:physics/0511186.
- Barnard, Michael. 2021. "A Decade of Wind, Solar, and Nuclear in China Shows Clear Scalability Winners." *CleanTechnica*, September 5. https://cleantechnica.com/2021/09/05/a-decade-of-wind-solar-nuclear-in-china-shows-clear-scalability-winners/.
- Barthiaume, Lee. 2021. "Skyrocketing Shipbuilding Costs Continue as Estimate Puts Icebreaker Price at $7.25 Bill." *The Canadian Press*, December 16.
- Bartlow, James. 2000. "Innovation and Learning in Complex Offshore Construction Projects." *Research Policy* 29 (7): 973–89.
- Batselier, Jordy. 2016. *Empirical Evaluation of Existing and Novel Approaches for Project Forecasting and Control*. Doctoral dissertation. Ghent, Belgium: University of Ghent.
- Batselier, Jordy, and Mario Vanhoucke. 2016. "Practical Application and Empirical Evaluation of Reference-Class Forecasting for Project Management." *Project Management Journal* 47 (5): 36.
- Batselier, Jordy, and Mario Vanhoucke. 2017. "Improving Project Forecast Accuracy by Integrating Earned Value Management with Exponential Smoothing and Reference-Class Forecasting." *International Journal of Project Management* 35 (1): 28–43.
- BBC. 2013. *Restoration Home*. Season 3, episode 8. BBC, August 21. https://www.youtube.com/watch?v=_NDaO42j_KQ.
- BBC. 2016. "Japan Cancels Failed $9bn Monju Nuclear Reactor." BBC, December 21. https://www.bbc.co.uk/news/world-asia-38390504.
- Bechtler, Cristina, ed. 1999. *Frank O. Gehry/Kurt W. Forster*. Ostfildern-Ruit, Germany: Cantz.
- Bernstein, Peter L. 2005. *Wedding of the Waters: The Erie Canal and the Making of a Great Nation*. New York: W. W. Norton.
- Billings, Stephen B., and J. Scott Holladay. 2012. "Should Cities Go for the Gold? The Long-Term Impacts of Hosting the Olympics." *Economic Inquiry* 50 (3): 754–72.
- Billington, David P., and Donald C. Jackson. 2006. *Big Dams of the New Deal Era: A Confluence of Engineering and Politics*. Norman: University of Oklahoma Press.
- Bishir, Catherine W. 2009. "Shreve and Lamb." In *North Carolina Architects and Builders: A Biographical*

*Dictionary*. Raleigh: North Carolina State University Libraries, https://ncarchitects.lib.ncsu.edu/people/P000414.
- Biskind, Peter. 1998. *Easy Riders, Raging Bulls: How the Sex-Drugs-and-Rock 'n' Roll Generation Saved Hollywood*. London: Bloomsbury Publishing.
- Bizony, Piers. 2006. *The Man Who Ran the Moon: James Webb, JFK, and the Secret History of Project Apollo*. Cambridge, UK: Icon Books.
- Boisot, Max, and Bill McKelvey. 2011. "Connectivity, Extremes, and Adaptation: A Power-Law Perspective of Organizational Effectiveness." *Journal of Management Inquiry* 20 (2): 119–33.
- Bok, Sissela. 1999. *Lying: Moral Choice in Public and Private Life*. New York: Vintage.
- Bordley, Robert F. 2014. "Reference-Class Forecasting: Resolving Its Challenge to Statistical Modeling." *The American Statistician* 68 (4): 221–29.
- Boudet, Hilary Schaffer, and Leonard Ortolano. 2010. "A Tale of Two Sitings: Contentious Politics in Liquefied Natural Gas Facility Siting in California." *Journal of Planning Education and Research* 30 (1): 5–21.
- Bovens, Mark, and Paul 't Hart. 1996. *Understanding Policy Fiascoes*. New Brunswick, NJ: Transaction Publishers.
- Bowman, Martin W. 2015. *Boeing 747: A History*. Barnsley, UK: Pen and Sword Aviation.
- Box, George E. P. 1976. "Science and Statistics." *Journal of the American Statistical Association* 71 (356): 791–99.
- Brockner, Joel. 1992. "The Escalation of Commitment to a Failing Course of Action: Toward Theoretical Progress." *Academy of Management Review* 17 (1): 39–61.
- Brooks, Frederick P. 1995. *The Mythical Man-Month: Essays on Software Engineering*, 2nd ed. Reading, MA: Addison-Wesley.
- Brown, James H., and Geoffrey B. West, eds. 2000. *Scaling in Biology*. Oxford, UK: Oxford University Press.
- Brown, Willie. 2013. "When Warriors Travel to China, Ed Lee Will Follow." *San Francisco Chronicle*, July 27.
- Bryar, Colin, and Bill Carr. 2021. *Working Backwards: Insights, Stories, and Secrets from Inside Amazon*. New York: St. Martin's Press.
- Buckley, Ralf C. 1990. "Environmental Audit: Review and Guidelines." *Environment and Planning Law Journal* 7 (2): 127–41.
- Buckley, Ralf C. 1991. "Auditing the Precision and Accuracy of Environmental Impact Predictions in Australia." *Environmental Monitoring and Assessment* 18 (1): 1–23.
- Buckley, Ralf C. 1991. "How Accurate Are Environmental Impact Predictions?" *Ambio* 20 (3–4): 161–62, with "Response to Comment by J. M. Alho," 21 (4): 323–24.
- Budzier, Alexander, and Bent Flyvbjerg. 2011. "Double Whammy: How ICT Projects Are Fooled by Randomness and Screwed by Political Intent." *Saïd Business School Working Papers*. Oxford, UK: University of Oxford.
- Budzier, Alexander, and Bent Flyvbjerg. 2013. "Making Sense of the Impact and Importance of Outliers in Project Management Through the Use of Power Laws." *Proceedings of IRNOP* [International Research Network on Organizing by Projects] 11: 1–28.
- Budzier, Alexander, Bent Flyvbjerg, Andi Garavaglia, and Andreas Leed. 2018. *Quantitative Cost and Schedule Risk Analysis of Nuclear Waste Storage*. Oxford, UK: Oxford Global Projects.
- Buehler, Roger, Dale Griffin, and Heather MacDonald. 1997. "The Role of Motivated Reasoning in Optimistic Time Predictions." *Personality and Social Psychology Bulletin* 23 (3): 238–47.
- Buehler, Roger, Dale Griffin, and Johanna Peetz. 2010. "The Planning Fallacy: Cognitive, Motivational, and Social Origins." *Advances in Experimental Social Psychology* 43: 1–62.
- Buehler, Roger, Dale Griffin, and Michael Ross. 1994. "Exploring the 'Planning Fallacy': Why People Underestimate Their Task Completion Times." *Journal of Personality and Social Psychology* 67 (3): 366–81.
- Byron, Kristin, Deborah Nazarian, and Shalini Khazanchi. 2010. "The Relationships Between Stressors and Creativity: A Meta-analysis Examining Competing Theoretical Models." *Journal of Applied Psychology* 95 (1): 201–12.
- California High-Speed Rail Authority. 1999. *Financial Plan*. Sacramento: California High-Speed Rail Authority.
- California High-Speed Rail Authority. 2008. *California High-Speed Train Business Plan*. Sacramento: California High-Speed Rail Authority.
- California High-Speed Rail Authority. 2012. *California High-Speed Rail Program, Revised 2012 Business Plan: Building California's Future*. Sacramento: California High-Speed Rail Authority.
- California High-Speed Rail Authority. 2014. *Connecting California: 2014 Business Plan*. Sacramento: California High-Speed Rail Authority.
- California High-Speed Rail Authority. 2016. *Connecting and Transforming California: 2016 Business Plan.* Sacramento: California High-Speed Rail Authority.
- California High-Speed Rail Authority. 2018. *2018 Business Plan*. Sacramento: California High-Speed Rail Authority.
- California High-Speed Rail Authority. 2021. *2020 Business Plan: Recovery and Transformation*. Sacramento: California High-Speed Rail Authority.
- California High-Speed Rail Authority. 2021. *2020 Business Plan: Ridership and Revenue Forecasting Report*. Sacramento: California High-Speed Rail Authority.
- California High-Speed Rail Authority. 2021. *Revised*

*Draft 2020 Business Plan: Capital Cost Basis of Estimate Report*. Sacramento: California High-Speed Rail Authority.

- California Legislative Information. 2008. *Safe, Reliable High-Speed Passenger Train Bond Act for the 21st Century*. Assembly Bill no. 3034. California Legislative Information. https://leginfo.legislature.ca.gov/faces/billNavClient.xhtml?bill_id=200720080AB3034.
- Campbell, Joseph. 2008. *The Hero with a thousand Faces*. San Francisco: New World Library.
- Campion-Awwad, Oliver, Alexander Hayton, Leila Smith, and Mark Vuaran. 2014. *The National Programme for IT in the NHS: A Case History*. Cambridge, UK: University of Cambridge.
- Cantarelli, Chantal C., Bent Flyvbjerg, and Søren L. Buhl. 2012. "Geographical Variation in Project Cost Performance: The Netherlands Versus Worldwide." *Journal of Transport Geography* 24: 324–31.
- Cantarelli, Chantal C., Bent Flyvbjerg, Eric J. E. Molin, and Bert van Wee. 2010. "Cost Overruns in Large-Scale Transportation Infrastructure Projects: Explanations and Their Theoretical Embeddedness." *European Journal of Transport and Infrastructure Research* 10 (1): 5–18.
- Cantarelli, Chantal C., Bent Flyvbjerg, Bert van Wee, and Eric J. E. Molin. 2010. "Lock-in and Its Influence on the Project Performance of Large-Scale Transportation Infrastructure Projects: Investigating the Way in Which Lock-in Can Emerge and Affect Cost Overruns." *Environment and Planning B: Planning and Design* 37 (5): 792–807.
- Cantarelli, Chantal C., Eric J. E. Molin, Bert van Wee, and Bent Flyvbjerg. 2012. "Characteristics of Cost Overruns for Dutch Transport Infrastructure Projects and the Importance of the Decision to Build and Project Phases." *Transport Policy* 22: 49–56.
- Carreyrou, John. 2018. *Bad Blood: Secrets and Lies in a Silicon Valley Startup*. New York: Alfred A. Knopf.
- Caro, Robert. 1975. *The Power Broker: Robert Moses and the Fall of New York*. New York: Vintage.
- Caro, Robert A. 2019. *Working: Researching, Interviewing, Writing*. New York: Vintage.
- Carson, Thomas L. 2006. "The Definition of Lying." *Noûs* 40 (2): 284–306.
- Catmull, Ed. 2014. *Creativity, Inc.: Overcoming the Unseen Forces that Stand in the Way of True Inspiration*. New York: Random House.
- CBC News. 1999. "Jean Drapeau Dead." CBC News, August 13. https://www.cbc.ca/news/canada/jean-drapeau-dead-1.185985.
- Chandler, Alfred D. 1990. *Scale and Scope: Dynamics of Industrial Capitalism*, new ed. Cambridge, MA: Harvard University Press.
- Chandra, Ramesh. 2014. *Encyclopedia of Education in South Asia*, vol. 6. Delhi: Gyan Publishing House.
- Chang, Welton, Eva Chen, Barbara Mellers, and Philip Tetlock. 2016. "Developing Expert Political Judgment: The Impact of Training and Practice on Judgmental Accuracy in Geopolitical Forecasting Tournaments." *Judgment and Decision Making* 11 (5): 509–26.
- Chapman, Gretchen B., and Eric J. Johnson. 1999. "Anchoring, Activation, and the Construction of Values." *Organizational Behavior and Human Decision Processes* 79 (2): 115–53.
- Charest, Paul. 1995. "Aboriginal Alternatives to Megaprojects and Their Environmental and Social Impacts." *Impact Assessment* 13 (4): 371–86.
- Christian, Alex. 2021. "The Untold Story of the Big Boat That Broke the World." *Wired*, June 22. https://www.wired.co.uk/article/ever-given-global-supply-chain.
- Christoffersen, Mads, Bent Flyvbjerg, and Jørgen Lindgaard Pedersen. 1992. "The Lack of Technology Assessment in Relation to Big Infrastructural Decisions." In *Technology and Democracy: The Use and Impact of Technology Assessment in Europe. Proceedings from the 3rd European Congress on Technology Assessment*. Copenhagen, 54–75.
- Cialdini, Robert B. 2021. *Influence, New and Expanded: The Psychology of Persuasion*. New York: Harper Business.
- Clark, Gordon L., and Neil Wrigley. 1995. "Sunk Costs: A Framework for Economic Geography." *Transactions of the Institute of British Geographers* 20 (2): 204–23.
- Clauset, Aaron, Cosma R. Shalizi, and Mark E. J. Newman. 2009. "Power-Law Distributions in Empirical Data." *SIAM Review* 51 (4): 661–703.
- Clauset, Aaron, Maxwell Young, and Kristian S. Gleditsch. 2007. "On the Frequency of Severe Terrorist Events." *Journal of Conflict Resolution* 51 (1): 58–87. Collingridge, David. 1992. *The Management of Scale: Big Organizations, Big Decisions, Big Mistakes*. London: Routledge.
- Collins, Jeffrey. 2020. "Former Executive Faces Prison Time in SC Nuclear Debacle." Associated Press, November 25.
- Conboy, Kieran. 2010. "Project Failure en Masse: A Study of Loose Budgetary Control in ISD Projects." *European Journal of Information Systems* 19 (3): 273–87.
- Construction Task Force. 1998. "Rethinking Construction—The Egan Report." London: Dept. of the Environment, Transport, and the Regions. Constructing Excellence. https://constructingexcellence.org.uk/wp-content/uploads/2014/10/rethinking_construction_report.pdf.
- Constructive Developments. 2022. "Storebaelt Tunnels, Denmark." Constructive Developments. https://sites.google.com/site/constructivedevelopments/storebaelt-tunnels.
- Cooper, Arnold C., Carolyn Y. Woo, and William C. Dunkelberg. 1988. "Entrepreneurs' Perceived Chances for Success." *Journal of Business Venturing* 3 (2): 97–108.

- Cullinane, Kevin, and Mahim Khanna. 2000. "Economies of Scale in Large Containerships: Optimal Size and Geographical Implications." *Journal of Transport Geography* 8 (3): 181–95.
- Czerlinski, Jean, Gerd Gigerenzer, and Daniel G. Goldstein. 1999. "How Good Are Simple Heuristics?" In *Simple Heuristics that Make Us Smart*, eds. Gerd Gigerenzer, Peter M. Todd, and ABC Research Group. Oxford, UK: Oxford University Press, 97–118.
- Daley, James. 2011. "Owner and Contractor Embark on War of Words over Wembley Delay." *The Independent*, September 22.
- Danish Ministry of Transport and Energy, Transport- og Energiministeriet. 2006. *Aktstykke 16: Orientering om nye budgetteringsprincipper for anlægsprojekter*. Copenhagen: Finansudvalget, Folketinget, November 2.
- Danish Ministry of Transport and Energy, Transport- og Energiministeriet. 2008. *Ny anlægsbudgettering på Transportministeriets område, herunder om økonomistyringsmodel og risikohåndtering for anlægsprojekter*. Copenhagen: Transportministeriet, November 18.
- Danish Ministry of Transport, Building and Housing, Transport-, Bygnings- og Boligministeriet. 2017. *Hovednotat for ny anlægsbudgettering: Ny anlægsbudgettering på Transport-, Bygnings- og Boligministeriets område. Herunder om økonomistyringsmodel og risikohåndtering for anlægsprojekter*. Copenhagen: Transport -, Bygnings- og Boligministeriet.
- Dantata, Nasiru A., Ali Touran, and Donald C. Schneck. 2006. "Trends in US Rail Transit Project Cost Overrun." *Transportation Research Board Annual Meeting*. Washington, DC: National Academies.
- Dardick, Hal. 2014. "Ald. Burke Calls Great Chicago Fire Festival a 'Fiasco.' " *Chicago Tribune*, October 6.
- Davies, Andrew, David Gann, and Tony Douglas. 2009. "Innovation in Megaprojects: Systems Integration at London Heathrow Terminal 5." *California Management Review* 51 (2): 101–25.
- Davies, Andrew, and Michael Hobday. 2005. *The Business of Projects: Managing Innovation in Complex Products and Systems*. Cambridge, UK: Cambridge University Press.
- De Bruijn, Hans, and Martijn Leijten. 2007. "Megaprojects and Contested Information." *Transportation Planning and Technology* 30 (1): 49–69.
- De Reyck, Bert, Yael Grushka-Cockayne, Ioannis Fragkos, and Jeremy Harrison. 2015. *Optimism Bias Study: Recommended Adjustments to Optimism Bias Uplifts*. London: Department for Transport.
- De Reyck, Bert, Yael Grushka-Cockayne, Ioannis Fragkos, and Jeremy Harrison. 2017. *Optimism Bias Study—Recommended Adjustments to Optimism Bias Uplifts*, update. London: Department for Transport.
- DeGroot, Gerard. 2008. *Dark Side of the Moon: The Magnificent Madness of the American Lunar Quest*. London: Vintage.
- Del Cerro Santamaría, Gerardo. 2017. "Iconic Urban Megaprojects in a Global Context: Revisiting Bilbao." In *The Oxford Handbook of Megaproject Management*, ed. Bent Flyvbjerg. Oxford, UK: Oxford University Press, 497–518.
- Delaney, Kevin J., and Rick Eckstein. 2003. *Public Dollars, Private Stadiums: The Battle over Building Sports Stadiums*. New Brunswick, NJ: Rutgers University Press.
- Del Rey, Jason. 2019. "The Making of Amazon Prime, the Internet's Most Successful and Devastating Membership Program." Vox, May 3. https://www.vox.com/recode/2019/5/3/18511544/amazon-prime-oral-history-jeff-bezos-one-day-shipping.
- Detter, Dag, and Stefan Fölster. 2015. *The Public Wealth of Nations*. New York: Palgrave.
- Dipper, Ben, Carys Jones, and Christopher Wood. 1998. "Monitoring and Post-auditing in Environmental Impact Assessment: A Review." *Journal of Environmental Planning and Management* 41 (6): 731–47.
- Doig, Jameson W. 2001. *Empire on the Hudson: Entrepreneurial Vision and Political Power at the Port of New York Authority*. New York: Columbia University Press.
- Dowling, Stephen. 2020. "The Boeing 747: The Plane That Shrank the World." BBC, June 19. https://www.bbc.com/future/article/20180927-the-boeing-747-the-plane-that-shrank-the-world.
- Drew, Philip. 2001. *The Masterpiece: Jørn Utzon, a Secret Life*. South Yarra, Victoria, Australia: Hardie Grant Books.
- Drummond, Helga. 2014. "Is Escalation Always Irrational?" In *Megaproject Planning and Management: Essential Readings*, vol. 2, ed. Bent Flyvbjerg. Cheltenham, UK: Edward Elgar, 291–309. Originally published in *Organization Studies* 19 (6).
- Drummond, Helga. 2017. "Megaproject Escalation of Commitment: An Update and Appraisal." In *The Oxford Handbook of Megaproject Management*, ed. Bent Flyvbjerg. Oxford, UK: Oxford University Press, 194–216.
- Duflo, Esther, and Rohini Pande. 2007. "Dams." *The Quarterly Journal of Economics* 122: 601–46.
- Duhigg, Charles. 2016. "What Google Learned from Its Quest to Build the Perfect Team." *The New York Times Magazine*, February 25.
- Dyson, Freeman. 2016. "The Green Universe: A Vision." *The New York Review of Books*, October 13, 4–6.
- Edmondson, Amy. 2018. *The Fearless Organization: Creating Psychological Safety in the Workplace for Learning, Innovation, and Growth*. Hoboken, NJ: John Wiley & Sons.

- Eisenhardt, Kathleen M. 1989. "Agency Theory: An Assessment and Review." *Academy of Management Review* 14 (1): 57–74.
- Electric Lady Studios. http://electricladystudios.com.
- Emmons, Debra L., Robert E. Bitten, and Claude W. Freaner. 2007. "Using Historical NASA Cost and Schedule Growth to Set Future Program and Project Reserve Guidelines." *2007 IEEE Aerospace Conference*, 1–16.
- Empire State Inc. 1931. *Empire State: A History*. New York: Publicity Association.
- Epley, Nicholas, and Thomas Gilovich. 2006. "The Anchoring-and-Adjustment Heuristic: Why the Adjustments Are Insufficient." *Psychological Science* 17 (4): 311–18.
- Escobar-Rangel, Lina, and François Lévêque. 2015. "Revisiting the Cost Escalation Curse of Nuclear Power: New Lessons from the French Experience." *Economics of Energy and Environmental Policy* 4 (2): 103–26.
- Essex, Stephen, and Brian Chalkley. 2004. "Mega–Sporting Events in Urban and Regional Policy: A History of the Winter Olympics." *Planning Perspectives* 19 (2): 201–32.
- Esty, Benjamin C. 2004. "Why Study Large Projects? An Introduction to Research on Project Finance." *European Financial Management* 10 (2): 213–24.
- Ethiraj, Sendil K., and Danial A. Levinthal. 2004. "Modularity and Innovation in Complex Systems." *Management Science* 50 (2): 159–73.
- EU Commission. 1996. *Guidelines for the Construction of a Transeuropean Transport Network*, EU Bulletin L228. Brussels: EU Commission.
- European Court of Auditors. 2014. *EU-Funded Airport Infrastructures: Poor Value for Money*. European Court of Auditors. https://www.eca.europa.eu/Lists/ECADocuments/SR14_21/QJAB14021ENC.pdf.
- Exemplars in Global Health. 2022. *What Did Nepal Do?* Exemplars in Global Health. https://www.exemplars.health/topics/stunting/nepal/what-did-nepal-do.
- Fabricius, Golo, and Marion Büttgen. 2015. "Project Managers' Overconfidence: How Is Risk Reflected in Anticipated Project Success?" *Business Research* 8 (2): 239–63.
- Fainstein, Susan S. 2008. "Mega-Projects in New York, London and Amsterdam." *International Journal of Urban and Regional Research* 32 (4): 768–85.
- Fallis, Don. 2009. "What Is Lying?" *The Journal of Philosophy* 106 (1): 29–56.
- Farago, Jason. 2021. "Gehry's Quiet Interventions Reshape the Philadelphia Museum." *The New York Times*, May 30.
- Farmer, J. Doyne, and John Geanakoplos. 2008. *Power Laws in Economics and Elsewhere*. Santa Fe, NM: Santa Fe Institute.
- Fearnside, Philip M. 1994. "The Canadian Feasibility Study of the Three Gorges Dam Proposed for China's Yangzi River: A Grave Embarrassment to the Impact Assessment Profession." *Impact Assessment* 12 (1): 21–57.
- Feynman, Richard P. 2007. "Richard P. Feynman's Minority Report to the Space Shuttle Challenger Inquiry." In Feynman, *The Pleasure of Finding Things Out*. New York: Penguin, 151–69.
- Feynman, Richard P. 2007. "Mr. Feynman Goes to Washington: Investigating the Space Shuttle *Challenger* Disaster." In Feynman, *What Do You Care What Other People Think? Further Adventures of a Curious Character.* New York: Penguin, 113–237.
- Flowers, Benjamin. 2009. *Skyscraper: The Politics and Power of Building New York City in the Twentieth Century*. Philadelphia: University of Pennsylvania Press.
- Flyvbjerg, Bent. 1998. *Rationality and Power: Democracy in Practice*. Chicago: University of Chicago Press.
- Flyvbjerg, Bent. 2001. *Making Social Science Matter: Why Social Inquiry Fails and How It Can Succeed Again*. Cambridge, UK: Cambridge University Press.
- Flyvbjerg, Bent. 2003. "Delusions of Success: Comment on Dan Lovallo and Daniel Kahneman." *Harvard Business Review* 81 (12): 121–22.
- Flyvbjerg, Bent. 2005. "Design by Deception: The Politics of Megaproject Approval." *Harvard Design Magazine* 22 (Spring/Summer): 50–59.
- Flyvbjerg, Bent. 2005. "Measuring Inaccuracy in Travel Demand Forecasting: Methodological Considerations Regarding Ramp Up and Sampling." *Transportation Research A* 39 (6): 522–30.
- Flyvbjerg, Bent. 2006. "From Nobel Prize to Project Management: Getting Risks Right." *Project Management Journal* 37 (3): 5–15.
- Flyvbjerg, Bent. 2009. "Survival of the Unfittest: Why the Worst Infrastructure Gets Built, and What We Can Do About It." *Oxford Review of Economic Policy* 25 (3): 344–67.
- Flyvbjerg, Bent. 2012. "Why Mass Media Matter and How to Work with Them: Phronesis and Megaprojects." In *Real Social Science: Applied Phronesis*, eds. Bent Flyvbjerg, Todd Landman, and Sanford Schram. Cambridge, UK: Cambridge University Press, 95–121.
- Flyvbjerg, Bent. 2013. "Quality Control and Due Diligence in Project Management: Getting Decisions Right by Taking the Outside View." *International Journal of Project Management* 31 (5): 760–74.
- Flyvbjerg, Bent. 2014. "What You Should Know About Megaprojects and Why: An Overview." *Project Management Journal* 45 (2): 6–19.
- Flyvbjerg, Bent, ed. 2014. *Planning and Managing Megaprojects: Essential Readings*. Vols. 1–2. Cheltenham, UK: Edward Elgar.
- Flyvbjerg, Bent. 2016, "The Fallacy of Beneficial Ignorance: A Test of Hirschman's Hiding Hand." *World*

*Development* 84 (April): 176–89.

- Flyvbjerg, Bent. 2017. "Introduction: The Iron Law of Megaproject Management." In *The Oxford Handbook of Megaproject Management*, ed. Bent Flyvbjerg. Oxford, UK: Oxford University Press, 1–18.
- Flyvbjerg, Bent. 2018. "Planning Fallacy or Hiding Hand: Which Is the Better Explanation?" *World Development* 103 (March): 383–86.
- Flyvbjerg, Bent. 2020. "The Law of Regression to the Tail: How to Survive Covid-19, the Climate Crisis, and Other Disasters." *Environmental Science and Policy* 114 (December): 614–18.
- Flyvbjerg, Bent. 2021. "Four Ways to Scale Up: Smart, Dumb, Forced, and Fumbled." *Saïd Business School Working Papers*. Oxford, UK: University of Oxford.
- Flyvbjerg, Bent. 2021. "Make Megaprojects More Modular." *Harvard Business Review* 99 (6): 58–63.
- Flyvbjerg, Bent. 2021. "Top Ten Behavioral Biases in Project Management: An Overview." *Project Management Journal* 52 (6): 531–46.
- Flyvbjerg, Bent. 2022. "Heuristics for Masterbuilders: Fast and Frugal Ways to Become a Better Project Leader." *Saïd Business School Working Papers*, Oxford, UK: University of Oxford.
- Flyvbjerg, Bent, Atif Ansar, Alexander Budzier, Søren Buhl, Chantal Cantarelli, Massimo Garbuio, Carsten Glenting, Mette Skamris Holm, Dan Lovallo, Daniel Lunn, Eric Molin, Arne Rønnest, Allison Stewart, and Bert van Wee. 2018. "Five Things You Should Know About Cost Overrun." *Transportation Research Part A: Policy and Practice* 118 (December): 174–90.
- Flyvbjerg, Bent, and Dirk W. Bester. 2021. "The Cost-Benefit Fallacy: Why Cost-Benefit Analysis Is Broken and How to Fix It." *Journal of Benefit-Cost Analysis* 12 (3): 395–419.
- Flyvbjerg, Bent, Nils Bruzelius, and Werner Rothengatter. 2003. *Megaprojects and Risk: An Anatomy of Ambition*. Cambridge, UK: Cambridge University Press.
- Flyvbjerg, Bent, and Alexander Budzier. 2011. "Why Your IT Project May Be Riskier Than You Think." *Harvard Business Review* 89 (9): 23–25.
- Flyvbjerg, Bent, and Alexander Budzier. 2018. *Report for the Commission of Inquiry Respecting the Muskrat Falls Project*. St. John's, Province of Newfoundland and Labrador, Canada: Muskrat Falls Inquiry.
- Flyvbjerg, Bent, Alexander Budzier, Maria D. Christodoulou, and M. Zottoli. Under review. "So You Think Projects Are Unique? How Uniqueness Bias Undermines Project Management."
- Flyvbjerg, Bent, Alexander Budzier, Mark Keil, Jong Seok Lee, Dirk W. Bester, and Daniel Lunn. 2022. "The Empirical Reality of IT Project Cost Overruns: Discovering a Power-Law Distribution." Forthcoming in *Journal of Management Information Systems* 39 (3).
- Flyvbjerg, Bent, Alexander Budzier, and Daniel Lunn. 2021. "Regression to the Tail: Why the Olympics Blow Up." *Environment and Planning A: Economy and Space* 53 (2): 233–60.
- Flyvbjerg, Bent, Massimo Garbuio, and Dan Lovallo. 2009. "Delusion and Deception in Large Infrastructure Projects: Two Models for Explaining and Preventing Executive Disaster." *California Management Review* 51 (2): 170–93.
- Flyvbjerg, Bent, Carsten Glenting, and Arne Rønnest. 2004. *Procedures for Dealing with Optimism Bias in Transport Planning: Guidance Document*. London: UK Department for Transport.
- Flyvbjerg, Bent, Mette K. Skamris Holm, and Søren L. Buhl. 2002. "Underestimating Costs in Public Works Projects: Error or Lie?" *Journal of the American Planning Association* 68 (3): 279–95.
- Flyvbjerg, Bent, Mette K. Skamris Holm, and Søren L. Buhl. 2004. "What Causes Cost Overrun in Transport Infrastructure Projects?" *Transport Reviews* 24 (1): 3–18.
- Flyvbjerg, Bent, Mette K. Skamris Holm, and Søren L. Buhl. 2005. "How (In)accurate Are Demand Forecasts in Public Works Projects? The Case of Transportation." *Journal of the American Planning Association* 71 (2): 131–46.
- Flyvbjerg, Bent, Chi-keung Hon, and Wing Huen Fok. 2016. "Reference-Class Forecasting for Hong Kong's Major Roadworks Projects." *Proceedings of the Institution of Civil Engineers* 169 (CE6): 17–24.
- Flyvbjerg, Bent, and Tsung-Chung Kao, with Alexander Budzier. 2014. *Report to the Independent Board Committee on the Hong Kong Express Rail Link Project*. Hong Kong: MTR, A1–A122.
- Flyvbjerg, Bent, Todd Landman, and Sanford Schram, eds. 2012. *Real Social Science: Applied Phronesis*. Cambridge, UK: Cambridge University Press.
- Flyvbjerg, Bent, and Allison Stewart. 2012. "Olympic Proportions: Cost and Cost Overrun at the Olympics, 1960–2012." *Saïd Business School Working Papers*. Oxford, UK: University of Oxford.
- Flyvbjerg, Bent, and Cass R. Sunstein. 2017. "The Principle of the Malevolent Hiding Hand; or, The Planning Fallacy Writ Large." *Social Research* 83 (4): 979–1004.
- Fox Broadcasting Company. 2005. "The Seven-Beer Snitch." *The Simpsons*. Season 16, episode 14, April 3.
- French Ministry of Transport. 2007. *Ex-Post Evaluation of French Road Projects: Main Results*. Paris: French Ministry of Transport.
- Frey, Thomas. 2017. "Megaprojects Set to Explode to 24% of Global GDP Within a Decade." *Future of Construction*, February 10. https://futureofconstruction.org/blog/megaprojects-set-to-explode-to-24-of-global-gdp-within-a-decade/.
- Frick, Karen T. 2008. "The Cost of the Technological Sublime: Daring Ingenuity and the New San Francisco–

Oakland Bay Bridge." In *Decision-Making on Mega-Projects: Cost–Benefit Analysis, Planning, and Innovation*, eds. Hugo Priemus, Bent Flyvbjerg, and Bert van Wee. Cheltenham, UK: Edward Elgar, 239–62.
- Fudenberg, Drew, David K. Levine, and Zacharias Maniadis. 2012. "On the Robustness of Anchoring Effects in WTP and WTA Experiments." *American Economic Journal: Microeconomics* 4 (2): 131–45.
- Gabaix, Xavier. 2009. "Power Laws in Economics and Finance." *Annual Review of Economics* 1: 255–94.
- Gaddis, Paul O. 1959. "The Project Manager." *Harvard Business Review* 37 (3): 89–99.
- Gagné, Marylène, and Edward L. Deci. 2005. "Self-determination Theory and Work Motivation." *Journal of Organizational Behavior* 26 (4): 331–62.
- Galton, Francis. 1886. "Regression Towards Mediocrity in Hereditary Stature." *The Journal of the Anthropological Institute of Great Britain and Ireland* 15: 246–63.
- Garbuio, Massimo, and Gloria Gheno. 2021. "An Algorithm for Designing Value Propositions in the IoT Space: Addressing the Challenges of Selecting the Initial Class in Reference Class Forecasting." *IEEE Transactions on Engineering Management* 99: 1–12.
- Gardner, Dan. 2009. Risk: The Science and Politics of Fear. London: Virgin Books.
- Gardner, Dan. 2010. *Future Babble: Why Expert Predictions Fail and Why We Believe Them Anyway*. London: Virgin Books.
- Garud, Raghu, Arun Kumaraswamy, and Richard N. Langlois. 2003. *Managing in the Modular Age: Architectures, Networks, and Organizations*. Oxford, UK: Blackwell Publishers.
- Gasper, Des. 1986. "Programme Appraisal and Evaluation: The Hiding Hand and Other Stories." *Public Administration and Development* 6 (4): 467–74.
- Gates, Bill. 2019. "How We'll Invent the Future: 10 Breakthrough Technologies." *MIT Technology Review*, February 27. https://www.technologyreview.com/2019/02/27/103388/bill-gates-how-well-invent-the-future/.
- Gehry, Frank O. 2003. *Gehry Talks: Architecture + Process*, ed. Mildred Friedmann. London: Thames & Hudson.
- Gehry, Frank O. 2003. "Introduction." In *Symphony: Frank Gehry's Walt Disney Concert Hall*, ed. Gloria Gerace. New York: Harry N. Abrams.
- Gellert, Paul, and Barbara Lynch. 2003. "Mega-Projects as Displacements." *International Social Science Journal* 55, no. 175: 15–25.
- Genus, Audley. 1997. "Managing Large-Scale Technology and Inter-organizational Relations: The Case of the Channel Tunnel." *Research Policy* 26 (2): 169–89.
- Giezen, Mendel. 2012. "Keeping It Simple? A Case Study into the Advantages and Disadvantages of Reducing Complexity in Mega Project Planning." *International Journal of Project Management* 30 (7): 781–90.
- Gigerenzer, Gerd. 2002. "Models of Ecological Rationality: The Recognition Heuristic." *Psychological Review* 109 (1): 75–90.
- Gigerenzer, Gerd. 2014. *Risk Savvy: How to Make Good Decisions*. London: Allen Lane.
- Gigerenzer, Gerd. 2018. "The Bias Bias in Behavioral Economics." *Review of Behavioral Economics* 5 (3–4): 303–36.
- Gigerenzer, Gerd. 2021. "Embodied Heuristics." *Frontiers in Psychology* 12 (September): 1–12.
- Gigerenzer, Gerd, and Henry Brighton. 2011. "Homo Heuristicus: Why Biased Minds Make Better Inferences." In *Heuristics: The Foundations of Adaptive Behavior*, eds. Gerd Gigerenzer, Ralph Hertwig, and Thorsten Pachur. Oxford, UK: Oxford University Press, 2–27.
- Gigerenzer, Gerd, and Wolfgang Gaissmaier. 2011. "Heuristic Decision Making." *Annual Review of Psychology* 62 (1): 451–82.
- Gigerenzer, Gerd, and Daniel G. Goldstein. 1996. "Reasoning the Fast and Frugal Way: Models of Bounded Rationality." *Psychological Review* 103 (4): 650–69.
- Gigerenzer, Gerd, Ralph Hertwig, and Thorsten Pachur, eds. 2011. *Heuristics:The Foundations of Adaptive Behavior*. Oxford, UK: Oxford University Press.
- Gigerenzer, Gerd, Peter M. Todd, and the ABC Research Group. 1999. *Simple Heuristics that Make Us Smart*. Oxford, UK: Oxford University Press.
- Gil, Nuno, Marcela Miozzo, and Silvia Massini. 2011. "The Innovation Potential of New Infrastructure Development: An Empirical Study of Heathrow Airport's T5 Project." *Research Policy* 41 (2): 452–66.
- Gilovich, Thomas, Dale Griffin, and Daniel Kahneman, eds. 2002. *Heuristics and Biases: The Psychology of Intuitive Judgment*. Cambridge, UK: Cambridge University Press.
- Gino, Francesca, and Bradley Staats. 2015. "Why Organizations Don't Learn." *Harvard Business Review* 93 (10): 110–18.
- Gladwell, Malcolm. 2007. *Blink: The Power of Thinking Without Thinking.* New York: Back Bay Books.
- Gladwell, Malcolm. 2013. "The Gift of Doubt: Albert O. Hirschman and the Power of Failure." *The New Yorker*, June 17.
- Gleick, Peter, Santos Gomez, Penn Loh, and Jason Morrison. 1995. "California Water 2020: A Sustainable Vision." Oakland, CA: Pacific Institute.
- Goel, Rajnish K., Bhawani Singh, and Jian Zhao. 2012. *Underground Infrastructures: Planning, Design, and Construction.* Waltham, MA: Butterworth-Heinemann.
- Goethals, George R., David M. Messick, and Scott T. Allison. 1991. "The Uniqueness Bias: Studies in Constructive Social Comparison." In *Social Comparison: Contemporary Theory and Research*, eds. Jerry Suls and T. A. Wills. Hillsdale, NJ: Erlbaum, 149–76.

- Goldberger, Paul. 2015. Building Art: The Life and Work of *Frank Gehry*. New York: Alfred A. Knopf.
- Goldblatt, David. 2016. *The Games: A Global History of the Olympics*. London: Macmillan.
- Golder, Peter N., and Gerard J. Tellis. 1993. "Pioneer Advantage: Marketing Logic or Marketing Legend?" *Journal of Marketing Research* 30 (2): 158–70.
- Goldstein, Daniel G., and Gerd Gigerenzer. 1999. "The Recognition Heuristic: How Ignorance Makes Us Smart." In *Simple Heuristics that Make Us Smart*, eds. Gerd Gigerenzer, Peter M. Todd, and the ABC Research Group. Oxford, UK: Oxford University Press, 37–58.
- Gordon, Christopher M. 1994. "Choosing Appropriate Construction Contracting Method." *Journal of Construction Engineering and Management* 120 (1): 196–211.
- Green, Jim. 2016. "Japan Abandons Monju Fast Reactor: The Slow Death of a Nuclear Dream." *The Ecologist*, October 6.
- Griffin, Dale W., David Dunning, and Lee Ross. 1990. "The Role of Construal Processes in Overconfident Predictions About the Self and Others." *Journal of Personality and Social Psychology* 59 (6): 1128–39.
- Griffith, Saul. 2021. *Electrify: An Optimist's Playbook for Our Clean Energy Future*. Cambridge, MA: MIT Press.
- Grubler, Arnulf. 2010. "The Costs of the French Nuclear Scale-up: A Case of Negative Learning by Doing." *Energy Policy* 38 (9): 5174–88.
- Guadagno, Rosanna E., and Robert B. Cialdini. 2010. "Preference for Consistency and Social Influence: A Review of Current Research Findings." *Social Influence* 5 (3): 152–63.
- Guinote, Ana. 2017. "How Power Affects People: Activating, Wanting, and Goal Seeking." *Annual Review of Psychology* 68 (1): 353–81.
- Guinote, Ana, and Theresa K. Vescio, eds. 2010. *The Social Psychology of Power*. New York: Guilford Press.
- Gumbel, Emil J. 2004. *Statistics of Extremes*. Mineola, NY: Dover Publications.
- Hall, Peter. 1980. *Great Planning Disasters*. Harmondsworth, UK: Penguin Books.
- Hall, Peter. Undated. *Great Planning Disasters Revisited*, paper. London: Bartlett School.
- Henderson, P. D. 1977. "Two British Errors: Their Probable Size and Some Possible Lessons." *Oxford Economic Papers* 29 (2): 159–205.
- Hendy, Jane, Barnaby Reeves, Naomi Fulop, Andrew Hutchings, and Cristina Masseria. 2005. "Challenges to Implementing the National Programme for Information Technology (NPfIT): A Qualitative Study." *The BMJ* 331 (7512): 331–36.
- HGTV. 2018. "What It's Like to Live in a Sears Catalog Home." YouTube, May 13. https://www.youtube.com/watch?v=3kb24gwnZ18.
- Hiltzik, Michael A. 2010. *Colossus: Hoover Dam and the Making of the American Century*. New York: Free Press.
- Hiroko, Tabuchi. 2011. "Japan Strains to Fix a Reactor Damaged Before Quake." *The New York Times*, June 17.
- Hirschman, Albert O. 1967. "The Principle of the Hiding Hand." *The Public Interest*, no. 6 (Winter): 10–23.
- Hirschman, Albert O. 2014. *Development Projects Observed* (Brookings Classic), 3rd ed., with new foreword by Cass R. Sunstein and new afterword by Michele Alacevich. Washington, DC: Brookings Institution.
- HM Treasury. 2003. *The Green Book: Appraisal and Evaluation in Central Government*. London: The Stationery Office (TSO).
- HM Treasury. 2003. *Supplementary Green Book Guidance: Optimism Bias*. London: The Stationery Office (TSO).
- HM Treasury. 2004. *The Orange Book. Management of Risk: Principles and Concepts*. London: The Stationery Office (TSO).
- HM Treasury. 2011. *The Green Book: Appraisal and Evaluation in Central Government*, 2003 edition with 2011 amendments. London: The Stationery Office (TSO).
- HM Treasury. 2013. *Green Book Supplementary Guidance: Optimism Bias*. London: The Stationery Office (TSO).
- HM Treasury. 2015. *Early Financial Cost Estimates of Infrastructure Programmes and Projects and the Treatment of Uncertainty and Risk*. Update, March 26. London: The Stationery Office (TSO).
- HM Treasury. 2018. *The Green Book: Central Government Guidance on Appraisal and Evaluation*. London: The Stationery Office (TSO).
- HM Treasury. 2019. *The Orange Book. Management of Risk: Principles and Concepts*. London: The Stationery Office (TSO).
- HM Treasury. 2020. *The Green Book: Central Government Guidance on Appraisal and Evaluation*. London: The Stationery Office (TSO).
- Hobday, Mike. 1998. "Product Complexity, Innovation and Industrial Organisation." *Research Policy* 26 (6): 689–710.
- Hodge, Graeme A., and Carsten Greve. 2009. "PPPs: The Passage of Time Permits a Sober Reflction." *Institute of Economic Affairs* 29 (1): 33–39.
- Hodge, Graeme A., and Carsten Greve. 2017. "On Public-Private Partnership Performance: A Contemporary Review." *Public Works Management and Policy* 22 (1): 55–78.
- Hofstadter, Douglas R. 1979. *Gödel, Escher, Bach: An Eternal Golden Braid*. New York: Basic Books.
- Hong, Byoung H., Kyoun E. Lee, and Jae W. Lee. 2007. "Power Law in Firms Bankruptcy." *Physics Letters A* 361: 6–8.
- Hong Kong Development Bureau, Project Cost

Management Office, and Oxford Global Projects. 2022. *AI in Action: How the Hong Kong Development Bureau Built the PSS, an Early-Warning-Sign System for Public Work Projects*. Hong Kong: Development Bureau.
- Horne, John. 2007. "The Four 'Knowns' of Sports Mega Events." *Leisure Studies* 26 (1): 81–96.
- HS2, Ltd. "Exploring Our Past, Preparing for the Future." https://www.hs2.org.uk/building-hs2/archaeology/.
- Hughes, Thomas P. 2000. *Rescuing Prometheus: Four Monumental Projects that Changed the Modern World*. New York: Vintage.
- International Airport Review. 2019. "Heathrow Terminal 5 Named 'World's Best' at Skytrax Awards." *International Airport Review*, March 28. https://www.internationalairportreview.com/news/83710/heathrow-worlds-best-skytrax/.
- International Energy Agency (IEA). 2021. *Net Zero by 2050: A Roadmap for the Global Energy Sector*. Paris: IEA, May. https://www.iea.org/reports/net-zero-by-2050.
- International Energy Agency (IEA). 2021. *Pathway to Critical and Formidable Goal of Net-Zero Emissions by 2050 Is Narrow but Brings Huge Benefits.* Paris: IEA, May 18. https://www.iea.org/news/pathway-to-critical-and-formidable-goal-of-net-zero-emissions-by-2050-is-narrow-but-brings-huge-benefits.
- International Hydropower Association (IHA). 2019. "Country Profile: Norway." IHA. https://www.hydropower.org/country-profiles/norway.
- International Renewable Energy Agency (IRENA). 2021. *Renewable Capacity Statistics 2021*. IRENA, March. https://www.irena.org/publications/2021/March/Renewable-Capacity-Statistics-2021.
- IPCC. 2021. "Summary for Policymakers." In *Climate Change 2021: The Physical Science Basis. Contribution of Working Group I to the Sixth Assessment Report of the Intergovernmental Panel on Climate Change*, eds. V. Masson-Delmotte, P. Zhai, A. Pirani, S. L. Connors, C. Péan, S. Berger, N. Caud, Y. Chen, L. Goldfarb, M. I. Gomis, M. Huang, K. Leitzell, E. Lonnoy, J.B.R. Matthews, T. K. Maycock, T. Waterfield, O. Yelekçi, R. Yu, and B. Zhou. Cambridge, UK: Cambridge University Press.
- Irish Department of Public Expenditure and Reform. 2019. *Public Spending Code: A Guide to Evaluating, Planning and Managing Public Investment*. Dublin: Department of Public Expenditure and Reform.
- Isaacson, Walter. 2011. *Steve Jobs*. New York: Simon & Schuster.
- Israel, Paul. 1998. *Edison: A Life of Invention*. Hoboken, NJ: John Wiley and Sons.
- Jacobsson, Mattias, and Timothy L. Wilson. 2018. "Revisiting the Construction of the Empire State Building: Have We Forgotten Something?" *Business Horizons* 61 (1): 47–57.
- *The Japan Times*. 2014. "Falsified Inspections Suspected at Monju Fast-Breeder Reactor." *The Japan Times*, April 11.
- The Japan Times. 2015. "More Maintenance Flaws Found at Monju Reactor." *The Japan Times*, March 26.
- *The Japan Times*. 2016. "Monju Prototype Reactor, Once a Key Cog in Japan's Nuclear Energy Policy, to Be Scrapped." *The Japan Times*, December 21.
- Jensen, Henrik J. 1998. *Self-Organized Criticality: Emergent Complex Behavior in Physical and Biological Systems*. Cambridge, UK: Cambridge University Press.
- Jones, Lawrence R., and Kenneth J. Euske. 1991. "Strategic Misrepresentation in Budgeting." *Journal of Public Administration Research and Theory* 1 (4): 437–60.
- Josephson, Paul R. 1995. "Projects of the Century in Soviet History: Large-Scale Technologies from Lenin to Gorbachev." *Technology and Culture* 36 (3): 519–59.
- *Journal of the House of Representatives of the United States*. 1942. 77th Congress, 2nd Session, January 5. Washington, DC: US Government Printing Office, 6.
- Jørgensen, Magne, and Kjetil Moløkken-Østvold. 2006. "How Large Are Software Cost Overruns? A Review of the 1994 CHAOS Report." *Information and Software Technology* 48 (4): 297–301.
- Kahneman, Daniel. 1992. "Reference Points, Anchors, Norms, and Mixed Feelings." *Organizational Behavior and Human Decision Processes* 51 (2): 296–312.
- Kahneman, Daniel. 1994. "New Challenges to the Rationality Assumption." *Journal of Institutional and Theoretical Economics* 150 (1): 18–36.
- Kahneman, Daniel. 2011. *Thinking, Fast and Slow*. New York: Farrar, Straus and Giroux.
- Kahneman, Daniel, and Gary Klein. 2009. "Conditions for Intuitive Expertise: A Failure to Disagree." *American Psychologist* 64 (6): 515–26.
- Kahneman, Daniel, and Dan Lovallo. 1993. "Timid Choices and Bold Forecasts: A Cognitive Perspective on Risk Taking." *Management Science* 39 (1): 17–31.
- Kahneman, Daniel, and Dan Lovallo. 2003. "Response to Bent Flyvbjerg." *Harvard Business Review* 81 (12): 122.
- Kahneman, Daniel, Dan Lovallo, and Olivier Sibony. 2011. "Before You Make That Big Decision." *Harvard Business Review* 89 (6): 51–60.
- Kahneman, Daniel, Olivier Sibony, and Cass R. Sunstein. 2021. *Noise: A Flaw in Human Judgment*. London: William Collins.
- Kahneman, Daniel, Paul Slovic, and Amos Tversky, eds. 1982. *Judgment Under Uncertainty: Heuristics and Biases*. Cambridge, UK: Cambridge University Press.
- Kahneman, Daniel, and Amos Tversky. 1979. "Intuitive Prediction: Biases and Corrective Procedures." In *Studies in the Management Sciences: Forecasting*, vol. 12, eds. Spyros Makridakis and S. C. Wheelwright. Amsterdam: North Holland, 313–27.

- Kahneman, Daniel, and Amos Tversky. 1979. "Prospect Theory: An Analysis of Decisions Under Risk." *Econometrica* 47: 313–27.
- Kain, John F. 1990. "Deception in Dallas: Strategic Misrepresentation in Rail Transit Promotion and Evaluation." *Journal of the American Planning Association* 56 (2): 184–96.
- Kazan, Elia. 1997. *A Life*. New York: Da Capo.
- Keil, Mark, Joan Mann, and Arun Rai. 2000. "Why Software Projects Escalate: An Empirical Analysis and Test of Four Theoretical Models." *MIS Quarterly* 24 (4): 631–64.
- Keil, Mark, and Ramiro Montealegre. 2000. "Cutting Your Losses: Extricating Your Organization When a Big Project Goes Awry." *Sloan Management Review* 41 (3): 55–68.
- Keil, Mark, Arun Rai, and Shan Liu. 2013. "How User Risk and Requirements Risk Moderate the Effects of Formal and Informal Control on the Process Performance of IT Projects." *European Journal of Information Systems* 22 (6): 650–72.
- Kelly, Brendan. 2019. "Olympic Stadium Architect Remembered as a Man of Vision." *Montreal Gazette*, October 3.
- Kim, Byung-Cheol, and Kenneth F. Reinschmidt. 2011. "Combination of Project Cost Forecasts in Earned Value Management." *Journal of Construction Engineering and Management* 137 (11): 958–66.
- King, Anthony, and Ivor Crewe. 2013. *The Blunders of Our Governments*. London: Oneworld Publications.
- Kitroeff, Natalie, Maria Abi-Habib, James Glanz, Oscar Lopez, Weiyi Cai, Evan Grothjan, Miles Peyton, and Alejandro Cegarra. 2021. "Why the Mexico City Metro Collapsed." *The New York Times*, June 13.
- Klein, Gary. 2007. "Performing a Project Premortem." *Harvard Business Review* 85 (9): 18–19.
- Knowles, Elizabeth, ed. 2014. *Oxford Dictionary of Quotations*, 8th ed. New York: Oxford University Press, 557.
- Koch-Weser, Iacob N. 2013. *The Reliability of China's Economic Data: An Analysis of National Output.* Washington, DC: US-China Economic and Security Review Commission, US Congress.
- Koshalek, Richard, and Dana Hutt. 2003. "The Impossible Becomes Possible: The Making of Walt Disney Concert Hall." In *Symphony: Frank Gehry's Walt Disney Concert Hall*, ed. Gloria Gerace. New York: Harry N. Abrams.
- Krapivsky, Paul, and Dmitri Krioukov. 2008. "Scale-Free Networks as Preasymptotic Regimes of Superlinear Preferential Attachment." *Physical Review E* 78 (2): 1–11.
- Krugman, Paul. 2000. "How Complicated Does the Model Have to Be?" *Oxford Review of Economic Policy* 16 (4): 33–42.
- Kubota, Yoko. 2011. "Fallen Device Retrieved from Japan Fast-Breeder Reactor." Reuters, June 24. https://www.reuters.com/article/us-japan-nuclear-monju-idUSTRE75N0H320110624.
- Kunthara, Sophia. 2014. "A Closer Look at Theranos' Big-Name Investors, Partners, and Board as Elizabeth Holmes' Criminal Trial Begins." *Crunchbase News*, September 14. https://news.crunchbase.com/news/theranos-elizabeth-holmes-trial-investors-board/.
- Lacal-Arántegui, Roberto, José M. Yusta, and José A. Domínguez-Navarro. 2018."Offshore Wind Installation: Analysing the Evidence Behind Improvements in Installation Time." *Renewable and Sustainable Energy Reviews* 92 (September): 133–45.
- Lamb, William F. 1931. "The Empire State Building." *Architectural Forum* 54 (1): 1–7.
- Larsen, Henning. 2009. *De skal sige tak! Kulturhistorisk testamente om Operaen*.Copenhagen: People's Press, 14.
- Latour, Bruno. 1996. *Aramis; or, The Love of Technology*. Cambridge, MA: Harvard University Press.
- Lauermann, John, and Anne Vogelpohl. 2017. "Fragile Growth Coalitions or Powerful Contestations? Cancelled Olympic Bids in Boston and Hamburg." *Environment and Planning A* 49 (8): 1887–904.
- Lawson, Rebecca. 2006. "The Science of Cycology: Failures to Understand How Everyday Objects Work." *Memory & Cognition* 34 (8): 1667–75.
- LeBlanc, Richard D. 2020. *Muskrat Falls: A Misguided Project*, vols. 1–6. Province of Newfoundland and Labrador, Canada: Commission of Inquiry Respecting the Muskrat Falls Project.
- Lee, Douglass B., Jr. 1973. "Requiem for Large-Scale Models." *Journal of the American Institute of Planners* 39 (3): 163–78.
- Lenfle, Sylvian, and Christoph Loch. 2010. "Lost Roots: How Project Management Came to Emphasize Control over Flexibility and Novelty." *California Management Review* 53 (1): 32–55.
- Levinson, Marc. 2016. *The Box: How the Shipping Container Made the World Smaller and the World Economy Bigger.* Princeton, NJ: Princeton University Press.
- Levy, Steven. 2017. "One More Thing." *Wired*, May 16.
- Levy, Steven. 2020. "20 Years Ago, Steve Jobs Built the 'Coolest Computer Ever.' It Bombed." *Wired*, July 24.
- Lia, Leif, Trond Jensen, Kjell E. Stensby, and Grethe H. Midttømme. 2015. "The Current Status of Hydropower *Development and Dam* Construction in Norway." *Hydropower & Dams* 22, no. 3.
- Lieberman, Marvin. 2018. "First-Mover Advantage." In *Palgrave Encyclopedia of Strategic Management*, eds. Mie Augier and David J. Teece. London: Palgrave Macmillan.
- Lieberman, Marvin B., and David B. Montgomery. 1988. "First-Mover Advantages." *Strategic Management*

*Journal* 9 (51): 41–58.
- Lindsey, Bruce. 2001. *Digital Gehry: Material Resistance, Digital Construction*. Basel: Birkhäuser.
- Liou, Joanne. 2021. "What Are Small Modular Reactors (SMRs)?" International Atomic Energy Agency, November 4. https://www.iaea.org/newscenter/news/what-are-small-modular-reactors-smrs.
- Little, Angela W. 2007. *Education for All and Multigrade Teaching: Challenges and Opportunities*. Dordrecht, Netherlands: Springer.
- Liu, Li, and Zigrid Napier. 2010. "The Accuracy of Risk-Based Cost Estimation for Water Infrastructure Projects: Preliminary Evidence from Australian Projects." *Construction Management and Economics* 28 (1): 89–100.
- Liu, Li, George Wehbe, and Jonathan Sisovic. 2010. "The Accuracy of Hybrid Estimating Approaches: A Case Study of an Australian State Road and Traffic Authority." *The Engineering Economist* 55 (3): 225–45.
- Lopez, Oscar. 2021. "Faulty Studs Led to Mexico City Metro Collapse, Attorney General Says." *The New York Times*, October 14.
- Lovallo, Dan, Carmine Clarke, and Colin Camerer. 2012. "Robust Analogizing and the Outside View: Two Empirical Tests of Case-Based Decision Making." *Strategic Management Journal* 33: 496–512.
- Lovallo, Dan, Matteo Cristofaro, and Bent Flyvbjerg. 2022. "Addressing Governance Errors and Lies in Project Forecasting." *Academy of Management Perspectives*, forthcoming.
- Lovallo, Dan, and Daniel Kahneman. 2003. "Delusions of Success: How Optimism Undermines Executives' Decisions." *Harvard Business Review* 81 (7): 56–63.
- Lovering, Jessica R., Arthur Yip, and Ted Nordhaus. 2016. "Historical Construction Costs of Global Nuclear Power Reactors." *Energy Policy* 91: 371–82.
- Luberoff, David, and Alan Altshuler. 1996. *Mega-Project: A Political History of Boston's Multibillion Dollar Central Artery/Third Harbor Tunnel Project*. Cambridge, MA: Taubman Center for State and Local Government, Kennedy School of Government, Harvard University.
- Madsen, Heather L., and John P. Ulhøi. 2021. "Sustainable Visioning: Re-framing Strategic Vision to Enable a Sustainable Corporation Transformation." *Journal of Cleaner Production* 288 (March): 125602.
- Maillart, Thomas, and Didier Sornette. 2010. "Heavy-Tailed Distribution of Cyber-Risks." *The European Physical Journal B* 75 (3): 357–64.
- Major Projects Association. 1994. *Beyond 2000: A Source Book for Major Projects*. Oxford, UK: Major Projects Association.
- Makridakis, Spyros, and Nassim N. Taleb. 2009. "Living in a World of Low Levels of Predictability." *International Journal of Forecasting* 25 (4): 840–44.
- Malamud, Bruce D., and Donald L. Turcotte. 2006. "The Applicability of Power-Law Frequency Statistics to Floods." *Journal of Hydrology* 322 (1–4):168–80.
- *Manchester Evening News*. 2007. "Timeline: The Woes of Wembley Stadium." *Manchester Evening News*, February 15.
- Mandelbrot, Benoit B. 1960. "The Pareto-Lévy Law and the Distribution of Income." *International Economic Review* 1 (2): 79–106.
- Mandelbrot, Benoit B. 1963. "New Methods in Statistical Economics." *Journal of Political Economy* 71 (5): 421–40.
- Mandelbrot, Benoit B. 1963. "The Variation of Certain Speculative Prices." *The Journal of Business* 36 (4): 394–419; correction printed in Mandelbrot, Benoit B. 1972. *The Journal of Business* 45 (4): 542–43; revised version reprinted in Mandelbrot, Benoit B. 1997. *Fractals and Scaling in Finance*. New York: Springer, 371–418.
- Mandelbrot, Benoit B. 1997. *Fractals and Scaling in Finance*. New York: Springer.
- Mandelbrot, Benoit B., and Richard L. Hudson. 2008. *The (Mis)behavior of Markets*. London: Profile Books.
- Mandelbrot, Benoit B., and James R. Wallis. 1968. "Noah, Joseph, and Operational Hydrology." *Water Resources Research* 4 (5): 909–18.
- Mann, Michael E. 2021. *The New Climate War: The Fight to Take the Planet Back*. London: Scribe.
- Marewski, Julian N., Wolfgang Gaissmaier, and Gerd Gigerenzer. 2010. "Good Judgments Do Not Require Complex Cognition." *Cognitive Processing* 11 (2): 103–21.
- Marković, Dimitrije, and Claudius Gros. 2014. "Power Laws and Self- Organized Criticality in Theory and Nature." *Physics Reports* 536 (2): 41–74.
- McAdam, Doug, Hilary S. Boudet, Jennifer Davis, Ryan J. Orr, W. Richard Scott, and Raymond E. Levitt. 2010. "Site Fights: Explaining Opposition to Pipeline Projects in the Developing World." *Sociological Forum* 25: 401–27.
- McCormick, Iain A., Frank H. Walkey, and Dianne E. Green. 1986. "Comparative Perceptions of Driver Ability: A Confirmation and Expansion." *Accident Analysis & Prevention* 18 (3): 205–8.
- McCully, Patrick. 2001. *Silenced Rivers: The Ecology and Politics of Large Dams*. London: Zed Books.
- McCurdy, Howard E. 2001. *Faster, Better, Cheaper: Low-Cost Innovation in the U.S. Space Program*. Baltimore, MD: Johns Hopkins University Press.
- Melis, Manuel. 2002. "Building a Metro: It's Easier Than You Think." *International Railway Journal*, April, 16–19.
- Melis, Manuel. 2011. *Apuntes de introducción al Proyecto y Construcción de Túneles y Metros en suelos y rocas blandas o muy rotas: La construcción del Metro de Madrid y la M-30.* Madrid: Politécnica.
- Merriam-Webster. "Your 'Deadline' Won't Kill You." Merriam-Webster. https://www.merriam-webster.com/words-at-play/your-deadline-wont-kill-you.

- Merrow, Edward W. 2011. *Industrial Megaprojects: Concepts, Strategies, and Practices for Success*. Hoboken, NJ: Wiley.
- Midler, Christophe. 1995. "Projectification of the Firm: The Renault Case." *Scandinavian Journal of Management* 11 (4): 363–75.
- Miller, Roger, and Donald R. Lessard. 2000. *The Strategic Management of Large Engineering Projects: Shaping Institutions, Risks, and Governance.* Cambridge, MA: MIT Press.
- MIT Energy Initiative. 2018. *The Future of Nuclear Energy in a Carbon-Constrained World*. Cambridge, MA: MIT.
- Mitzenmacher, Michael. 2004. "A Brief History of Generative Models for Power Law and Lognormal Distributions." *Internet Mathematics* 1 (2): 226–51.
- Mitzenmacher, Michael. 2005. "Editorial: The Future of Power Law Research." *Internet Mathematics* 2 (4): 525–34.
- Molle, François, and Philippe Floch. 2008. "Megaprojects and Social and Environmental Changes: The Case of the Thai Water Grid." *AMBIO: A Journal of the Human Environment* 37 (3): 199–204.
- Montealgre, Ramiro, and Mark Keil. 2000. "De-escalating Information Technology Projects: Lessons from the Denver International Airport." *MIS Quarterly* 24 (3): 417–47.
- Moore, Don A., and Paul J. Healy. 2008. "The Trouble with Overconfidence." *Psychological Review* 115 (2): 502–17.
- Morris, Peter W. G. 2013. *Reconstructing Project Management*. Oxford, UK: Wiley-Blackwell.
- Morris, Peter W. G., and George H. Hough. 1987. *The Anatomy of Major Projects: A Study of the Reality of Project Management.* New York: John Wiley and Sons.
- Morten, Alf, Yasutami Shimomure, and Annette Skovsted Hansen. 2008. *Aid Relationships in Asia: Exploring Ownership in Japanese and Nordic Aid*. London: Palgrave Macmillan.
- Müller, Martin, and Chris Gaffney. 2018. "Comparing the Urban Impacts of the FIFA World Cup and the Olympic Games from 2010 to 2016." *Journal of Sport and Social Issues* 42 (4): 247–69.
- Murray, Peter. 2003. *The Saga of the Sydney Opera House*. London: Routledge.
- National Audit Office of Denmark, De af Folketinget Valgte Statsrevisorer. 1998. *Beretning om Storebæltsforbindelsens økonomi*. Beretning 4/97. Copenhagen: Statsrevisoratet.
- Newby-Clark, Ian R., Michael Ross, Roger Buehler, Derek J. Koehler, and Dale W. Griffin. 2000. "People Focus on Optimistic and Disregard Pessimistic Scenarios While Predicting Task Completion Times." *Journal of Experimental Psychology: Applied* 6 (3): 171–82.
- Newman, Alexander, Ross Donohue, and Nathan Eva. 2015. "Psychological Safety: A Systematic Review of the Literature." *Human Resource Management Review* 27 (3): 521–35.
- Newman, Mark E. 2005. "Power Laws, Pareto Distributions and Zipf's Law." *Contemporary Physics* 46 (5): 323–51.
- New Zealand Treasury. 2018. *Better Business Cases: Guide to Developing a Detailed Business Case.* Wellington, NZ: Crown.
- Nouvel, Jean. 2009. "Interview About DR-Byen." *Weekendavisen*, Copenhagen, January 16.
- O'Reilly, Charles, and Andrew J. M. Binns. 2019. "The Three Stages of Disruptive Innovation: Idea Generation, Incubation, and Scaling." *California Management Review* 61 (3): 49–71.
- Orr, Ryan J., and W. Richard Scott. 2008. "Institutional Exceptions on Global Projects: A Process Model." *Journal of International Business Studies* 39 (4): 562–88.
- Ørsted. 2020. "Making Green Energy Affordable: How the Offshore Wind Energy Industry Matured—and What We Can Learn from It." https://orsted.com/en/about-us/whitepapers/making-green-energy-affordable.
- O'Sullivan, Owen P. 2015. "The Neural Basis of Always Looking on the Bright Side." *Dialogues in Philosophy, Mental and Neuro Sciences* 8 (1): 11–15.
- *Our World in Data*. 2022. "Share of Electricity Production by Source, World." *Our World in Data*. https://ourworldindata.org/grapher/share-elec-by-source.
- Pallier, Gerry, Rebecca Wilkinson, Vanessa Danthiir, Sabina Kleitman, Goran Knezevic, Lazar Stankov, and Richard D. Roberts. 2002. "The Role of Individual Differences in the Accuracy of Confidence Judgments." *The Journal of General Psychology* 129 (3): 257–99.
- Park, Jung E. 2021. "Curbing Cost Overruns in Infrastructure Investment: Has Reference Class Forecasting Delivered Its Promised Success?" *European Journal of Transport and Infrastructure Research* 21 (2): 120–36.
- Patanakul, Peerasit. 2014. "Managing Large-Scale IS/IT Projects in the Public Sector: Problems and Causes Leading to Poor Performance." *The Journal of High Technology Management Research* 25 (1): 21–35.
- Patel, Ashish, Paul A. Bosela, and Norbert J. Delatte. 2013. "1976 Montreal Olympics: Case Study of Project Management Failure." *Journal of Performance of Constructed Facilities* 27 (3): 362–69.
- PBS. 2015. "Looking Back at Frank Gehry's Building-Bending Feats." *PBS NewsHour*, September 15. https://www.pbs.org/newshour/show/frank-gehry.
- Perrow, Charles. 1999. *Normal Accidents: Living with High-Risk Technologies*, updated ed. Princeton, NJ: Princeton University Press.
- Phys.org. 2014. "Japan to Abandon Troubled Fast Breeder Reactor." Phys.org, February 7. https://phys.org/news/2014-02-japan-abandon-fast-breeder-reactor.html.

- Pickrell, Don. 1985. "Estimates of Rail Transit Construction Costs." *Transportation Research Record* 1006: 54–60.
- Pickrell, Don. 1985. "Rising Deficits and the Uses of Transit Subsidies in the United States." *Journal of Transport Economics and Policy* 19 (3): 281–98.
- Pickrell, Don. 1990. *Urban Rail Transit Projects: Forecast Versus Actual Ridership and Cost*. Washington, DC: US Department of Transportation.
- Pickrell, Don. 1992. "A Desire Named Streetcar: Fantasy and Fact in Rail Transit Planning." *Journal of the American Planning Association* 58 (2): 158–76.
- Pisarenko, Valeriy F., and Didier Sornette. 2012. "Robust Statistical Tests of Dragon-Kings Beyond Power Law Distributions." *The European Physical Journal: Special Topics* 205: 95–115.
- Pitsis, Tyrone S., Stewart R. Clegg, Marton Marosszeky, and Thekla Rura- Polley. 2003. "Constructing the Olympic Dream: A Future Perfect Strategy of Project Management." *Organization Science* 14 (5): 574–90.
- Polanyi, Michael. 1966. *The Tacit Dimension*. Chicago: University of Chicago Press.
- Popovich, Nadja, and Winston Choi-Schagrin. 2021. "Hidden Toll of the Northwest Heat Wave: Hundreds of Extra Deaths." *The New York Times*, August 11.
- Priemus, Hugo. 2010. "Mega-Projects: Dealing with Pitfalls." *European Planning Studies* 18 (7): 1023–39.
- Priemus, Hugo, Bent Flyvbjerg, and Bert van Wee, eds. 2008. *Decision-Making on Mega-Projects: Cost-Benefit Analysis, Planning and Innovation*. Cheltenham, UK: Edward Elgar.
- Proeger, Till, and Lukas Meub. 2014. "Overconfidence as a Social Bias: Experimental Evidence." *Economics Letters* 122 (2): 203–7.
- Public Accounts Committee. 2013. *The Dismantled National Programme for IT in the NHS: Nineteenth Report of Session 2013–14*, HC 294. London: House of Commons.
- Qiu, Jane. 2011. "China Admits Problems with Three Gorges Dam." *Nature*, May 25. https://www.nature.com/articles/news.2011.315.
- Quinn, Ben. 2008. "253m Legal Battle over Wembley Delays." *The Guardian*, March 16.
- Ramirez, Joshua Elias. 2021. *Toward a Theory of Behavioral Project Management*, doctoral dissertation. Chicago: Chicago School of Professional Psychology.
- Randall, Tom. 2017. "Tesla Flips the Switch on the Gigafactory." Bloomberg, January 4. https://www.bloomberg.com/news/articles/2017-01-04/tesla-flips-the-switch-on-the-gigafactory.
- Reichold, Klaus, and Bernhard Graf. 2004. *Buildings that Changed the World*. London: Prestel.
- Ren, Xuefei. 2008. "Architecture as Branding: Mega Project Developments in Beijing." *Built Environment* 34 (4): 517–31.
- Ren, Xuefei. 2017. "Biggest Infrastructure Bubble Ever? City and Nation Building with Debt-Financed Megaprojects in China." In *The Oxford Handbook of Megaproject Management*, ed. Bent Flyvbjerg. Oxford, UK: Oxford University Press, 137–51.
- Reuters. 2021. "Bill Gates and Warren Buffett to Build New Kind of Nuclear Reactor in Wyoming." *The Guardian*, June 3.
- Rich, Motoko, Stanley Reed, and Jack Ewing. 2021. "Clearing the Suez Canal Took Days. Figuring Out the Costs May Take Years." *The New York Times*, March 31.
- Richmond, Jonathan. 2005. *Transport of Delight: The Mythical Conception of Rail Transit in Los Angeles*. Akron, OH: University of Akron Press.
- Ries, Eric. 2011. *The Lean Startup*. New York: Currency.
- Riga, Andy. 2016. "Montreal Olympic Photo Flashback: Stadium Was Roofless at 1976 Games." *Montreal Gazette*, July 21.
- Robinson, John B. 1990. "Futures Under Glass: A Recipe for People Who Hate to Predict." *Futures* 22 (8): 820–42.
- Romzek, Barbara S., and Melvin J. Dubnick. 1987. "Accountability in the Public Sector: Lessons from the Challenger Tragedy." *Public Administration Review* 47 (3): 227–38.
- Roser, Christopher. 2017. *Faster, Better, Cheaper in the History of Manufacturing.* Boca Raton, FL: CRC Press.
- Roser, Max, Cameron Appel, and Hannah Ritchie. 2013. "Human Height." *Our World in Data*. https://ourworldindata.org/human-height.
- Ross, Jerry, and Barry M. Staw. 1986. "Expo 86: An Escalation Prototype." *Administrative Science Quarterly* 31 (2): 274–97.
- Ross, Jerry, and Barry M. Staw. 1993. "Organizational Escalation and Exit: The Case of the Shoreham Nuclear Power Plant." *Academy of Management Journal* 36 (4): 701–32.
- Rothengatter, Werner. 2008. "Innovations in the Planning of Mega-Projects." In *Decision-Making on Mega-Projects: Cost-Benefit Analysis, Planning, and Innovation*, eds. Hugo Priemus, Bent Flyvbjerg, and Bert van Wee. Cheltenham, UK: Edward Elgar, 215–38.
- Royer, Isabelle. 2003. "Why Bad Projects Are So Hard to Kill." *Harvard Business Review* 81 (2): 48–56.
- Rozenblit, Leonid, and Frank Keil. 2002. "The Misunderstood Limits of Folk Science: An Illusion of Explanatory Depth." *Cognitive Science* 26 (5): 521–62. Rumsfeld, Donald. 2002. "DoD News Briefing: Secretary Rumsfeld and Gen. Myers." U.S. Department of Defense, February 12. https://archive.ph/20180320091111/http://archive.defense.gov/Transcripts/Transcript.aspx?TranscriptID=2636#selection-401.0-401.53.
- Ryan, Richard M., and Edward L. Deci. 2017. *Self-Determination Theory: Basic Psychological Needs in Motivation, Development, and Wellness*. New York: Guilford Press.

- Sacks, Rafael, and Rebecca Partouche. 2010. "Empire State Building Project: Archetype of 'Mass Construction.' " *Journal of Construction Engineering and Management* 136 (6): 702–10.
- Sanders, Heywood T. 2014. *Convention Center Follies: Politics, Power, and Public Investment in American Cities.* Philadelphia: University of Pennsylvania Press.
- Sapolsky, Harvey M. 1972. *The Polaris System Development*. Cambridge, MA: Harvard University Press.
- Sawyer, John E. 1951. "Entrepreneurial Error and Economic Growth." *Explorations in Entrepreneurial History* 4 (4): 199–204.
- Sayles, Leonard R., and Margaret K. Chandler. 1971. *Managing Large Systems: Organizations for the Future*. New York: Free Press.
- Schmidt-Nielsen, Knut. 1984. *Scaling: Why Is Animal Size So Important?* Cambridge, UK: Cambridge University Press.
- Schön, Donald A. 1994. "Hirschman's Elusive Theory of Social Learning." In *Rethinking the Development Experience: Essays Provoked by the Work of Albert O. Hirschman*, eds. Lloyd Rodwin and Donald A. Schön. Washington, DC: Brookings Institution and Lincoln Institute of Land Policy, 67–95.
- Schumacher, Ernst F. 1973. *Small Is Beautiful: A Study of Economics as If People Mattered*, new ed. Vintage.
- Scott, James C. 1999. *Seeing Like a State: How Certain Schemes to Improve the Human Condition Have Failed*. New Haven, CT: Yale University Press.
- Scott, W. Richard. 2012. "The Institutional Environment of Global Project Organizations." *Engineering Project Organization Journal* 2 (1–2): 27–35.
- Scott, W. Richard, Raymond E. Levitt, and Ryan J. Orr, eds. 2011. *Global Projects: Institutional and Political Challenges*. Cambridge, UK: Cambridge University Press.
- Scudder, Thayer. 1973. "The Human Ecology of Big Projects: River Basin Development and Resettlement." *Annual Review of Anthropology* 2: 45–55.
- Scudder, Thayer. 2005. *The Future of Large Dams: Dealing with Social, Environmental, Institutional and Political Costs*. London: Earthscan.
- Scudder, Thayer. 2017. "The Good Megadam: Does It Exist, All Things Considered?" In *The Oxford Handbook of Megaproject Management*, ed. Bent Flyvbjerg. Oxford, UK: Oxford University Press, 428–50.
- Selznick, Philip. 1949. *TVA and the Grass Roots: A Study in the Sociology of Formal Organization*. Berkeley: University of California Press.
- Servranckx, Tom, Mario Vanhoucke, and Tarik Aouam. 2021. "Practical Application of Reference Class Forecasting for Cost and Time Estimations: Identifying the Properties of Similarity." *European Journal of Operational Research* 295 (3): 1161–79.
- Shapira, Zur, and Donald J. Berndt. 1997. "Managing Grand Scale Construction Projects: A Risk Taking Perspective." *Research in Organizational Behavior* 19: 303–60.
- Sharot, Tali. 2011. *The Optimism Bias: A Tour of the Irrationally Positive Brain.* New York: Pantheon.
- Sharot, Tali, Alison M. Riccardi, Candace M. Raio, and Elizabeth A. Phelps. 2007. "Neural Mechanisms Mediating Optimism Bias." *Nature* 450 (7166): 102–5.
- Shepperd, James A., Patrick Carroll, Jodi Grace, and Meredith Terry. 2002. "Exploring the Causes of Comparative Optimism." *Psychologica Belgica* 42 (1–2): 65–98.
- Siemiatycki, Matti. 2009. "Delivering Transportation Infrastructure Through Public-Private Partnerships: Planning Concerns." *Journal of the American Planning Association* 76 (1): 43–58.
- Siemiatycki, Matti, and Jonathan Friedman. 2012. "The Trade-Offs of Transferring Demand Risk on Urban Transit Public-Private Partnerships." *Public Works Management & Policy* 17 (3): 283–302.
- Silberston, Aubrey 1972. "Economies of Scale in Theory and Practice." *The Economic Journal* 82 (325): 369–91.
- Simmons, Joseph P., Robyn A. LeBoeuf, and Leif D. Nelson. 2010. "The Effect of Accuracy Motivation on Anchoring and Adjustment: Do People Adjust from Provided Anchors?" *Journal of Personality and Social Psychology* 99 (6): 917–32.
- Simon, Herbert A. 1991. "The Architecture of Complexity." In *Facets of Systems Science*, ed. G. J. Klir. Boston: Springer, 457–76.
- Singh, Satyajit. 2002. *Taming the Waters: The Political Economy of Large Dams in India*. New Delhi: Oxford University Press.
- Sivaram, Varun. 2018. *Taming the Sun: Innovations to Harness Solar Energy and Power the Planet*. Cambridge, MA: MIT Press.
- Skamris, Mette K., and Bent Flyvbjerg. 1997. "Inaccuracy of Traffic Forecasts and Cost Estimates on Large Transport Projects." *Transport Policy* 4 (3): 141–46.
- Skar, Harald O., and Sven Cederroth. 1997. *Development Aid to Nepal: Issues and Options in Energy, Health, Education, Democracy, and Human Rights.* Abingdon-on-Thames, UK: Routledge.
- Sleesman, Dustin J., Donald E. Conlon, Gerry McNamara, and Jonathan E. Miles. 2012. "Cleaning Up the Big Muddy: A Meta-analytic Review of the Determinants of Escalation of Commitment." *The Academy of Management Journal* 55 (3): 541–62.
- Slovic, Paul. 2000. *The Perception of Risk*. Sterling, VA: EarthScan.
- Smith, Stanley K. 1997. "Further Thoughts on Simplicity and Complexity in Population Projection Models." *International Journal of Forecasting* 13 (4): 557–65.
- Sorkin, Andrew R. 2010. *Too Big to Fail: The Inside*

*Story of How Wall Street and Washington Fought to Save the Financial System—and Themselves*. London: Penguin.

- Sornette, Didier, and Guy Ouillon. 2012. "Dragon-Kings: Mechanisms, Statistical Methods and Empirical Evidence." *The European Physical Journal Special Topics* 205 (1): 1–26.
- Sovacool, Benjamin K., and L. C. Bulan. 2011. "Behind an Ambitious Megaproject in Asia: The History and Implications of the Bakun Hydroelectric Dam in Borneo." *Energy Policy* 39 (9): 4842–59.
- Sovacool, Benjamin K., and Christopher J. Cooper. 2013. *The Governance of Energy Megaprojects: Politics, Hubris and Energy Security*. Cheltenham, UK: Edward Elgar.
- Sovacool, Benjamin K., Peter Enevoldsen, Christian Koch, and Rebecca J. Barthelmie. 2017. "Cost Performance and Risk in the Construction of Offshore and Onshore Wind Farms." *Wind Energy* 20 (5): 891–908.
- Stanovich, Keith, and Richard West. 2000. "Individual Differences in Reasoning: Implications for the Rationality Debate." *Behavioral and Brain Sciences* 23 (5): 645–65.
- Statens Offentlige Utredningar (SOU). 2004. *Betalningsansvaret för kärnavfallet*. Stockholm: Statens Offentlige Utredningar.
- Staw, Barry M. 1976. "Knee-Deep in the Big Muddy: A Study of Escalating Commitment to a Chosen Course of Action." *Organizational Behavior and Human Resources* 16 (1): 27–44.
- Staw, Barry M. 1997. "The Escalation of Commitment: An Update and Appraisal." In *Organizational Decision Making*, ed. Zur Shapira. Cambridge, UK: Cambridge University Press, 191–215.
- Steinberg, Marc. 2021. "From Automobile Capitalism to Platform Capitalism: Toyotism as a Prehistory of Digital Platforms." *Organization Studies* 43 (7): 1069–90.
- Steinel, Wolfgang, and Carsten K. W. De Dreu. 2004. "Social Motives and Strategic Misrepresentation in Social Decision Making." *Journal of Personality and Social Psychology* 86 (3): 419–34.
- Stevens, Joseph E. 1988. *Hoover Dam: An American Adventure*. Norman: University of Oklahoma Press.
- Stigler, George J. 1958. "The Economies of Scale." *Journal of Law & Economics* 1 (1): 54.
- Stinchcombe, Arthur L., and Carol A. Heimer. 1985. *Organization Theory and Project Management: Administering Uncertainty in Norwegian Offshore Oil*. Oslo: Norwegian University Press.
- Stone, Brad. 2021. *Amazon Unbound: Jeff Bezos and the Invention of a Global Empire*. Simon & Schuster.
- Stone, Richard. 2008. "Three Gorges Dam: Into the Unknown." *Science* 321 (5889): 628–32.
- Stone, Richard. 2011. "The Legacy of the Three Gorges Dam." *Science* 333 (6044): 817.
- Suarez, Fernando, and Gianvito Lanzolla. 2005. "The Half-Truth of First-Mover Advantage." *Harvard Business Review* 83 (4): 121–27.
- Suls, Jerry, and Choi K. Wan. 1987. "In Search of the False Uniqueness Phenomenon: Fear and Estimates of Social Consensus." *Journal of Personality and Social Psychology* 52 (1): 211–17.
- Suls, Jerry, Choi K. Wan, and Glenn S. Sanders. 1988. "False Consensus and False Uniqueness in Estimating the Prevalence of Health-Protective Behaviors." *Journal of Applied Social Psychology* 18 (1): 66–79.
- Sunstein, Cass R. 2002. "Probability Neglect: Emotions, Worst Cases, and Law." *Yale Law Review* 112 (1): 61–107.
- Sunstein, Cass R. 2013. "An Original Thinker of Our Time." *The New York Review of Books*, May 23, 14–17.
- Sutterfield, Scott J., Shawnta Friday-Stroud, and Sheryl Shivers-Blackwell. 2006. "A Case Study of Project and Stakeholder Management Failures: Lessons Learned." *Project Management Journal* 37 (5): 26–36.
- Swiss Association of Road and Transportation Experts. 2006. *Kosten-Nutzen-Analysen im Strassenverkehr*, Grundnorm 641820, valid from August 1. Zürich: Swiss Association of Road and Transportation Experts.
- Swyngedouw, Erik, Frank Moulaert, and Arantxa Rodriguez. 2002. "Neoliberal Urbanization in Europe: Large-Scale Urban Development Projects and the New Urban Policy." *Antipode* 34 (3): 542–77.
- Szyliowicz, Joseph S., and Andrew R. Goetz. 1995. "Getting Realistic About Megaproject Planning: The Case of the New Denver International Airport." *Policy Sciences* 28 (4): 347–67.
- Taleb, Nassim N. 2004. *Fooled by Randomness: The Hidden Role of Chance in Life and in the Markets*. London: Penguin.
- Taleb, Nassim N. 2007. *The Black Swan: The Impact of the Highly Improbable*. New York: Random House.
- Taleb, Nassim N. 2012. *Antifragile: How to Live in a World We Don't Understand*. London: Allen Lane.
- Taleb, Nassim N. 2018. *Skin in the Game: Hidden Asymmetries in Daily Life*. London: Penguin Random House.
- Taleb, Nassim N. 2020. *Statistical Consequences of Fat Tails: Real World Preasymptotics, Epistemology, and Applications (Technical Incerto)*. New York: STEM Academic Press.
- Taleb, Nassim N., Yaneer Bar-Yam, and Pasquale Cirillo. 2022. "On Single Point Forecasts for Fat-Tailed Variables." *International Journal of Forecasting* 38 (2): 413–22.
- Tallman, Erin. 2020. "Behind the Scenes at China's Prefab Hospitals Against Coronavirus." *E-Magazine* by MedicalExpo, March 5. https://emag.medicalexpo.com/qa-behind-the-scenes-of-chinas-prefab-hospitals-against-coronavirus/.
- Tauranac, John. 2014. *The Empire State Building: The*

*Making of a Landmark*. Ithaca, NY: Cornell University Press.
- Teigland, Jon. 1999. "Mega Events and Impacts on Tourism; the Predictions and Realities of the Lillehammer Olympics." *Impact Assessment and Project Appraisal* 17 (4): 305–17.
- Tepper, Fitz. 2015. "Satellite Maker Planet Labs Acquires BlackBridge's Geospatial Business." *TechCrunch*, July 15. https://techcrunch.com/2015/07/15/satellite-maker-planet-labs-acquires-blackbridges-geospatial-business/.
- Tetlock, Philip E. 2005. *Expert Political Judgment: How Good Is It? How Can We Know?* Princeton, NJ: Princeton University Press.
- Tetlock, Philip E., and Dan Gardner. 2015. *Superforecasting: The Art and Science of Prediction.* New York: Random House.
- Thaler, Richard H. 2015. *Misbehaving: How Economics Became Behavioural*. London: Allen Lane.
- Torrance, Morag I. 2008. "Forging Global Governance? Urban Infrastructures as Networked Financial Products." *International Journal of Urban and Regional Research* 32 (1): 1–21.
- Turner, Barry A., and Nick F. Pidgeon. 1997. *Man-Made Disasters*. Oxford, UK: Butterworth-Heinemann.
- Turner, Rodney, and Ralf Müller. 2003. "On the Nature of the Project as a Temporary Organization." *International Journal of Project Management* 21 (7): 1–8.
- Tversky, Amos, and Daniel Kahneman. 1973. "Availability: A Heuristic for Judging Frequency and Probability." *Cognitive Psychology* 5 (2): 207–32.
- Tversky, Amos, and Daniel Kahneman. 1974. "Judgment Under Uncertainty: Heuristics and Biases." *Science* 185 (4157): 1124–31.
- Tversky, Amos, and Daniel Kahneman. 1981. "The Framing of Decisions and the Psychology of Choice." *Science* 211 (4481): 453–58.
- Tversky, Amos, and Daniel Kahneman. 1982. "Evidential Impact of Base Rates." In *Judgment Under Uncertainty: Heuristics and Biases*, eds. Daniel Kahneman, Paul Slovic, and Amos Tversky. Cambridge, UK: Cambridge University Press, 153–62.
- Tyrnauer, Matt. 2010. "Architecture in the Age of Gehry." *Vanity Fair*, June 30.
- UK Department for Transport. 2006. *Changes to the Policy on Funding Major Projects*. London: Department for Transport.
- UK Department for Transport. 2006. *The Estimation and Treatment of Scheme Costs: Transport Analysis Guidance*. London: Department for Transport. http://www.dft.gov.uk/webtag/documents/expert/unit3.5.9.php.
- UK Department for Transport. 2015. *Optimism Bias Study: Recommended Adjustments to Optimism Bias Uplifts*. London: Department for Transport.
- UK Department for Transport and Oxford Global Projects. 2020. *Updating the Evidence Behind the Optimism Bias Uplifts for Transport Appraisals: 2020 Data Update to the 2004 Guidance Document "Procedures for Dealing with Optimism Bias in Transport Planning."* London: Department for Transport.
- UK Infrastructure and Projects Authority. 2016. *Improving Infrastructure Delivery: Project Initiation Routemap*. London: Crown Publishing.
- UK National Audit Office. 2009. *Supplementary Memorandum by the National Audit Office on Optimism Bias*. London: UK Parliament.
- UK National Audit Office. 2013. *Over-Optimism in Government Projects*. London: National Audit Office.
- UK National Audit Office. 2014. *Lessons from Major Rail Infrastructure Programmes*, No. HC: 267, 14–15. London: National Audit Office, 40.
- UNESCO World Heritage Convention. 2022. "Sydney Opera House." https://whc.unesco.org/en/list/166.
- US Congress, House Committee on Science and Astronautics. 1973. *1974 NASA Authorization. Hearings, 93rd Congress, First Session, on H.R. 4567*. Washington, DC: US Government Printing Office.
- US Department of Justice. 2021. *U.S. v. Elizabeth Holmes, et al*. US Attorney's Office, Northern District of California, August 3. Department of Justice. https://www.justice.gov/usao-ndca/us-v-elizabeth-holmes-et-al.
- US Department of Justice. 2021. "Former SCANA CEO Sentenced to Two Years for Defrauding Ratepayers in Connection with Failed Nuclear Construction Program." Department of Justice, October 7. https://www.justice.gov/usao-sc/pr/former-scana-ceo-sentenced-two-years-defrauding-ratepayers-connection-failed-nuclear.
- US National Research Council. 2007. *Metropolitan Travel Forecasting: Current Practice and Future Direction*. Special report no. 288. Washington, DC: Committee for Determination of the State of the Practice in Metropolitan Area Travel Forecasting and Transportation Research Board.
- US Office of the Inspector General. 2012. *NASA's Challenges to Meeting Cost, Schedule, and Performance Goals.* Report no. IG-12-021 (Assignment N. A-11-009-00). Washington, DC: NASA.
- Van der Kraats, Marion. 2021. "BER Boss: New Berlin Airport Has Money Only Until Beginning of 2022." *Aviation Pros*. https://www.aviationpros.com/airports/news/21244678/ber-boss-new-berlin-airport-has-money-only-until-beginning-of-2022.
- Van der Westhuizen, Janis. 2007. "Glitz, Glamour and the Gautrain: Mega-Projects as Political Symbols." *Politikon* 34 (3): 333–51.
- Vanwynsberghe, Rob, Björn Surborg, and Elvin Wyly. 2013. "When the Games Come to Town: Neoliberalism, Mega-Events and Social Inclusion in the Vancouver 2010 Winter Olympic Games." *International Journal of Urban and Regional Research* 37 (6): 2074–93.
- Véliz, Carissa. 2020. *Privacy Is Power: Why and How*

*You Should Take Back Control of Your Data*. Bantam.
- Vickerman, Roger. 2017. "Wider Impacts of Megaprojects: Curse or Cure?" In *The Oxford Handbook of Megaproject Management*, ed. Bent Flyvbjerg. Oxford, UK: Oxford University Press, 389–405.
- Vining, Aiden R., and Anthony E. Boardman. 2008. "Public-Private Partnerships: Eight Rules for Governments." *Public Works Management & Policy* 13 (2): 149–61.
- Vogel, Steve. 2007. *The Pentagon: A History*. New York: Random House.
- Wachs, Martin. 1986. "Technique vs. Advocacy in Forecasting: A Study of Rail Rapid Transit." *Urban Resources* 4 (1): 23–30.
- Wachs, Martin. 1989. "When Planners Lie with Numbers." *Journal of the American Planning Association* 55 (4): 476–79.
- Wachs, Martin. 1990. "Ethics and Advocacy in Forecasting for Public Policy." *Business and Professional Ethics Journal* 9 (1): 141–57.
- Wachs, Martin. 2013. "The Past, Present, and Future of Professional Ethics in Planning." In *Policy, Planning, and People: Promoting Justice in Urban Development*, eds. Naomi Carmon and Susan S. Fainstein. Philadelphia: University of Pennsylvania Press, 101–19.
- Wal, S. 2006. *Education and Child Development*. Derby, UK: Sarup and Sons.
- Wallis, Shane. 1993. "Storebaelt Calls on Project Moses for Support." *TunnelTalk*, April. https://www.tunneltalk.com/Denmark-Apr1993-Project-Moses-called-on-to-support-Storebaelt-undersea-rail-link.php.
- Wallis, Shane. 1995. "Storebaelt: The Final Chapters." *TunnelTalk*, May. https://www.tunneltalk.com/Denmark-May1995-Storebaelt-the-final-chapters.php.
- Ward, William A. 2019. "Cost-Benefit Analysis: Theory Versus Practice at the World Bank, 1960 to 2015." *Journal of Benefit-Cost Analysis* 10 (1): 124–44.
- Webb, James. 1969. *Space-Age Management: The Large-Scale Approach*. New York:McGraw-Hill.
- Weick, Mario, and Ana Guinote. 2008. "When Subjective Experiences Matter: Power Increases Reliance on the Ease of Retrieval." *Journal of Personality and Social Psychology* 94 (6): 956–70.
- Weinstein, Neil D., Stephen E. Marcus, and Richard P. Moser. 2005. "Smokers' Unrealistic Optimism About Their Risk." *Tobacco Control* 14 (1): 55–59.
- Weintraub, Seth. 2016. "Tesla Gigafactory Tour Roundup and Tidbits: 'This Is the Coolest Factory in the World.' " *Electrek*, July 28. https://electrek.co/2016/07/28/tesla-gigafactory-tour-roundup-and-tidbits-this-is-the-coolest-factory-ever/.
- Weinzierl, Matthew C., Kylie Lucas, and Mehak Sarang. 2021. *SpaceX, Economies of Scale, and a Revolution in Space Access*. Boston: Harvard Business School.
- West, Geoffrey. 2017. *Scale: The Universal Laws of Life and Death in Organisms, Cities, and Companies*. London: Weidenfeld and Nicolson.
- Whaley, Sean. 2016. "Tesla Officials Show Off Progress at Gigafactory in Northern Nevada." *Las Vegas Review-Journal*, March 20.
- Williams, Terry M., and Knut Samset. 2010. "Issues in Front-End Decision Making on Projects." *Project Management Journal* 41 (2): 38–49.
- Williams, Terry M., Knut Samset, and Kjell Sunnevåg, eds. 2009. *Making Essential Choices with Scant Information: Front-End Decision Making in Major Projects*. London: Palgrave Macmillan.
- Williams, Walter. 1998. *Honest Numbers and Democracy*. Georgetown University Press.
- Willis, Carol. 1995. *Form Follows Finance: Skyscrapers and Skylines in New York and Chicago*. New York: Princeton Architectural Press.
- Willis, Carol, ed. 1998. *Building the Empire State Building*. New York: Norton Architecture.
- Wilson, Michael. 2002. "Study Finds Steady Overruns in Public Projects." *The New York Times*, July 11.
- Wilson, Timothy D., Christopher E. Houston, Kathryn M. Etling, and Nancy Brekke. 1996. "A New Look at Anchoring Effects: Basic Anchoring and Its Antecedents." *Journal of Experimental Psychology: General* 125 (4): 387–402.
- Winch, Graham M. 2010. *Managing Construction Projects: An Information Processing Approach*, 2nd ed. Oxford, UK: Wiley-Blackwell.
- Woo, Andrea. 2021. "Nearly 600 People Died in BC Summer Heat Wave, Vast Majority Seniors: Coroner." *The Globe and Mail*, November 1.
- World Bank. 2010. Cost-Benefit Analysis in World Bank Projects. Washington, DC: World Bank.
- World Health Organization (WHO). "Climate Change." World Health Organization. https://www.who.int/health-topics/climate-change#tab=tab_1.
- *World Nuclear News*. 2016. "Japanese Government Says Monju Will Be Scrapped." *World Nuclear News*, December 22. https://www.world-nuclear-news.org/NP-Japanese-government-says-Monju-will-be-scrapped-2212164.html.
- Young, H. Kwak, John Waleski, Dana Sleeper, and Hessam Sadatsafavi. 2014. "What Can We Learn from the Hoover Dam Project That Influenced Modern Project Management?" *International Journal of Project Management* 32 (2): 256–64.
- Zimbalist, Andrew. 2020. *Circus Maximus: The Economic Gamble Behind Hosting the Olympics and the World Cup*, 3rd ed. Washington, DC: Brookings Institution.
- Zou, Patrick X., Guomin Zhang, and Jiayuan Wang. 2007. "Understanding the Key Risks in Construction Projects in China." *International Journal of Project Management* 25 (6): 601–14.

# 原註

## 序章："夢のカリフォルニア"


1. 運賃の推定値はさまざまなシナリオによって示され、下は68ドルから上は104ドルまでの幅があった。プロジェクトの総工費は、327億8500万ドルから336億2500万ドルの間と推定された。以下を参照。California High-Speed Rail Authority, *Financial Plan* (Sacramento: California High-Speed Rail Authority, 1999); California High-Speed Rail Authority, *California High-Speed Train Business Plan* (Sacramento: California High-Speed Rail Authority, 2008); Safe, Reliable High-Speed Passenger Train Bond Act for the 21st Century, AB-3034, 2008, https://leginfo.legislature.ca.gov/faces/billNavClient.xhtml?bill_id=200720080AB3034.
2. California High-Speed Rail Authority, *California High-Speed Rail Program Revised 2012 Business Plan: Building California's Future* (Sacramento: California High-Speed Rail Authority, 2012); California High-Speed Rail Authority, *Connecting California: 2014 Business Plan* (Sacramento: California High-Speed Rail Authority, 2014); California High-Speed Rail Authority, *Connecting and Transforming California: 2016 Business Plan* (Sacramento: California High-Speed Rail Authority, 2016); California High-Speed Rail Authority, *2018 Business Plan* (Sacramento: California High-Speed Rail Authority, 2018); California High-Speed Rail Authority, *2020 Business Plan: Recovery and Transformation* (Sacramento: California High-Speed Rail Authority, 2021); California High-Speed Rail Authority, *2020 Business Plan: Ridership & Revenue Forecasting Report* (Sacramento: California High-Speed Rail Authority, 2021); California High-Speed Rail Authority, *Revised Draft 2020 Business Plan: Capital Cost Basis of Estimate Report* (Sacramento: California High-Speed Rail Authority, 2021).
3. California High-Speed Rail Authority, *Revised Draft 2020 Business Plan: Capital Cost Basis of Estimate Report*.
4. ネパールの学校プロジェクトの詳細は以下を参照。Bent Flyvbjerg, "Four Ways to Scale Up: Smart, Dumb, Forced, and Fumbled," *Saïd Business School Working Papers*, Oxford University, 2021.
5. "What Did Nepal Do?," Exemplars in Global Health, 2022, https://www.exemplars.health/topics/stunting/nepal/what-did-nepal-do.
6. プロジェクトの名称は、「基礎初等教育プロジェクト（BPEP）」という。私は学校と教室のプロトタイプを設計したデンマークの建築家、ハンス・ラウリッツ・ヨルゲンセンと緊密に連携して、プロジェクトの企画・計画を担当した。その後は実行チームが中心となってプロジェクトを推進し、12年かけて学校を建設した。私は実行チームの指揮も依頼されていたが、丁重に辞退した。現場での計画実行に関わりたい気持ちは強かったが（今も強い）、大学教授を本業にすると決めたからだ。私は何がプロジェクトの成否を分けるのかをどうしても根本的に理解したかったが、そのためには大学での詳細な研究が欠かせなかった。そこでデンマークに戻り、まずはデンマークのオールボー大学で、その後オランダのデルフト工科大学、イギリスのオックスフォード大学、デンマークのコペンハーゲンIT大学で、教授として研究を行ってきた。
7. Bent Flyvbjerg, "Introduction: The Iron Law of Megaproject Management," in *The Oxford Handbook of Megaproject Management*, ed. Bent Flyvbjerg (Oxford, UK: Oxford University Press, 2017), 1–18.
8. Joseph E. Stevens, *Hoover Dam: An American Adventure* (Norman: University of Oklahoma Press, 1988); Young Hoon Kwak et al., "What Can We Learn from the Hoover Dam Project That Influenced Modern Project Management?," *International Journal of Project Management* 32 (2014): 256–64.
9. Martin W. Bowman, *Boeing 747: A History* (Barnsley, UK: Pen and Sword Aviation, 2015); Stephen Dowling, "The Boeing 747: The Plane That Shrank the World," BBC, June 19, 2020, https://www.bbc.com/future/article/20180927-the-boeing-747-the-plane-that-shrank-the-world.
10. パトリック・コリソンがトニー・フェデルとの私的なやりとりをもとに伝えている。https://patrickcollison.com/fast; Walter Isaacson, *Steve Jobs* (New York: Simon & Schuster, 2011), 384–90.
11. Jason Del Rey, "The Making of Amazon Prime, the Internet's Most Successful and Devastating Membership Program," Vox, May 3, 2019, https://www.vox.com/recode/2019/5/3/18511544/amazon-prime-oral-history-jeff-bezos-one-day-shipping.
12. John Tauranc, *The Empire State Building: The Making of a Landmark* (Ithaca, NY: Cornell University Press, 2014), 153.
13. William F. Lamb, "The Empire State Building,"

*Architectural Forum* 54, no. 1 (January 1931): 1–7.

14. Empire State Inc., *The Empire State* (New York: Publicity Association, 1931), 21.
15. Carol Willis, *Building the Empire State* (New York: Norton, 1998), 11–12.
16. Tauranac, *The Empire State Building*, 204.
17. Ibid.
18. Benjamin Flowers, *Skyscraper: The Politics and Power of Building New York City in the Twentieth Century* (Philadelphia: University of Pennsylvania Press, 2009), 14.

## 1章：ゆっくり考え、すばやく動く

1. 内部情報と私の記憶を補足するために、以下を参照した。Shani Wallis, "Storebaelt Calls on Project Moses for Support," *TunnelTalk*, April 1993, https://www.tunneltalk.com/Denmark-Apr1993-Project-Moses-called-on-to-support-Storebaelt-undersea-rail-link.php; Shani Wallis, "Storebaelt—The Final Chapters," *TunnelTalk*, May 1995, https://www.tunneltalk.com/Denmark-May1995-Storebaelt-the-final-chapters.php; "Storebaelt Tunnels, Denmark," Constructive Developments, https://sites.google.com/site/constructivedevelopments/storebaelt-tunnels.
2. De af Folketinget Valgte Statsrevisorer [デンマーク国家監査室], *Beretning om Storebæltsforbindelsens økonomi*, beretning 4/97 (Copenhagen: Statsrevisoratet, 1998); Bent Flyvbjerg, "Why Mass Media Matter and How to Work with Them: Phronesis and Megaprojects," in *Real Social Science: Applied Phronesis*, eds. Bent Flyvbjerg, Todd Landman, and Sanford Schram (Cambridge, UK: Cambridge University Press, 2012), 95–121.
3. Walter Williams, *Honest Numbers and Democracy* (Washington, DC: Georgetown University Press, 1998).
4. データを誤って解釈した研究の例については以下を参照。Bent Flyvbjerg et al., "Five Things You Should Know About Cost Overrun," *Transportation Research Part A: Policy and Practice* 118 (December 2018): 174–90.
5. 最初の258件のプロジェクトのデータセットを収集するにあたり、とくに力になってくれたのが、当時オールボー大学の博士課程学生で、これらのデータに関する主な論文を私と共同執筆した、メッテ・K・スカムリス・ホルムである。彼女はその後計画実務で輝かしいキャリアを歩み、本書執筆時点でデンマーク・オールボー市の技監を務めている。
6. Bent Flyvbjerg, Mette K. Skamris Holm, and Søren L. Buhl, "Underestimating Costs in Public Works Projects: Error or Lie?," *Journal of the American Planning Association* 68, no. 3 (Summer 2002): 279–95; Bent Flyvbjerg, Mette K. Skamris Holm, and Søren L. Buhl, "What Causes Cost Overrun in Transport Infrastructure Projects?," *Transport Reviews* 24, no. 1 (January 2004): 3–18; Bent Flyvbjerg, Mette K. Skamris Holm, and Søren L. Buhl, "How (In)accurate Are Demand Forecasts in Public Works Projects? The Case of Transportation," *Journal of the American Planning Association* 71, no. 2 (Spring 2005): 131–46.
7. Michael Wilson, "Study Finds Steady Overruns in Public Projects," *The New York Times*, July 11, 2002.
8. 本書では、ここでもほかの場所でも、コスト超過率は実質ベースの(つまりインフレを考慮しない)、最終版の事業計画(つまり初期段階の概要や事業計画案ではない)の予算を基準として算出している。要するにこれらの超過率は控えめな、低い数字ということになる。もしインフレを考慮し、初期の事業計画の予算を基準として算出すれば、超過率はこれよりずっと高くなり、ときには何倍にもなるはずだ。
   数学的には、コスト超過率(パーセント)は以下の式で算出される。
   O = (Ca/Ce-1)×100
   O:コスト超過率　Ca:実際のコスト超過額　Ce:最終投資決定時(つまり建設が決定した時点、または最終版の事業計画)のコスト見積もり
   すべてのコストは固定(実質)価格で算出されている。コスト超過率の算出方法と、算出の落とし穴に関する詳細は以下を参照。Flyvbjerg et al., "Five Things You Should Know About Cost Overrun."
9. Bent Flyvbjerg and Alexander Budzier, "Why Your IT Project May Be Riskier Than You Think," *Harvard Business Review* 89, no. 9 (September 2011): 23–25.
10. 概要については付録Aを参照。
11. Bent Flyvbjerg and Dirk W. Bester, "The Cost-Benefit Fallacy: Why Cost-Benefit Analysis Is Broken and How to Fix It," *Journal of Benefit-Cost Analysis* 12, no. 3 (2021): 395–419.
12. Marion van der Kraats, "BER Boss: New Berlin Airport Has Money Only Until Beginning of 2022," *Aviation Pros*, November 1, 2021, https://www.aviationpros.com/airports/news/21244678/ber-boss-new-berlin-airport-has-money-only-until-beginning-of-2022.
13. Bent Flyvbjerg, "Introduction: The Iron Law of Megaproject Management," in *The Oxford Handbook of Megaproject Management*, ed. Bent Flyvbjerg (Oxford, UK: Oxford University Press, 2017), 1–18.
14. Max Roser, Cameron Appel, and Hannah Ritchie, "Human Height," *Our World in Data*, May 2019, https://ourworldindata.org/human-height.

15. 成人男性の平均身長は175センチ、人類史上最も背の高い男性は272センチである。本書執筆時点で世界一の富豪は、個人資産1978億ドルのジェフ・ベゾス。世界の1人当たり平均資産は6万3100ドルである。
16. 以下も参照。Bent Flyvbjerg et al., "The Empirical Reality of IT Project Cost Overruns: Discovering a Power-Law Distribution," forthcoming in *Journal of Management Information Systems* 39, no. 3 (Fall 2022).
17. 数学／統計好きな読者のために：確率理論や統計学では、実数値確率変数の「裾の広がり具合」を示す標準的な指標に、尖度（カートシス）がある。ガウス（正規）分布の尖度は3である。尖度が3より小さい分布は、それ自体が裾の薄いガウス分布よりもさらに裾が薄い。尖度が3より大きい分布はファットテールとみなされる。尖度が３を超えれば超えるほど（「超過尖度」と呼ばれる）、分布のファットテール性は高くなる。数学者のブノワ・マンデルブロによれば、1970年から2001年の間のＳ＆Ｐ500株価指数の変動を分析した先駆的研究で、尖度が43.36だったという。これはガウス分布の尖度の約14.5倍であり、危険なほど高い金融リスクだと、マンデルブロは述べている。以下を参照。Benoit B. Mandelbrot and Richard L. Hudson, *The (Mis)behavior of Markets* (London: Profile Books, 2008), 96.（『禁断の市場　フラクタルで見るリスクとリターン』）だがこの数値は、私が発見した数値に比べれば特段高いわけではない。たとえばＩＴプロジェクトの尖度は642.51（ガウス分布の214倍）、水道プロジェクトは182.44だった。実際、私がデータを持っている20超のプロジェクトタイプのうち、コスト超過率の尖度が正規分布もしくはそれに近いものは、数えるほどしかない（スケジュール予定超過と便益過少についても、データ数は少ないが同様の結果を得ている）。大多数のプロジェクトタイプが3を超える――しばしば3を大きく超える――尖度を持つファットテール分布か、非常にファットテール性の強い分布である。統計論と意思決定論には、「尖度リスク」という考えがある。これは正規分布で予想されるよりも平均値から大きく（標準偏差の数という意味で）逸脱する傾向がある観測値に、統計モデルとして正規分布が適用される際に生じるリスクを言う。プロジェクトマネジメントの研究と実務は尖度リスクをおおむね無視している。このことは、上記で説明したように尖度が極端に高いことを考えると残念であり、またプロジェクトマネジメントが体系的かつ華々しく失敗することが多いことの根本原因である。
18. Bent Flyvbjerg and Alexander Budzier, "Why Your IT Project May Be Riskier Than You Think."
19. Ibid.
20. "Former SCANA CEO Sentenced to Two Years for Defrauding Ratepayers in Connection with Failed Nuclear Construction Program," US Department of Justice, October 7, 2021, https://www.justice.gov/usao-sc/pr/former-scana-ceo-sentenced-two-years-defrauding-ratepayers-connection-failed-nuclear.
21. *Restoration Home*, season 3, episode 8, BBC, https://www.bbc.co.uk/programmes/b039glq7.
22. Alex Christian, "The Untold Story of the Big Boat That Broke the World," *Wired*, June 22, 2021, https://www.wired.co.uk/article/ever-given-global-supply-chain.
23. Motoko Rich, Stanley Reed, and Jack Ewing, "Clearing the Suez Canal Took Days. Figuring Out the Costs May Take Years," *The New York Times*, March 31, 2021.
24. Charles Perrow, *Normal Accidents: Living with High-Risk Technologies*, updated edition (Princeton, NJ: Princeton University Press, 1999).
25. Henning Larsen, *De skal sige tak! Kulturhistorisk testamente om Operaen* (Copenhagen: People's Press, 2009), 14.
26. Maria Abi-Habib, Oscar Lopez, and Natalie Kitroeff, "Construction Flaws Led to Mexico City Metro Collapse, Independent Inquiry Shows," *The New York Times*, June 16, 2021; Oscar Lopez, "Faulty Studs Led to Mexico City Metro Collapse, Attorney General Says," *The New York Times*, October 14, 2021.
27. Natalie Kitroeff et al., "Why the Mexico City Metro Collapsed," *The New York Times*, June 13, 2021.
28. Ed Catmull, *Creativity, Inc.: Overcoming the Unseen Forces That Stand in the Way of True Inspiration* (New York: Random House, 2014), 115.
29. エイブラハム・リンカーンやウィンストン・チャーチル、マーク・トウェインなどのものとされる多くの名言と同様、この言葉の出所も正確ではない可能性がある。以下を参照。https://quoteinvestigator.com/2014/03/29/sharp-axe/.
30. 著者によるルイス・トンプソンへのインタビュー（2020年4月22日）。ここやほかの場所でいう、「著者によるインタビュー」とは、著者のベント・フリウビヤとダン・ガードナーのいずれか、または両方によって行われたインタビューを意味する。

## 2章：本当にそれでいい？

1. Steve Vogel, The Pentagon: A History (New York: Random House, 2007), 11.
2. Ibid., 41.
3. Ibid., 76.
4. Ibid., 49.
5. 戦略的虚偽表明は、政治的バイアス、戦略的バイアス、権力バイアス、マキャヴェリファクターなどとも呼ばれる。このバイアスは、目的のためには手段を選ばないという考えだ。すなわち、戦略（資金を得ること）がバイアス（プロジェクトの書面上での見栄えをよくす

ること)を生み出す。戦略的虚偽表明は、エージェンシー問題や、政治的・組織的圧力(たとえば、希少資源をめぐる競争や地位をめぐる駆け引きなど)に端を発すると考えられる。以下を参照。Bent Flyvbjerg, "Top Ten Behavioral Biases in Project Management: An Overview," *Project Management Journal* 52, no. 6 (December 2021): 531–46; Lawrence R. Jones and Kenneth J. Euske, "Strategic Misrepresentation in Budgeting," *Journal of Public Administration Research and Theory* 1, no. 4 (1991): 437–60; Wolfgang Steinel and Carsten K. W. De Dreu, 2004, "Social Motives and Strategic Misrepresentation in Social Decision Making," *Journal of Personality and Social Psychology* 86, no. 3 (March 1991): 419–34; Ana Guinote and Theresa K. Vescio, eds., *The Social Psychology of Power* (New York: Guilford Press, 2010).

6. Dan Lovallo and Daniel Kahneman, "Delusions of Success: How Optimism Undermines Executives' Decisions," *Harvard Business Review* 81, no. 7 (July 2003), 56–63; Bent Flyvbjerg, "Delusions of Success: Comment on Dan Lovallo and Daniel Kahneman," *Harvard Business Review* 81, no. 12 (December 2003): 121–22.
7. カーネマンは2011年のベストセラー『ファスト&スロー』にこう書いている。「当初予算の誤りは無実であるとは限らない。非現実的な計画を立てる人たちは、上司やクライアントから計画の承認を是非とも得たいと考えている場合が多い。いったん承認されたプロジェクトは、予算や工期が超過したからといって、未完成のまま放棄されることはほとんどないと知っているからだ」(原書pp. 250–51)。このくだりが、罪のない心理的認知バイアスの説明ではなく、プロジェクトを始動させることをねらう政治的バイアスの説明なのは明らかだ。私とダニエル・カーネマンが行った、権力バイアスと戦略的虚偽表明に関する議論の詳細は、以下を参照。Flyvbjerg, "Top Ten Behavioral Biases in Project Management."
8. Flyvbjerg, "Top Ten Behavioral Biases in Project Management."
9. 楽観主義は十分に実証された認知バイアスであり、計画的な行動の結果について過度に楽観的になる傾向をいう。神経科学者のターリ・シャーロットは、楽観主義を「人間の知性に可能な最大の欺きの一つ」と呼んでいる。戦略的虚偽表明は意図的だが、楽観バイアスは意図的ではない。専門家を含むあらゆる人が楽観主義にとらわれ、自分が楽観主義的であることに気づかない。利益や損失、確率を合理的に考慮する代わりに、理想的な未来をもとに決定を下す。便益を過大評価し、費用を過小評価する。無意識のうちに成功のシナリオを描き、ミスや誤算の可能性を見過ごす。そのため、便益とコストという点で、計画が予想通り実現する可能性は低い。以下を参照。Tali Sharot, *The Optimism Bias: A Tour of the Irrationally Positive Brain* (New York: Pantheon, 2011), xv; Daniel Kahneman, *Thinking, Fast and Slow* (New York: Farrar, Straus and Giroux, 2011), 255; Flyvbjerg, "Top Ten Behavioral Biases in Project Management."
10. Iain A. McCormick, Frank H. Walkey, and Dianne E. Green, "Comparative Perceptions of Driver Ability—A Confirmation and Expansion," *Accident Analysis & Prevention* 18, no. 3 (June 1986): 205–8.
11. Arnold C. Cooper, Carolyn Y. Woo, and William C. Dunkelberg, "Entrepreneurs' Perceived Chances for Success," *Journal of Business Venturing* 3, no. 2 (Spring 1988): 97–108.
12. Neil D. Weinstein, Stephen E. Marcus, and Richard P. Moser, "Smokers' Unrealistic Optimism About Their Risk," *Tobacco Control* 14, no. 1 (February 2005): 55–59.
13. Kahneman, *Thinking, Fast and Slow*, 257.
14. Keith E. Stanovich and Richard F. West, "Individual Differences in Reasoning: Implications for the Rationality Debate," *Behavioral and Brain Sciences* 23, no. 5 (2000): 645–65.
15. Gerd Gigerenzer, Peter M. Todd, and the ABC Research Group, *Simple Heuristics That Make Us Smart* (Oxford, UK: Oxford University Press, 1999); Gerd Gigerenzer, Ralph Hertwig, and Thorsten Pachur, eds., *Heuristics: The Foundations of Adaptive Behavior* (Oxford, UK: Oxford University Press, 2011); Gerd Gigerenzer and Wolfgang Gaissmaier, "Heuristic Decision Making," *Annual Review of Psychology* 62, no. 1 (2011): 451–82.
16. Gary Klein, *Sources of Power: How People Make Decisions* (Cambridge, MA: MIT Press, 1999).
17. 計画の錯誤は楽観バイアスの一種で、ベストケース・シナリオに非現実的なまでに近い計画や見積もりを立てる人が陥りがちな傾向である。この用語は、もとはダニエル・カーネマンとエイモス・トヴェルスキーが、タスクの完了にかかる時間を過小評価する傾向を表すためにつくった言葉である。ロジャー・ビューラーらの研究は、この定義をもとに行われた。その後この概念は拡大され、人々が計画的作業のコストと期間を過小評価する傾向と、その便益と機会を過大評価する傾向までもが含まれるようになった。

    もとの狭義の概念と、のちの広義の概念は、対象が根本的に異なるため、私とキャス・サンスティーンは両者の混同を避けるために、広義の概念を「拡張版の計画の錯誤」と呼ぶことを提唱した。以下を参照。Daniel Kahneman and Amos Tversky, "Intuitive Prediction: Biases and Corrective Procedures," in *Studies in the Management Sciences: Forecasting*, vol. 12, eds. Spyros

Makridakis and S. C. Wheelwright (Amsterdam: North Holland, 1979), 315; Roger Buehler, Dale Griffin, and Heather MacDonald, "The Role of Motivated Reasoning in Optimistic Time Predictions," *Personality and Social Psychology Bulletin* 23, no. 3 (March 1997): 238–47; Roger Buehler, Dale Wesley Griffin, and Michael Ross, "Exploring the 'Planning Fallacy': Why People Underestimate Their Task Completion Times," *Journal of Personality and Social Psychology* 67, no. 3 (September 1994): 366–81; Bent Flyvbjerg and Cass R. Sunstein, "The Principle of the Malevolent Hiding Hand; or, The Planning Fallacy Writ Large," *Social Research* 83, no. 4 (Winter 2017): 979–1004.

18. Douglas Hofstadter, *Gödel, Escher, Bach: An Eternal Golden Braid* (New York: Basic Books, 1979).

19. Roger Buehler, Dale Griffin, and Johanna Peetz, "The Planning Fallacy: Cognitive, Motivational, and Social Origins," *Advances in Experimental Social Psychology* 43 (2010): 1–62.

20. Dale Wesley Griffin, David Dunning, and Lee Ross, "The Role of Construal Processes in Overconfident Predictions About the Self and Others," *Journal of Personality and Social Psychology* 59, no. 6 (January 1991): 1128–39; Ian R. Newby-Clark et al., "People Focus on Optimistic Scenarios and Disregard Pessimistic Scenarios While Predicting Task Completion Times," *Journal of Experimental Psychology: Applied* 6, no. 3 (October 2000): 171–82.

21. "Leadership Principles," Amazon, https://www.amazon.jobs/en/principles.

22. Francesca Gino and Bradley Staats, "Why Organizations Don't Learn," *Harvard Business Review* 93, no. 10 (November 2015): 110–18.

23. 利用可能性バイアスとは、何であれ頭に浮かびやすいことを過度に優先してしまう傾向をいう。利用可能性は記憶がどれだけ新しいか、異例か、感情に訴えるかに影響され、より最近の、より異例な、より感情を掻き立てる記憶ほど思い出しやすい。また権力のある人はそうでない人に比べて利用可能性バイアスの影響を受けやすいこともわかっている。なぜそうなるかと言えば、権力のある人はそうでない人に比べ、自分の直感を信じて「成り行きに任せる」ことが多いため、想起する内容よりも、想起する容易さに強く影響を受けるからだと思われる。以下を参照。Mario Weick and Ana Guinote, "When Subjective Experiences Matter: Power Increases Reliance on the Ease of Retrieval," *Journal of Personality and Social Psychology* 94, no. 6 (June 2008): 956–70; Flyvbjerg, "Top Ten Behavioral Biases in Project Management."

24. Jean Nouvel, interview about DR-Byen in *Weekendavisen* (Copenhagen), January 16, 2009, 4.

25. Willie Brown, "When Warriors Travel to China, Ed Lee Will Follow," *San Francisco Chronicle*, July 27, 2013.

26. 私信、著者のアーカイブ。

27. Ibid.

28. George Radwanski, "Olympics Will Show Surplus Mayor Insists," *The Gazette*, January 30, 1973.

29. Brown, "When Warriors Travel to China, Ed Lee Will Follow."

30. Elia Kazan, *A Life* (New York: Da Capo Press, 1997), 412–13.

31. Steven Bach, *Final Cut: Art, Money, and Ego in the Making of* Heaven's Gate, *the Film That Sank United Artists* (New York: Newmarket Press, 1999), 23.『ファイナル・カット――「天国の門」製作の夢と悲惨』

32. Bent Flyvbjerg and Allison Stewart, "Olympic Proportions: Cost and Cost Overrun at the Olympics, 1960–2012," *Saïd Business School Working Papers*, University of Oxford, 2012.

33. コミットメントのエスカレーションとは、新たに得た証拠によって、最初の投資決定が合理性を失っていること、そして追加投資が追加便益によって埋め合わせされないことが判明したのに、追加投資の決定を正当化してしまう傾向をいう。コミットメントのエスカレーションは個人だけでなく、集団や組織全体にも見られる。これを初めて説明したのはバリー・M・ストウの1976年の論文で、その後のジョエル・ブロックナー、バリー・ストウ、ダスティン・J・スリーズマン他、ヘルガ・ドラモンドなどの研究でも取り上げられている。経済学者は同様の現象をサンクコストの錯誤(Arkes and Blumer, 1985)や、固定化(Cantarelli et al., 2010)などの用語で表す。コミットメントのエスカレーションは「損の上塗り」や「乗りかかった船」などの慣用句にも表れている。コミットメントのエスカレーションは、当初の定義では、無意識的で、意図的でない現象とされる。ほかの認知バイアスと同様、人はこのバイアスにとらわれていることに気づかない。だがその仕組みを理解する者によって、意図的に利用されることもある。以下を参照。Barry M. Staw, "Knee-Deep in the Big Muddy: A Study of Escalating Commitment to a Chosen Course of Action," *Organizational Behavior and Human Resources* 16, no. 1 (1976): 27–44; Joel Brockner, "The Escalation of Commitment to a Failing Course of Action: Toward Theoretical Progress," *Academy of Management Review* 17, no. 1 (1992): 39–61; Barry M. Staw, "The Escalation of Commitment: An Update and Appraisal," in *Organizational Decision Making*, ed. Zur Shapira (Cambridge, UK: Cambridge University Press, 1997), 191–215;

Dustin J. Sleesman et al., "Cleaning up the Big Muddy: A Meta-analytic Review of the Determinants of Escalation of Commitment," *Academy of Management Journal* 55, no. 3 (2012): 541–62; Helga Drummond, "Is Escalation Always Irrational?," originally published in *Organization Studies* 19, no. 6 (1998), cited in *Megaproject Planning and Management: Essential Readings*, vol. 2, ed. Bent Flyvbjerg (Cheltenham, UK: Edward Elgar, 2014), 291–309; Helga Drummond, "Megaproject Escalation of Commitment: An Update and Appraisal," in *The Oxford Handbook of Megaproject Management*, ed. Bent Flyvbjerg (Oxford, UK: Oxford University Press, 2017), 194–216; Flyvbjerg, "Top Ten Behavioral Biases in Project Management."

34. Sleesman et al., "Cleaning Up the Big Muddy."
35. Richard H. Thaler, *Misbehaving: How Economics Became Behavioural* (London: Allen Lane, 2015), 20.
36. Vogel, *The Pentagon*, 24.
37. Bent Flyvbjerg, Massimo Garbuio, and Dan Lovallo, "Delusion and Deception in Large Infrastructure Projects: Two Models for Explaining and Preventing Executive Disaster," *California Management Review* 51, no. 2 (Winter 2009): 170–93.
38. Vogel, *The Pentagon*, 102.
39. 社会心理学の古典的な研究成果の一つに、「人は少なくともある程度は、言行を一致させようとする」というものがある。そのため人は、とくに何かを公に約束すると、その後その約束と一貫した方法で行動しようとする傾向にある。以下を参照。Rosanna E. Guadagno and Robert B. Cialdini, "Preference for Consistency and Social Influence: A Review of Current Research Findings," *Social Influence* 5, no. 3 (2010): 152–63; Robert B. Cialdini, *Influence: The Psychology of Persuasion*, new and expanded edition (New York: Harper Business, 2021), 291–362.したがって、結論を出す前に、この手法で検討することを公に約束すれば、開かれた心を持ち続けることができる。

## 3章：「根本」を明確にする

1. 著者によるフランク・ゲーリーへのインタビュー（2021年3月5日）。
2. Academy of Achievement, "Frank Gehry, Academy Class of 1995, Full Interview," YouTube, July 19, 2017, https://www.youtube.com/watch?v=wTEICmNkkKc.
3. Paul Goldberger, *Building Art: The Life and Work of Frank Gehry* (New York: Alfred A. Knopf, 2015), 290–94.
4. Ibid., 290.
5. Ibid., 303.ビルバオの成功はあまりにも華々しかったため、目を見張るような新しい建物の建設で都市を再生させるという意味の、「ビルバオ効果」という用語まで生まれた。だがビルバオで起こったことは、シドニー・オペラハウスがシドニーで行ったことの再現に過ぎない。バスク州の政府高官はこの前例を念頭に置いており、シドニー・オペラハウスと同じことをしてほしいと、ゲーリーにはっきり伝えたという。したがってこの現象は「シドニー効果」と呼んだほうがいいのかもしれない。だが名称が何であれ、ここまでの大成功を収めるのは非常にまれなことだ。多くの都市がそれを再現しようとしているが、シドニーとビルバオを除けば、一般に残念な結果に終わっている。
6. Jason Farago, "Gehry's Quiet Interventions Reshape the Philadelphia Museum," *The New York Times*, May 30, 2021.
7. John B. Robinson, "Futures Under Glass: A Recipe for People Who Hate to Predict," *Futures* 22, no. 8 (1990): 820–42.
8. Peter H. Gleick et al., "California Water 2020: A Sustainable Vision," Pacific Institute, May 1995, http://s3-us-west-2.amazonaws.com/ucldc-nuxeo-ref-media/dd359729-560b-4899-aaa2-1944b7a42e5b.
9. このスティーブ・ジョブズの発言は、聴衆からの厳しい質問によって引き出された。発言の全体は、以下のビデオで視聴可能。258t, "Steve Jobs Customer Experience," YouTube, October 16, 2015, https://www.youtube.com/watch?v=r2O5qKZlI50.
10. Steven Levy, "20 Years Ago, Steve Jobs Built the 'Coolest Computer Ever.' It Bombed," *Wired*, July 24, 2020, https://www.wired.com/story/20-years-ago-steve-jobs-built-the-coolest-computer-ever-it-bombed/.
11. Colin Bryar and Bill Carr, *Working Backwards: Insights, Stories, and Secrets from Inside Amazon* (New York: St. Martin's Press, 2021), 98–105; Charles O'Reilly and Andrew J. M. Binns, "The Three Stages of Disruptive Innovation: Idea Generation, Incubation, and Scaling," *California Management Review* 61, no. 3 (May 2019): 49–71.
12. 著者によるイアン・マカリスターへのインタビュー（2020年11月12日）。
13. Bryar and Carr, *Working Backwards*, 106–9.
14. Ibid., 158–60.
15. Brad Stone, *Amazon Unbound: Jeff Bezos and the Invention of a Global Empire* (New York: Simon & Schuster, 2021), 40–41.
16. Robert A. Caro, *Working: Researching, Interviewing, Writing* (New York: Vintage Books, 2019), 197–99. From an interview originally published in *Paris Book Review*, Spring 2016.

## 4章：ピクサー・プランニング

1. "World Heritage List: Sydney Opera House," UNESCO, https://whc.unesco.org/en/list/166.
2. Cristina Bechtler, *Frank O. Gehry/Kurt W. Forster* (Ostfildern-Ruit: Hatje Cantz, 1999), 23.
3. Matt Tyrnauer, "Architecture in the Age of Gehry," *Vanity Fair*, June 30, 2010.
4. Paul Goldberger, *Building Art: The Life and Work of Frank Gehry* (New York: Alfred A. Knopf, 2015), 299; Bent Flyvbjerg, "Design by Deception: The Politics of Megaproject Approval," *Harvard Design Magazine*, no. 22 (Spring–Summer 2005): 50–59.
5. Paul Israel, *Edison: A Life of Invention* (New York: John Wiley & Sons, 1998), 167–77.
6. 上向き(ポジティブ)と下向き(ネガティブ)の学習曲線の詳細は以下を参照。Bent Flyvbjerg, "Four Ways to Scale Up: Smart, Dumb, Forced, and Fumbled," *Saïd Business School Working Papers*, University of Oxford, 2021.
7. Peter Murray, *The Saga of the Sydney Opera House* (London: Routledge, 2003), 7–8.
8. Flyvbjerg, "Design by Deception."
9. 当時施工業者は、ウッツォンが考案した元のシェルの設計は建設不可能だと結論づけた。だが数十年後、フランク・ゲーリーのチームによって、もしウッツォンとチームがゲーリーのCATIAの3次元設計モデルを使っていれば、建設が可能だったことが示された。根本的な問題は、ウッツォンの設計が建築不可能だったことではなく、それを設計し建築するための技術がまだ開発されていなかったことにあった。
10. Philip Drew, *The Masterpiece: Jørn Utzon, a Secret Life* (South Yarra, Victoria, Australia: Hardie Grant Books, 2001).
11. ヨーン・ウッツォンはシドニー・オペラハウスの開幕式に招待されなかったと言われることが多い。これはいかにも本当らしく思われるからこそ今も語り継がれているのだろうし、ウィキペディアにもそう書かれている(Wikipedia"Sydney Opera House,"2022年7月9日アクセス済み)。だがそれは間違いだ。ウッツォンは実際に招待された。だが、自分が出席すれば、オペラハウスをめぐる議論が再燃して、エリザベス2世の臨席に水を差すことになるとして、辞退したのだった。開幕式は対立ではなく、喜びと祝賀の機会になるべきだと、ウッツォンは主張した。またメディアを避ける意味もあった。シドニーに行けばメディアの餌食になるのは確実だった。そのような状況では、自分が出席しないのが一番角が立たないと、彼は説明した(Drew, *The Masterpiece*, 432–33)。だが招待を断ったことで、開催者の不評を買った可能性もある。私は調査の過程でシドニー・オペラハウスの職員に話を聞く機会があった。彼らによると、開幕式のあとの数十年にわたり、職員は毎日数回行う建物のツアーで、ウッツォンの名前を出さないようにと指示されていたという。代わりに、建物を完成させるために雇われたオーストラリアの建築家ピーター・ホールの名前が、建築家として挙げられた。ウッツォンがオーストラリアを離れてから30年近く経った1990年代になって、世界はウッツォンがないがしろにされていた事実にようやく気づき、彼に数々の賞を浴びせ始めた。イスラエルのウルフ賞、デンマークのソニング賞、アメリカのプリツカー賞など。最終的に、オペラハウスの運営者が和解の印として、ウッツォンに建物の将来の改装の設計指針をまとめるよう依頼した。ウッツォンは、息子のヤン・ウッツォンが彼に代わってオーストラリアに行くという条件で1999年8月に依頼を引き受けた。Ibid., xiv–xv.
12. Goldberger, *Building Art*, 291–92.
13. CATIAはComputer-Aided Three-dimensional Interactive Application(コンピュータ支援3次元対話式アプリケーション)の略で、フランスのダッソー・システムズが開発した、CAD(コンピュータ支援設計)やCAM(コンピュータ支援製造)、CAE(コンピュータ支援工学)、3Dモデリング、PLM(製品ライフサイクル管理)のためのソフトウェア・パッケージである。航空宇宙や防衛を含む多くの業界で利用されている。建築ではフランク・ゲーリーがいち早く作品の設計に導入した。ゲーリーはのちに改変したアプリを「デジタルプロジェクト」と改名した。
14. ヴィトラ・デザイン博物館の背面のらせん階段の写真は以下を参照。https://bit.ly/3n7hrAH.
15. "Looking Back at Frank Gehry's Building-Bending Feats," *PBS NewsHour*, September 11, 2015, https://www.pbs.org/newshour/show/frank-gehry; クレイグ・ウェッブへのインタビュー、2012年4月23日。
16. "The Seven-Beer Snitch," *The Simpsons*, April 3, 2005.
17. Goldberger, *Building Art*, 377–78.
18. フランク・ゲーリーとの私信、著者のアーカイブ。
19. Architectural Videos, "Frank Gehry Uses CATIA for His Architecture Visions," YouTube, November 2, 2011, https://www.youtube.com/watch?v=UEn53Wr6380.
20. ピート・ドクターへのインタビュー、2021年1月7日。
21. Ibid.
22. Sophia Kunthara, "A Closer Look at Theranos' Big-Name Investors, Partners, and Board as Elizabeth Holmes' Criminal Trial Begins," *Crunchbase News*, September 14, 2021, https://news.crunchbase.com/news/theranos-elizabeth-holmes-trial-investors-board/.
23. John Carreyrou, *Bad Blood: Secrets and Lies in a Silicon Valley Startup* (New York: Alfred A. Knopf, 2018)『BAD BLOOD　シリコンバレー最大の捏造スキャンダル全真相』, 299; U.S. v. Elizabeth Holmes, et al., https://www.justice.gov/usao-ndca/us-v-elizabeth-holmes-et-al.
24. Leonid Rozenblit and Frank Keil, "The Misunderstood Limits of Folk Science: An Illusion of Explanatory Depth," *Cognitive*

*Science* 26, no. 5 (2002): 521–62; Rebecca Lawson, "The Science of Cycology: Failures to Understand How Everyday Objects Work," *Memory & Cognition* 34, no. 8 (2006): 1667–75.

25. Eric Ries, *The Lean Startup* (New York: Currency, 2011).『リーン・スタートアップ』
26. United States Congress, House Committee on Science and Astronautics, "1974 NASA Authorization Hearings," 93rd Congress, first session, on H.R. 4567, US Government Printing Office, 1, 271.
27. 著者によるピート・ドクターへのインタビュー、2021年1月7日。

## 5章：「経験」のパワー

1. Aristotle, *The Nicomachean Ethics*, translated by J. A. K. Thomson, revised with notes and appendices by Hugh Tredennick, introduction and bibliography by Jonathan Barnes (Harmondsworth, UK: Penguin Classics, 1976).
2. 著者によるカリフォルニア高速鉄道会長ルイス・トンプソンへのインタビュー、2020年6月4日。
3. Lee Berthiaume, "Skyrocketing Shipbuilding Costs Continue as Estimate Puts Icebreaker Price at $7.25B," *The Canadian Press*, December 16, 2021.
4. デンマーク裁判所管理局は、デンマーク語でDomstolsstyrelsenという。私が籍を置いていたのは、裁判所運営の究極の責任を担う、裁判所管理局理事会である。
5. 独自性バイアスは当初心理学者によって、自分を実際よりも特別な――つまり特別に健康、利口、魅力的な等々――存在とみなす傾向として特定された。私がこの用語を初めてプロジェクトの計画・管理で用いたのは、2014年の"What You Should Know About Megaprojects and Why"(メガプロジェクトについてあなたが知るべきこととその理由)の論文である。この論文では独自性バイアスを、計画者と運営者が自らのプロジェクトを特別とみなす傾向と定義した。これは一般的なバイアスだが、とくにプロジェクト管理に関して実りある研究対象だということが判明した。なぜならプロジェクトの計画者と運営者は、自らのプロジェクトを特別であるとみなすよう無意識のうちに体系的に仕向けられているからだ。以下を参照。Bent Flyvbjerg, "What You Should Know About Megaprojects and Why: An Overview," *Project Management Journal* 45, no. 2 (April–May 2014): 6–19; Bent Flyvbjerg, "Top Ten Behavioral Biases in Project Management: An Overview," *Project Management Journal* 52, no. 6 (2021), 531–46; Bent Flyvbjerg, Alexander Budzier, Maria D. Christodoulou, and M. Zottoli, "So You Think Projects Are Unique? How Uniqueness Bias Undermines Project Management," under review.
6. Marvin B. Lieberman and David B. Montgomery, "First-Mover Advantages," *Strategic Management Journal* 9, no. 51 (Summer 1988): 41–58.
7. Peter N. Golder and Gerard J. Tellis, "Pioneer Advantage: Marketing Logic or Marketing Legend?," *Journal of Marketing Research* 30, no. 2 (May 1993): 158–70.
8. Fernando F. Suarez and Gianvito Lanzolla, "The Half-Truth of First-Mover Advantage," *Harvard Business Review* 83, no. 4 (April 2005): 121–27; Marvin Lieberman, "First-Mover Advantage," in *Palgrave Encyclopedia of Strategic Management*, eds. Mie Augier and David J. Teece (London: Palgrave Macmillan, 2018), 559–62.
9. *Oxford Dictionary of Quotations*, 8th ed., ed. Elizabeth Knowles (New York: Oxford University Press, 2014), 557.
10. Bent Flyvbjerg, Alexander Budzier, and Daniel Lunn, "Regression to the Tail: Why the Olympics Blow Up," *Environment and Planning A: Economy and Space* 53, no. 2 (March 2021): 233–60.
11. Ibid.
12. Ashish Patel, Paul A. Bosela, and Norbert J. Delatte, "1976 Montreal Olympics: Case Study of Project Management Failure," *Journal of Performance of Constructed Facilities* 27, no. 3 (2013): 362–69.
13. Ibid.
14. スタジアムの写真や当時のニュース報道については以下を参照。Andy Riga, "Montreal Olympic Photo Flashback: Stadium Was Roofless at 1976 Games," *Montreal Gazette*, July 21, 2016.
15. Brendan Kelly, "Olympic Stadium Architect Remembered as a Man of Vision," *Montreal Gazette*, October 3, 2019.
16. Rafael Sacks and Rebecca Partouche, "Empire State Building Project: Archetype of 'Mass Construction,' " *Journal of Construction Engineering and Management* 136, no. 6 (June 2010): 702–10.
17. William F. Lamb, "The Empire State Building; Shreve, Lamb & Harmon, Architects: VII. The General Design," *Architectural Forum* 54, no. 1 (January 1931), 1–7.
18. Mattias Jacobsson and Timothy L. Wilson, "Revisiting the Construction of the Empire State Building: Have We Forgotten Something?," *Business Horizons* 61, no. 1 (October 2017): 47–57; John Tauranac, *The Empire State Building: The Making of a Landmark* (Ithaca, NY: Cornell University Press, 2014), 204.

19. Carol Willis, *Form Follows Finance: Skyscrapers and Skylines in New York and Chicago* (Princeton, NJ: Princeton Architectural Press, 1995), 95.

20. Catherine W. Bishir, "Shreve and Lamb (1924–1970s)," North Carolina Architects & Builders: A Biographical Dictionary, 2009, https://ncarchitects.lib.ncsu.edu/people/P000414.

21. Michael Polanyi, *The Tacit Dimension* (Chicago: University of Chicago Press, 1966), 4.

22. Malcolm Gladwell, *Blink: The Power of Thinking Without Thinking* (New York: Back Bay Books, 2007), 1–5.『第1感』

23. 心理学者は直感に関する2つの一見矛盾した考え方をめぐって長らく分裂していた。一方の考え方は、ダニエル・カーネマンを代表とする「経験則とバイアス」と呼ばれるもので、直感的な速い思考が私たちを間違った方向に導きがちであることを、主に実験室実験を用いて示した。もう一方は「自然主義的意思決定(NDM)」と呼ばれるもので、経験豊富な人々が職場で実際にどのように意思決定を行うかを研究し、直感が優れた判断基準になることを示した。たとえば機器や手順による検査では異常がないのに、経験豊富な看護師が新生児に何か問題があると察知する、など。心理学者のゲーリー・クラインが、後者の学派の中心的人物である。2009年にカーネマンとクラインは共同論文を発表し、2つの考え方が実際には根本的に両立すると結論づけた。またこの論文は、熟練した直感が発達するために必要な条件を説明している。以下を参照。Daniel Kahneman and Gary Klein, "Conditions for Intuitive Expertise: A Failure to Disagree," *American Psychologist* 64, no. 6 (September 2009): 515–26.　自然主義的意思決定と熟練した直感の研究の概要は以下を参照。Gary Klein, "A Naturalistic Decision-Making Perspective on Studying Intuitive Decision Making," *Journal of Applied Research in Memory and Cognition* 4, no. 3 (September 2015): 164–68;以下も参照。Gary Klein, *Sources of Power: How People Make Decisions* (Cambridge, MA: MIT Press, 1999).

24. ここで強調しておきたいのは、フランク・ゲーリーの責任にされがちな、ウォルト・ディズニー・コンサートホールのコストと工期の超過が、実際には彼の計画不足によるものではなかったということだ。ディズニー・コンサートホールの設計開発段階が終わると、クライアントは設計図面の作成や設計管理に長けた、建築設計責任者にプロジェクトを任せることを決定し、ゲーリーをプロジェクトから外した。この責任者が失敗したことが、遅延と超過の主な原因だった。実際、ゲーリーはのちにプロジェクトに復帰すると、建設開始時に見積もられた予算内でコンサートホールを完成させたと、ゲーリーの伝記作家ポール・ゴールドバーガーと、ロサンゼルス・ミュージック・センター所長でディズニー・コンサートホールの所有者スティーヴン・ラウンツリーは述べている。以下を参照。Paul Goldberger, *Building Art: The Life and Work of Frank Gehry* (New York: Alfred A. Knopf, 2015), 322; Stephen D. Rountree, "Letter to the Editor, Jan Tuchman, Engineering News Record," Music Center, Los Angeles, April 1, 2010.
ディズニー・コンサートホールは、彼の黒歴史になりかけたが、その一方で、彼が政治や営利によって設計を左右されないよう自衛する方法を学んだプロジェクトとして、フランク・ゲーリーのキャリアの中で特別な位置を占めている。ディズニー・コンサートホールはゲーリーにとって、「ウッツォンになりかけた経験」だった。シドニー・オペラハウスがウッツォンのキャリアを終わらせたように、ゲーリーのキャリアもこのとき危機に瀕した。だがこのプロジェクトにはある大きな違いがあり、それがゲーリーをすんでのところで救った。ゲーリーはトラブルに見舞われた際、ウッツォンのように故郷に逃げ帰ることはできなかった。ロサンゼルスが彼の故郷だったからだ。彼の家と仕事場は、ディズニー・コンサートホールから高速道路でほんの数キロの場所にあった。そのためゲーリーは、プロジェクトが行き詰まると地元でのけ者扱いされた。何年もの間地元紙に叩かれ続けた。外を歩けば人々に声をかけられ、ディズニー・コンサートホールの失敗を責められるか、不運を気の毒がられたが、ゲーリーにとってはどちらも同じくらい苛立たしかった。「ここ〔ロサンゼルス〕では誰もが私をたたきのめそうと待ち構えていた。なにしろ私は地元民だからね」(Frank Gehry, *Gehry Talks: Architecture + Process*, ed. Mildred Friedman [London: Thames & Hudson, 2003], 114)。このできごとから10年近く経ったとき、ゲーリーはまだこの時期を人生の「暗黒期」と呼び、「あの過程でいろんな傷を負った」と語っていた。以下を参照。Frank O. Gehry, "Introduction," in *Symphony: Frank Gehry's Walt Disney Concert Hall*, ed. Gloria Gerace (New York: Harry N. Abrams, 2003), 15.ゲーリーにとってのどん底は1997年、ディズニー・コンサートホールに9年もの歳月を費やしたあとで、政治家や実業家が彼をプロジェクトから外し、別の建築家を雇ってゲーリーの設計と図面を完成させようとしたときだった。これがとどめの一撃となった。ゲーリーはしばらくの間、プロジェクトに二度と関わるものかと誓い、ロサンゼルスを出て行くことさえ考えた。だがプロジェクトの主要スポンサーだった、ウォルト・ディズニーの未亡人リリアン・ディズニーを筆頭に、ディズニー家が介入し、権力と資金を盾にゲーリーを支持した。ディズニー・コンサートホールはスキャンダル化したが、騒動が収まると、プロジェクトにおけるゲーリーの地位は強化され、最終的に彼は設計と最終図面作成を一任された。リリアンとウォルトのディズニー夫妻の長女で、ディズニー家の広報を務めるダイアン・ディズニー・ミラーは、次の声明を出した。「私たちがロサンゼルス市に約束したのは、フランク・ゲーリー

の建物です。それこそが、私たちが提供しようとするものです」。以下を参照。Richard Koshalek and Dana Hutt, "The Impossible Becomes Possible: The Making of Walt Disney Concert Hall," in *Symphony*, page 57.要するに、ゲーリーはシドニーのウッツォンとは違って、ロサンゼルスに強力な支持者がいて、攻撃が手に負えなくなったときに守ってもらえた。彼らが最終的にゲーリーとディズニー・コンサートホールの設計を救ったのだった。
だがタイミングもゲーリーに味方した。ディズニー・コンサートホールでの彼のどん底期は、偶然にも彼が1997年のグッゲンハイム・ビルバオの開館によって世界的スーパースターになった時期と重なっていた。本文でも述べたように、グッゲンハイム・ビルバオは、建築を芸術表現の新しい高みに引き上げた現代建築のセンセーションとなり、ゲーリーは、一躍世界的名声を得た。ディズニー・コンサートホールをめぐる論争と遅延のせいで、グッゲンハイム・ビルバオはディズニー・コンサートホールの３年後に着工したにもかかわらず、６年も早く完成した。グッゲンハイム・ビルバオの成功を見て、ロサンゼルスの政財界の指導者や地元メディア、一般市民は、こう考えざるを得なかった。ゲーリーが遠く離れたビルバオで、世界クラスの建築物を工期内、予算内に完成させることができたのなら、ロサンゼルスでも同じことができるに違いない、と。最終的にゲーリーはディズニー・コンサートホールを完成させる責任を託された。彼の事務所が引き継いでから2003年に完成させるまでの間、この2億7400万ドルのプロジェクトには新たなコスト超過もスキャンダルも一切発生しなかった。同じくらい重要なことに、ウォルト・ディズニー・コンサートホールは「ロサンゼルスで建築された最も驚くべき公共建築物の傑作」として、瞬く間に名声を得た。以下を参照。Koshalek and Hutt, "The Impossible Becomes Possible," 58.
というわけで、終わりよければすべてよし、なのだろうか？　これが、建築のスキャンダルに対する一般的な考え方だ。なにしろ完成した建物が１世紀かそれ以上残るのに対し、建築にまつわる苦労やスキャンダルはすぐに忘れられる。人は去り、建物は残る、と。この視点から言えば、ウォルト・ディズニー・コンサートホールやシドニー・オペラハウスのようなプロジェクトは、混乱や悲嘆はあったものの、成功したということになる。だがゲーリーはそうは思っていない。ここでもやはり彼は慣例にとらわれない。彼がディズニー・コンサートホールから得た教訓は、「二度とやるものか！」だった。彼は幸運や偶然のおかげで、かろうじてウッツォンの運命を逃れたことを、戸惑いながらも自覚していた。自分や共同経営者の生活を危険にさらすようなことは二度としたくない。ディズニー・コンサートホールで被った嫌がらせや「闇」はもう勘弁だ。ホールを生み出すまでの長い道のりの中で、ゲーリーはこれほどまでのリスクを取り、不当な扱いを受けるのは、無意味であり不必要だと考えるようになった。コスト超過、工期遅延、論争、風評被害、キャリアと事業上のリスク——これらすべては、傑作を建築するための避けられない要素ではないことをゲーリーは学んだ。ディズニー・コンサートホールで打ちのめされるたび、またビルバオなどで勝利を得るたび、設計と建築を主導する別のやり方があるはずだと、ゲーリーは少しずつ理解していった。建築家が脇に追いやられ、彼の言葉で言えば「子ども扱いされる」のではなく、プロジェクトの主導権を握り続ける方法があるはずだと。ゲーリーは最終的に生み出した新しい方式を、「芸術家の組織(the organization of the artist)」と名づけた。これが初めて活字になったのは以下である。*Harvard Design Magazine*; see Bent Flyvbjerg, "Design by Deception: The Politics of Megaproject Approval," *Harvard Design Magazine*, no. 22 (Spring–Summer 2005): 50–59.ゲーリーはディズニー・コンサートホール以降のすべてのプロジェクトにこの方式を導入して、すばらしい建築物を工期内、予算内に完成させている。

25. Aristotle, *The Nicomachean Ethics*, translated by J. A. K. Thomson, revised with notes and appendices by Hugh Tredennick, introduction and bibliography by Jonathan Barnes (Harmondsworth, UK: Penguin Classics, 1976), 1144b33–1145a11. 人間の知識と行動におけるフロネシスの重要性をよりくわしく説明したものに以下がある。Bent Flyvbjerg, *Making Social Science Matter: Why Social Inquiry Fails and How It Can Succeed Again* (Cambridge, UK: Cambridge University Press, 2001).

## 6章：唯一無二のつもり？

1. ＸＲＬの仕事は、ツォンチュン・カオ教授とアレグザンダー・バジアー博士と私の中核チームが担当し、ＭＴＲの専門家たちの大人数のチームの助けを借りた。この仕事は以下で報告されている。Bent Flyvbjerg and Tsung-Chung Kao with Alexander Budzier, "Report to the Independent Board Committee on the Hong Kong Express Rail Link Project," in MTR Independent Board Committee, *Second Report by the Independent Board Committee on the Express Rail Link Project* (Hong Kong: MTR, 2014), A1–A122.
2. Robert Caro, *Working: Researching, Interviewing, Writing* (New York: Vintage Books, 2019), 71–77.
3. Ibid., 74.
4. Ibid., 72.
5. Ibid., 76–77.
6. アンカリングとは、意思決定を行う際に何らかの情報の断片（アンカー）に過度に影響される傾向を指す。本文で述べたように、人間の脳は、ランダムな数字であれ、過去の経験であれ、虚偽情報であれ、ほとんどどんなものもアンカーにしてしまう。これ

を避けるのは難しいことがわかっている。したがって、アンカリングに対処するための最も効果的な方法は、それを避けるのではなく、意思決定を行う前に、脳に適切な情報をアンカーとして認識させることのように思われる。以下を参照。Timothy D. Wilson et al., "A New Look at Anchoring Effects: Basic Anchoring and Its Antecedents," *Journal of Experimental Psychology: General* 125, no. 4 (1996): 387–402; Nicholas Epley and Thomas Gilovich, "The Anchoring-and-Adjustment Heuristic: Why the Adjustments Are Insufficient," *Psychological Science* 17, no. 4 (2006): 311–18; Joseph P. Simmons, Robyn A. LeBoeuf, and Leif D. Nelson, "The Effect of Accuracy Motivation on Anchoring and Adjustment: Do People Adjust from Provided Anchors?," *Journal of Personality and Social Psychology* 99, no. 6 (2010): 917–32; Bent Flyvbjerg, "Top Ten Behavioral Biases in Project Management: An Overview," *Project Management Journal* 52, no. 6 (2021): 531–46.

7. Amos Tversky and Daniel Kahneman, "Judgment Under Uncertainty: Heuristics and Biases," *Science* 185, no. 4157 (1974): 1124–31; see also Gretchen B. Chapman and Eric J. Johnson, "Anchoring, Activation, and the Construction of Values," *Organizational Behavior and Human Decision Processes* 79, no. 2 (1999): 115–53; Drew Fudenberg, David K. Levine, and Zacharias Maniadis, "On the Robustness of Anchoring Effects in WTP and WTA Experiments," *American Economic Journal: Microeconomics* 4, no. 2 (2012): 131–45; Wilson et al., "A New Look at Anchoring Effects"; Epley and Gilovich, "The Anchoring-and-Adjustment Heuristic."
8. Daniel Kahneman and Amos Tversky, "Intuitive Prediction: Biases and Corrective Procedures," *Studies in Management Sciences* 12 (1979): 318.
9. Flyvbjerg, "Top Ten Behavioral Biases in Project Management"; Bent Flyvbjerg, Alexander Budzier, Maria D. Christodoulou, and M. Zottoli, "So You Think Projects Are Unique? How Uniqueness Bias Undermines Project Management," under review. See also Jerry Suls and Choi K. Wan, "In Search of the False Uniqueness Phenomenon: Fear and Estimates of Social Consensus," *Journal of Personality and Social Psychology* 52 (1987): 211–17; Jerry Suls, Choi K. Wan, and Glenn S. Sanders, "False Consensus and False Uniqueness in Estimating the Prevalence of Health-Protective Behaviors," *Journal of Applied Social Psychology* 18 (1988): 66–79; George R. Goethals, David M. Messick, and Scott Allison, "The Uniqueness Bias: Studies in Constructive Social Comparison," in *Social Comparison: Contemporary Theory and Research*, eds. Jerry Suls and T. A. Wills (Hillsdale, NJ: Erlbaum, 1991), 149–76.
10. 国防長官ドナルド・ラムズフェルドが「未知の未知」という言い回しを使ったのは、2002年2月12日のアメリカ国防省の記者会見である。以下を参照。"DoD News Briefing: Secretary Rumsfeld and Gen. Myers," US Department of Defense, February 12, 2002, https://archive.ph/20180320091111/http://archive.defense.gov/Transcripts/Transcript.aspx?TranscriptID=2636#selection-401.0-401.53.
11. Bent Flyvbjerg, Carsten Glenting, and Arne Kvist Rønnest, *Procedures for Dealing with Optimism Bias in Transport Planning: Guidance Document* (London: UK Department for Transport, 2004); Bent Flyvbjerg, "From Nobel Prize to Project Management: Getting Risks Right," *Project Management Journal* 37, no. 3 (August 2006): 5–15.
12. イギリスの政府プロジェクトでの参照クラス予測の開発と利用については、以下で報告されている。HM Treasury, *The Green Book: Appraisal and Evaluation in Central Government*, Treasury Guidance (London: TSO, 2003); HM Treasury, *Supplementary Green Book Guidance: Optimism Bias* (London: HM Treasury, 2003); Flyvbjerg et al., *Procedures for Dealing with Optimism Bias in Transport Planning*; Ove Arup and Partners Scotland, *Scottish Parliament, Edinburgh Tram Line 2 Review of Business Case* (West Lothian, Scotland: Ove Arup and Partners, 2004); HM Treasury, *The Orange Book. Management of Risk: Principles and Concepts* (London: HM Treasury, 2004); UK Department for Transport, *The Estimation and Treatment of Scheme Costs: Transport Analysis Guidance*, TAG Unit 3.5.9, October 2006; UK Department for Transport, *Changes to the Policy on Funding Major Projects* (London: Department for Transport); UK National Audit Office, 2009, "Note on Optimism Bias," Lords Economic Affairs Committee Inquiry on Private Finance and Off-Balance Sheet Funding, November 2009; HM Treasury, *The Green Book: Appraisal and Evaluation in Central Government* (2003 edition with 2011 amendments) (London: HM Treasury, 2011); UK National Audit Office, NAO, *Over-optimism in Government Projects* (London: UK National Audit Office, 2013); HM Treasury, "Supplementary Green Book Guidance: Optimism Bias," April 2013, https://assets.publishing.service.gov.uk/government/uploads/system/uploads/attachment_data/file/191507/Optimism_bias.pdf; HM Treasury, "Early Financial Cost Estimates of Infrastructure Programmes and Projects and the Treatment

of Uncertainty and Risk," March 26, 2015; Bert De Reyck et al., "Optimism Bias Study: Recommended Adjustments to Optimism Bias Uplifts," UK Department for Transport, https://assets.publishing.service.gov.uk/government/uploads/system/uploads/attachment_data/file/576976/dft-optimism-bias-study.pdf; UK Infrastructure and Projects Authority, *Improving Infrastructure Delivery: Project Initiation Routemap* (London: Crown, 2016); Bert De Reyck et al., "Optimism Bias Study: Recommended Adjustments to Optimism Bias Uplifts," update, Department for Transport, London, 2017; HM Treasury, *The Green Book: Central Government Guidance on Appraisal and Evaluation* (London: Crown, 2018); HM Treasury, *The Orange Book. Management of Risk: Principles and Concepts* (London: HM Treasury, 2019); HM Treasury, *The Green Book: Central Government Guidance on Appraisal and Evaluation* (London: HM Treasury, 2020). 予備調査によって、RCF法に効果があることが示されたため、2006年にイギリス政府はすべての大型プロジェクトにこの新しい手法での予測を義務づけた。以下を参照。UK Department for Transport, *The Estimation and Treatment of Scheme Costs: Transport Analysis Guidance*, TAG Unit 3.5.9, 2006; UK Department for Transport, *Changes to the Policy on Funding Major Projects* (London: Department for Transport, 2006); UK Department for Transport and Oxford Global Projects, *Updating the Evidence Behind the Optimism Bias Uplifts for Transport Appraisals: 2020 Data Update to the 2004 Guidance Document "Procedures for Dealing with Optimism Bias in Transport Planning"* (London: UK Department for Transport, 2020).

13. Transport- og Energiministeriet [Danish Ministry for Transport and Energy], *Aktstykke om nye budgetteringsprincipper* [Act on New Principles for Budgeting], Aktstykke nr. 16, Finansudvalget, Folketinget, Copenhagen, October 24, 2006; Transport- og Energiministeriet, "Ny anlægsbudgettering på Transportministeriets område, herunder om økonomistyrings–model og risikohåndtering for anlægsprojekter," Copenhagen, November 18, 2008; Danish Ministry of Transport, Building, and Housing, *Hovednotatet for Ny Anlægsbudgettering: Ny anlægsbudgettering på Transport-, Bygnings- og Boligministeriets område, herunder om økonomistyringsmodel og risikohåndtering for anlægsprojekter* (Copenhagen: Danish Ministry of Transport, Building, and Housing, 2017).

14. National Research Council, *Metropolitan Travel Forecasting: Current Practice and Future Direction*, Special Report no. 288 (Washington, DC: Committee for Determination of the State of the Practice in Metropolitan Area Travel Forecasting and Transportation Research Board, 2007); French Ministry of Transport, *Ex-Post Evaluation of French Road Projects: Main Results* (Paris: French Ministry of Transport, 2007); Bent Flyvbjerg, Chi-keung Hon, and Wing Huen Fok, "Reference-Class Forecasting for Hong Kong's Major Roadworks Projects," *Proceedings of the Institution of Civil Engineers* 169, no. CE6 (November 2016): 17–24; Australian Transport and Infrastructure Council, Optimism Bias (Canberra: Commonwealth of Australia, 2018); New Zealand Treasury, *Better Business Cases: Guide to Developing a Detailed Business Case* (Wellington, NZ: Crown, 2018); Irish Department of Public Expenditure and Reform, *Public Spending Code: A Guide to Evaluating, Planning and Managing Public Investment* (Dublin: Irish Department of Public Expenditure and Reform, 2019).

15. Jordy Batselier and Mario Vanhoucke, "Practical Application and Empirical Evaluation of Reference-Class Forecasting for Project Management," *Project Management Journal* 47, no. 5 (2016): 36;RCF法の精度に関するさらに詳しい情報は以下を参照。Li Liu and Zigrid Napier, "The Accuracy of Risk-Based Cost Estimation for Water Infrastructure Projects: Preliminary Evidence from Australian Projects," *Construction Management and Economics* 28, no. 1 (2010): 89–100; Li Liu, George Wehbe, and Jonathan Sisovic, "The Accuracy of Hybrid Estimating Approaches: A Case Study of an Australian State Road and Traffic Authority," *The Engineering Economist* 55, no. 3 (2010): 225–45; Byung-Cheol Kim and Kenneth F. Reinschmidt, "Combination of Project Cost Forecasts in Earned Value Management," *Journal of Construction Engineering and Management* 137, no. 11 (2011): 958–66; Robert F. Bordley, "Reference-Class Forecasting: Resolving Its Challenge to Statistical Modeling," *The American Statistician* 68, no. 4 (2014): 221–29; Omotola Awojobi and Glenn P. Jenkins, "Managing the Cost Overrun Risks of Hydroelectric Dams: An Application of Reference-Class Forecasting Techniques," *Renewable and Sustainable Energy Reviews* 63 (September 2016): 19–32; Welton Chang et al., "Developing Expert Political Judgment: The Impact of Training and Practice on Judgmental Accuracy in Geopolitical Forecasting

Tournaments," *Judgment and Decision Making* 11, no. 5 (September 2016): 509–26; Jordy Batselier and Mario Vanhoucke, "Improving Project Forecast Accuracy by Integrating Earned Value Management with Exponential Smoothing and Reference-Class Forecasting," *International Journal of Project Management* 35, no. 1 (2017): 28–43.

**16.** Daniel Kahneman, *Thinking, Fast and Slow* (New York: Farrar, Straus and Giroux, 2011), 251.『ファスト&スロー』

**17.** もしあなたのプロジェクトが、参照クラスのプロジェクトよりもさらに多くの、さらに大きな「未知の未知」に影響を受けると考えられるなら、予備費を追加計上して、工期や金額にゆとりを持たせよう。これも、一種のアンカリングと調整だ。たとえば、もし気候変動によって洪水のリスクが高まっているのなら、そのリスクは過去のプロジェクトである、参照クラスのデータには反映されていないかもしれない。だから参照クラスが示唆するよりも大きい調整を行う必要がある。逆に、あなたのプロジェクトが参照クラスに比べてそうしたリスクにそれほど影響を受けないと考えられるなら、それほど調整する必要はない。だが気をつけてほしいのは、調整を行うことによって、排除したはずの主観的判断が再び忍び込み、楽観バイアスが戻ってくるかもしれないことだ。注意深く自己批判的な分析とデータが欠かせない。

**18.** 本書の1章と、以下を参照。Bent Flyvbjerg, "Quality Control and Due Diligence in Project Management: Getting Decisions Right by Taking the Outside View," *International Journal of Project Management* 31, no. 5 (May 2013): 760–74.

**19.** Kahneman, *Thinking, Fast and Slow*, 245–47.

**20.** Bent Flyvbjerg, Nils Bruzelius, and Werner Rothengatter, *Megaprojects and Risk: An Anatomy of Ambition* (Cambridge, UK: Cambridge University Press, 2003).

**21.** Statens Offentlige Utredninger (SOU), *Betalningsansvaret för kärnavfallet* (Stockholm: Statens Offentlige Utredninger, 2004), 125.

**22.** Bent Flyvbjerg, "The Law of Regression to the Tail: How to Survive Covid-19, the Climate Crisis, and Other Disasters," *Environmental Science and Policy* 114 (December 2020): 614–18. 数学や統計が好きな読者へ:α値が1以下のべき乗分布は無限大の(存在しない)平均値を持ち、標本平均が不安定になるため、予測が不可能である。ニコラス・タレブらは保守的な経験則として、α値が2.5以下の変数は実際的に予測不能とみなすよう勧めている。そのような変数については、標本平均があまりにも不安定なため、信頼できる予測、または実用的な予測を立てるために、あまりにも多くのデータが必要になるという。彼らはこれを説明するために、α値が1.13のパレート分布の標本平均が、ガウス(正規)分布のわずか30個の観測値の標本平均と同等の信頼性を得るためには、10の14乗個の観測値が必要になると指摘している。以下を参照。Nassim Nicholas Taleb, Yaneer Bar-Yam, and Pasquale Cirillo, "On Single Point Forecasts for Fat-Tailed Variables," *International Journal of Forecasting* 38 (2022): 413–22. ひとことで言えば、ファットテール現象に関する費用便益分析やリスク評価、その他の予測は、信頼性もなければ実用的でもないということだ。

**23.** 一般にプロジェクト計画者や研究者は、プロジェクトのパフォーマンスが平均に回帰すると仮定するよう教えられている。これは不幸なことだ。なぜならこの仮定にはデータによる裏づけがないのだから。実際、多くのプロジェクトタイプのパフォーマンスは裾(テール)に回帰する。以下を参照。Flyvbjerg, "The Law of Regression to the Tail." したがってプロジェクトの計画者と管理者はプロジェクトを成功に導くために、裾への回帰を理解することが必須である。
平均への回帰という言葉をつくったのはサー・フランシス・ゴルトンである。もとは「平凡への回帰」と呼んでいた。以下を参照。Francis Galton, "Regression Towards Mediocrity in Hereditary Stature," *The Journal of the Anthropological Institute of Great Britain and Ireland* 15 (1886), 246–63.今では統計学や統計モデリングで広く用いられているこの概念は、たとえ個々の測定値に大きな偏りがあったとしても、試行回数を十分増やせば、標本の平均値が母集団の平均値に収束していくことを指している。ゴルトンはこの原則を、「身長の高い親から生まれる子どもは親よりも身長が低くなる傾向がある」という例によって説明した。今日ではこの例が誤りであることがわかっている。なぜなら子どもの身長は、ゴルトンが知り得なかった遺伝的要因のせいで、親の身長と統計的に独立ではないからだ。それでもゴルトンが何を証明しようとしていたかは理解できるし、彼が正しかったことは判明している。平均への回帰の統計的に正しい(統計的に独立な事象を使った)例を挙げると、黒か赤が出る確率が50対50のルーレットを回したとき、5回連続で赤が出ることがある——実際、約3%の確率で5回とも同じ色が出る——が、それでもその後の試行の確率は50対50と変わらない。そのため、最初は5回連続で赤が出たとしても、ルーレットを回す回数が増えれば増えるほど、結果は50対50に近づく。試行回数が十分多い場合、始まりがどうであれ、ルーレット回しの平均的結果は試行回数が増えれば増えるほど期待平均値に回帰する。

よく言われるように、正しい理論ほど実践的である。平均への回帰はさまざまな種類の統計に当てはまることが数学的に証明されており、医療や保険、学校、工場現場、カジノ、リスク管理(飛行の安全性など)で非常に役立っている。統計学や統計モデリングの大部分、たとえば大数の法則やサンプリング、標準偏差、従来型の統計的有意性検定などが、平均への回帰を前提としている。統計の基礎を学んだ人は誰でも、気づいていないかもしれないが、平均への回帰

を教え込まれている。だが平均への回帰は母集団の平均値が存在することを前提としている。重大な影響をおよぼすランダムな事象には、母集団の平均値が存在しないものもある。

たとえば、地震や洪水、森林火災、パンデミック、戦争、テロ攻撃などの規模分布には母集団の平均値がないか、あったとしても無限分散のせいで正しく定義されない。要するに、平均や分散が存在しない。この種の現象にとって、平均への回帰は無意味な概念だが、裾への回帰は意味のある重要な概念である。裾への回帰が生じるためには、確率密度が無限大(または負の無限大)まで非ゼロでなくてはならない。無限大まで非ゼロの確率密度は、分布のグラフの裾のように見える。裾への回帰は分散が無限大の分布にしか生じない。新しい極値の発生頻度と、新しい極値が古い極値を超過する量から、母集団の分布が期待値と有限分散を持つかどうか、それとも無限分散を持ちしたがって明確に定義された期待値を持たないかどうかを推し量ることができる。後者の場合、「平均への回帰」は無限大への回帰を意味する。すなわち、従来の意味での平均値が存在しないということだ。従来の手法(つまり標本平均)によって平均を予測しようとしても、さらに大きい値、つまり裾の中の値が得られる。

私はこの現象——裾に含まれる十分大きい観測値が十分高い頻度で現れるために平均に収束しない現象——を「裾への回帰の法則」と名づけた。Flyvbjerg, 2020, "The Law of Regression to the Tail"を参照。この法則が示すのは、極端な事象が頻発し、最も極端な事象がどれほど極端であっても、それよりもさらに極端な事象がいつか必ず起こるような状況だ。このような状況は遅かれ早かれ(または標本サイズを大きくすれば)必ず現れる。地震の規模は、裾への回帰の法則に従う現象の典型例である。森林火災や洪水もそうだ。だがこの法則が当てはまるのは、極端な自然・社会現象だけではない。私のデータによれば、一般的なＩＴプロジェクトからオリンピック、原子力発電所、大型ダムまでの、プロジェクトの日常的な計画・管理にも当てはまる。以下を参照。Bent Flyvbjerg et al., "The Empirical Reality of IT Project Cost Overruns: Discovering a Power-Law Distribution," accepted for publication in *Journal of Management Information Systems* 39, no. 3 (Fall 2022); Bent Flyvbjerg, Alexander Budzier, and Daniel Lunn, 2021, "Regression to the Tail: Why the Olympics Blow Up," *Environment and Planning A: Economy and Space* 53, no. 2 (March 2021): 233–60.または、プロジェクトの計画・管理は、極端な自然・社会現象に似たふるまいを示す、と言うこともできる。計画者や管理者はこのことをおおむね無視し、平均への回帰に従う前提でプロジェクトを扱っている。このこと自体が、ほとんどのプロジェクトのお粗末な成績を大方説明する。

**24.** これが、従来型のプロジェクト管理で、一般に10%から15%の予備費が計上される根拠である。つまり、プロジェクトの結果が正規分布に従うことを前提としているのだ。だが本文で説明したように、この前提は現実に満たされることは一般にないため、誤りということになる。

**25.** Flyvbjerg, "The Law of Regression to the Tail."

**26.** ＨＳ２は本書執筆時点で建設中だった。

**27.** "Exploring Our Past, Preparing for the Future," HS2, 2022, https://www.hs2.org.uk/building-hs2/archaeology/.

**28.** *Journal of the House of Representatives of the United States*, 77th Congress, Second Session, January 5, 1942 (Washington, DC: US Government Printing Office), 6.

**29.** 著者によるジム・ラスコへのインタビュー、2020年6月3日; Hal Dardick, "Ald. Burke Calls Great Chicago Fire Festival a 'Fiasco,' " *Chicago Tribune*, October 6, 2014.

**30.** 統計的検定によって、コストおよび工期の超過という点で統計的に類似していると判断されたプロジェクトだけを含めた。詳細な説明は以下を参照。Bent Flyvbjerg et al., "Report to the Independent Board Committee on the Hong Kong Express Rail Link Project," in MTR Independent Board Committee, *Second Report by the Independent Board Committee on the Express Rail Link Project* (Hong Kong: MTR, 2014), A1–A122.

**31.** 私とチームがこれまでに担当したプロジェクトのうち、クライアントが希望した最も高い保険は、超過を95%カバーするもので、この時は、莫大な予備費を計上することになった。なぜなら保険の限界費用は保険のレベルとともに増加するからだ。このクライアントは政治的理由から盤石な安全策を望んだ。だが通常の状況下では、ＸＲＬのような大型の単独プロジェクトで約80%を超える保険は勧めない。なぜならコストがかかりすぎるし、多額の資金が予備費として取り置かれ、組織内のもっと建設的な目的に使えなくなるからだ。また、多数のプロジェクトを管理するポートフォリオマネジャーは、ポートフォリオ内の一部のプロジェクトの損失を、残りのプロジェクトの利益で相殺することができるため、その場合はさらに低い、参照クラスの平均値に近いレベルを推奨している。

**32.** Hong Kong Development Bureau, Project Cost Management Office, and Oxford Global Projects, *AI in Action: How The Hong Kong Development Bureau Built the PSS, an Early-Warning-Sign System for Public Works Projects* (Hong Kong: Development Bureau, 2022).

## 7章：再現的クリエイティブ

1. 著者によるエディ・クレイマーへのインタビュー、2020年5月25日。
2. 著者によるジョン・ストーリックへのインタビュー、

2020年5月28日および2020年6月2日。

3. Electric Lady Studios, https://electricladystudios.com.
4. *Restoration Home*, season 3, episode 8, BBC, https://www.bbc.co.uk/programmes/b039glq7.
5. Albert O. Hirschman, "The Principle of the Hiding Hand," *The Public Interest*, no. 6 (Winter 1967), 10–23.
6. Malcolm Gladwell, "The Gift of Doubt: Albert O. Hirschman and the Power of Failure," *The New Yorker*, June 17, 2013; Cass R. Sunstein, "An Original Thinker of Our Time," *The New York Review of Books*, May 23, 2013, 14–17.
7. Albert O. Hirschman, *Development Projects Observed*, 3rd ed. (Washington, DC: Brookings Institution, 2015).
8. Michele Alacevich, "Visualizing Uncertainties; or, How Albert Hirschman and the World Bank Disagreed on Project Appraisal and What This Says About the End of 'High Development Theory,' " *Journal of the History of Economic Thought* 36, no. 2 (June 2014): 157.
9. ハーシュマンはこのような現象と、目隠しの手が典型的であり、「行動の一般原則」だと明言した。以下を参照。Hirschman, *Development Projects Observed*, 1, 3, 7, 13; and "The Principle of the Hiding Hand," *The Public Interest*, 13.
10. これはハーシュマンによって語られた物語である。実際には、バングラデシュの製紙工場をはじめ、ハーシュマンが目隠しの手の成功例として挙げたいくつかのプロジェクトが、大失敗に終わったことが判明している。この製紙工場は1970年代を通じて損失を出し、ハーシュマンがほんの数年前に予言したように国家経済を活性化させるどころか、経済の足かせとなった。ハーシュマンが称賛したコロンビアのパス・デ・リオ製鉄所でも、目隠しの手が創造的な解決策ではなく、財政難をもたらした。そしてとどめに、ナイジェリアの全長482キロのボルヌ鉄道は、民族紛争を引き起こし、国家分裂と悲劇的な内戦をもたらし、ナイジェリアから分離・独立したビアフラでは1967年から1970年にかけて飢餓と虐殺で多くの命が失われた。ハーシュマン自身も、自らが調査し成功を宣言したプロジェクトが、その直後にこれほど悲惨な結果に終わったことに困惑した。だが不思議なことに、プロジェクトが大失敗に終わり、またその結果が目隠しの手の原則に反するように思われたにもかかわらず、ハーシュマンは自らの原則を真剣に分析し直すこともなく、また『開発計画の診断』ののちの版の序文を書いた際にも、著名な学者の集団に原則について省察してはどうかと求められたにもかかわらず、決して見直すことはなかった。詳細とくわしい参考文献は以下を参照。Bent Flyvbjerg, "The Fallacy of Beneficial Ignorance: A Test of Hirschman's Hiding Hand," *World Development* 84 (April 2016): 176–89.
11. Peter Biskind, *Easy Riders, Raging Bulls* (London: Bloomsbury, 1998), 264–77.
12. Hirschman, *Development Projects Observed*, 1, 3, 7, 13; Hirschman, "The Principle of the Hiding Hand."
13. Flyvbjerg, "The Fallacy of Beneficial Ignorance."
14. Daniel Kahneman, *Thinking, Fast and Slow* (New York: Farrar, Straus and Giroux, 2011), 255.
15. Joseph Campbell, *The Hero with a Thousand Faces* (San Francisco: New World Library, 2008).
16. Bent Flyvbjerg, "Design by Deception: The Politics of Megaproject Approval," *Harvard Design Magazine*, no. 22 (Spring–Summer 2005): 50–59. 「一発屋の建築家」という言葉は、主に1つの建造物で知られる建築家を指すのに使われる。たしかにウッツォンはシドニー・オペラハウス以外の建物も設計し、そのうちのいくつかは、とくに祖国のデンマークで実際に建設された。だがそれらはシドニー・オペラハウスに比べれば知名度は低い。彼は国際的には（デンマーク国内でも）、もっぱらシドニー・オペラハウスで知られている。私はこれまで「ヨーン・ウッツォンが設計したシドニー・オペラハウス以外の建物を1つでも挙げられますか？」の質問を、私の講演の聴衆1000人以上に聞いている。挙げられる人はごく少数で、ほぼ例外なくデンマーク人か、プロの建築家か、その両方だ。
17. Kristin Byron, Deborah Nazarian, and Shalini Khazanchi, "The Relationships Between Stressors and Creativity: A Meta-Analysis Examining Competing Theoretical Models," *Journal of Applied Psychology* 95, no. 1 (2010): 201–12.

## 8章：一丸チームですばやくつくる

1. Joseph E. Stevens, *Hoover Dam: An American Adventure* (Norman: University of Oklahoma Press, 1988); Michael Hiltzik, *Colossus: Hoover Dam and the Making of the American Century* (New York: Free Press, 2010).
2. Bent Flyvbjerg and Alexander Budzier, *Report for the Commission of Inquiry Respecting the Muskrat Falls Project* (St. John's, Province of Newfoundland and Labrador, Canada: Muskrat Falls Inquiry, 2018); Richard D. LeBlanc, *Muskrat Falls: A Misguided Project*, 6 vols. (Province of Newfoundland and Labrador, Canada: Commission of Inquiry Respecting the Muskrat Falls Project, 2020).
3. アンドリュー・ウォルステンホームへのインタビュー、2020年5月27日、2021年5月28日および2022年1月14日。
4. Andrew Davies, David Gann, and Tony Douglas, "Innovation in Megaprojects: Systems Integration at London Heathrow Terminal 5,"

*California Management Review* 51, no. 2 (Winter 2009): 101–25.
5. “Your ‘Deadline’ Won’t Kill You: Or Will It?,” Merriam-Webster, https://www.merriam-webster.com/words-at-play/your-deadline-wont-kill-you.
6. この変化は、T５の別のイノベーションをもたらした。リハーサルだ。香港の空港のメインターミナルビル建設が大幅に遅れ、プロジェクト全体に悪影響をおよぼしたのを見て、T５の運営者はT５のメインビルディング建設に携わる多数の作業員を連れ、彼らが組み立てる部品を持って、イングランドの田舎に行き、そこで組立のリハーサルをした。そしてこのリハーサルのおかげで、ヒースローで実際の組立が開始するはるか前に、起こり得る問題を特定し、対策を講じることができた。リハーサルにはかなりのコストがかかったが、現場で問題が浮上し、プロジェクトが遅延した場合のコストに比べればはした金だった。
7. “Rethinking Construction: The Report of the Construction Task Force to the Deputy Prime Minister, John Prescott, on the Scope for Improving the Quality and Efficiency of UK Construction,” Constructing Excellence, 1998, https://constructingexcellence.org.uk/wp-content/uploads/2014/10/rethinking_construction_report.pdf.
8. とくに自己決定理論という、現代心理学の主流のモチベーションの理論を参照。Richard M. Ryan and Edward L. Deci, *Self-determination Theory: Basic Psychological Needs in Motivation, Development, and Wellness* (New York: Guilford Press, 2017); Marylène Gagné and Edward L. Deci, “Self-determination Theory and Work Motivation,” *Journal of Organizational Behavior* 26, no. 4 (2005): 331–62. またゼネラル・モーターズ（GM）とトヨタの合弁会社、NUMMI（ヌーミー）の有名な自然実験がある。1970年代、GMのカリフォルニア州フリーモントの工場は、GM内で最悪の工場として知られ、生産性と品質が社内で群を抜いて低かった。当然ながら士気はきわめて低く、従業員は意図的に車を破壊することもあった。GMは1982年にこの工場を閉鎖した。当時北米に製造拠点を持たなかったトヨタは、GMと共同で合弁会社を設立し、GMが閉鎖したこの工場を、同じ設備とほぼ同じ労働者のまま譲り受け、再開、操業することを決めた。だが工場が従業員を信頼し、権限を委譲する有名なトヨタ方式で運営されると、士気は急速に高まり、欠勤率と離職率は急低下した。生産品質は劇的に向上し、生産性は急上昇、生産量が倍増して、自動車１台当たりのコストは750ドルも低下した。以下を参照。Christopher Roser, *“Faster, Better, Cheaper” in the History of Manufacturing: From the Stone Age to Lean Manufacturing and Beyond* (Boca Raton, FL: CRC Press, 2017), 1–5, 336–39; Paul S. Adler, “Time-and-Motion Regained,” *Harvard Business Review* 71, no. 1(January–February 1993): 97–108.
9. 著者によるリチャード・ハーパーへのインタビュー、2021年9月12日。
10. Davies, Gann, and Douglas, “Innovation in Megaprojects: Systems Integration at London Heathrow Terminal 5,” 101–25.
11. Amy Edmondson, *The Fearless Organization: Creating Psychological Safety in the Workplace for Learning, Innovation, and Growth* (New York: Wiley, 2018); Alexander Newman, Ross Donohue, and Nathan Eva, “Psychological Safety: A Systematic Review of the Literature,” *Human Resource Management Review* 27, no. 3 (September 2015): 521–35. グーグルでの研究によって、心理的安全性が生産性のきわめて高いチームの特徴であることが明らかになった。以下を参照。Charles Duhigg, “What Google Learned from Its Quest to Build the Perfect Team,” *The New York Times Magazine*, February 25, 2016.
12. “Heathrow Terminal 5 Named ‘World’s Best’ At Skytrax Awards,” *International Airport Review*, March 28, 2019, https://www.internationalairportreview.com/news/83710/heathrow-worlds-best-skytrax/.
13. James Daley, “Owner and Contractor Embark on War of Words over Wembley Delay,” *The Independent*, September 22, 2011; “Timeline: The Woes of Wembley Stadium,” *Manchester Evening News*, February 15, 2007; Ben Quinn, “253m Legal Battle over Wembley Delays,” *The Guardian*, March 16, 2008.

## 9章：スモールシング戦略

1. Hiroko Tabuchi, “Japan Strains to Fix a Reactor Damaged Before Quake,” *The New York Times*, June 17, 2011, https://www.nytimes.com/2011/06/18/world/asia/18japan.html; “Japan to Abandon Troubled Fast Breeder Reactor,” February 7, 2014, Phys.org, https://phys.org/news/2014-02-japan-abandon-fast-breeder-reactor.html.
2. “Japanese Government Says Monju Will Be Scrapped,” *World Nuclear News*, December 22, 2016, https://www.world-nuclear-news.org/NP-Japanese-government-says-Monju-will-be-scrapped-2212164.html.
3. Yoko Kubota, “Fallen Device Retrieved from Japan Fast-Breeder Reactor,” Reuters, June 24, 2011, https://www.reuters.com/article/us-japan-nuclear-monju-idUSTRE75N0H320110624; “Falsified Inspections Suspected at Monju Fast-Breeder Reactor,” *The Japan Times*, April 11,

2014; "More Maintenance Flaws Found at Monju Reactor," *The Japan Times*, March 26, 2015; Jim Green, "Japan Abandons Monju Fast Reactor: The Slow Death of a Nuclear Dream," *The Ecologist*, October 6, 2016.

4. "Monju Prototype Reactor, Once a Key Cog in Japan's Nuclear Energy Policy, to Be Scrapped," *The Japan Times*, December 21, 2016; "Japan Cancels Failed $9bn Monju Nuclear Reactor," BBC, December 21, 2016, https://www.bbc.co.uk/news/world-asia-38390504.
5. "Japanese Government Says Monju Will Be Scrapped."
6. もんじゅやその他の原子力発電所の詳細は以下を参照。Bent Flyvbjerg, "Four Ways to Scale Up: Smart, Dumb, Forced, and Fumbled," *Saïd Business School Working Papers*, University of Oxford, 2021.
7. ネパールの学校建設は速かったが、ファストトラッキングしなかったことに注目してほしい。ファストトラッキングとは、工期を短縮するために前の工程(この場合は設計)が完了する前に次の工程(建設)を開始することを言い、ヨーン・ウッツォンとシドニー・オペラハウスの建設の物語で見たように危険である。以下を参照。Terry Williams, Knut Samset, and Kjell Sunnevåg, eds., *Making Essential Choices with Scant Information: Front-End Decision Making in Major Projects* (London: Palgrave Macmillan, 2009).
8. Ramesh Chandra, *Encyclopedia of Education in South Asia*, vol. 6: *Nepal* (Delhi: Kalpaz Publications, 2014); Harald O. Skar and Sven Cederroth, *Development Aid to Nepal: Issues and Options in Energy, Health, Education, Democracy, and Human Rights* (Richmond, Surrey: Routledge Curzon Press, 2005); Alf Morten, Yasutami Shimomure, and Annette Skovsted Hansen, *Aid Relationships in Asia: Exploring Ownership in Japanese and Nordic Aid* (London: Palgrave Macmillan, 2008); Angela W. Little, *Education for All and Multigrade Teaching: Challenges and Opportunities* (Dordrecht: Springer, 2007); S. Wal, *Education and Child Development* (New Delhi: Sarup and Sons, 2006); Flyvbjerg, "Four Ways to Scale Up: Smart, Dumb, Forced, and Fumbled."
9. James H. Brown and Geoffrey B. West, eds., *Scaling in Biology* (Oxford, UK: Oxford University Press, 2000); Geoffrey West, *Scale: The Universal Laws of Life and Death in Organisms, Cities, and Companies* (London: Weidenfeld and Nicolson, 2017); Knut Schmidt-Nielsen, *Scaling: Why Is Animal Size So Important?* (Cambridge, UK: Cambridge University Press, 1984).
10. 著者によるマイク・グリーンへのインタビュー、2020年6月5日。
11. Benoit B. Mandelbrot, *Fractals and Scaling in Finance* (New York: Springer, 1997).
12. Erin Tallman, "Behind the Scenes at China's Prefab Hospitals Against Coronavirus," *E-Magazine* by Medical Expo, March 5, 2020, https://emag.medicalexpo.com/qa-behind-the-scenes-of-chinas-prefab-hospitals-against-coronavirus/.
13. 著者による香港土木局副局長リッキー・ウォングへのインタビュー、2021年9月16日。
14. 住宅と建設におけるモジュール化の初期の好例として、シアーズ・モダン・ホームズのことを教えてくれた、カリッサ・ヴェリスに感謝する。シアーズのアーカイブは以下にある。http://www.searsarchives.com/homes/index.htm. 以下も参照。#HGTV, "What It's Like to Live in a Sears Catalog Home," YouTube, May 13, 2018, https://www.youtube.com/watch?v=3kb24gwnZ18.
15. 著者によるマイク・グリーンへのインタビュー、2020年6月5日。
16. Dan Avery, "Warren Buffett to Offer a Fresh Approach on Modular Construction," *Architectural Digest*, May 20, 2021; 著者によるダニー・フォスターへのインタビュー、2021年1月4日および27日。
17. Steven Levy, "One More Thing: Inside Apple's Insanely Great (or Just Insane) New Mothership," *Wired*, May 16, 2017, https://www.wired.com/2017/05/apple-park-new-silicon-valley-campus/.
18. Leif Lia et al., "The Current Status of Hydropower Development and Dam Construction in Norway," *Hydropower & Dams* 22, no. 3 (2015); "Country Profile Norway," International Hydropower Association, https://www.hydropower.org/country-profiles/norway.
19. Tom Randall, "Tesla Flips the Switch on the Gigafactory," Bloomberg, January 4, 2017, https://www.bloomberg.com/news/articles/2017-01-04/tesla-flips-the-switch-on-the-gigafactory; Sean Whaley, "Tesla Officials Show Off Progress at Gigafactory in Northern Nevada," *Las Vegas Review-Journal*, March 20, 2016; Seth Weintraub, "Tesla Gigafactory Tour Roundup and Tidbits: 'This Is the Coolest Factory in the World,' " *Electrek*, July 28, 2016, https://electrek.co/2016/07/28/tesla-gigafactory-tour-roundup-and-tidbits-this-is-the-coolest-factory-ever/.
20. Atif Ansar and Bent Flyvbjerg, "How to Solve Big Problems: Bespoke Versus Platform Strategies," *Oxford Review of Economic Policy* 38, no. 2 (2022): 338–68.
21. Flyvbjerg, "Four Ways to Scale Up"; Fitz

Tepper, "Satellite Maker Planet Labs Acquires BlackBridge's Geospatial Business," *TechCrunch*, July 15, 2015, https://techcrunch.com/2015/07/15/satellite-maker-planet-labs-acquires-blackbridges-geospatial-business/; Freeman Dyson, "The Green Universe: A Vision," *The New York Review of Books*, October 13, 2016, 4–6; Carissa Véliz, *Privacy Is Power: Why and How You Should Take Back Control of Your Data* (London: Bantam, 2020), 154.

**22.** 私は授業で受講生(大型プロジェクトを担当する企業幹部も多い)にこう教えている。もし鉄道や道路、水関連、その他の、広範なトンネル掘削を必要とするプロジェクトを指揮することになったら、マドリード地下鉄方式で行うようにと。一定の長さのトンネルをレゴとみなすことは、普通では思いつかない方法だ。というのもトンネル掘削は、ほかの掘削と同様、従来は典型的なオーダーメイド方式で行うものと考えられているからだ。私は授業でマドリード地下鉄を取り上げたとき、学生が文字通り途中退席して、自分の担当するプロジェクトのために追加の掘削機を電話で注文するのを何度か目撃したことがある。掘削機はサイズや種類にもよるが、一般に1台2000万ドルから4000万ドルもするが、それによって節約できる時間と金額を考えれば安いものだ。

**23.** 著者によるマヌエル・メリス・メイナーへのインタビュー、2021年3月3日; Manuel Melis, "Building a Metro: It's Easier Than You Think," *International Railway Journal*, April 2002, 16–19; Bent Flyvbjerg, "Make Megaprojects More Modular," *Harvard Business Review* 99, no. 6 (November–December 2021): 58–63; Manuel Melis, *Apuntes de introducción al proyecto y ponstrucción de túneles y metros en suelos y rocas blandas o muy rotas: la constricción del Metro de Madrid y la M-30* (Madrid: Politécnica, 2011).

**24.** Marc Levinson, *The Box: How the Shipping Container Made the World Smaller and the World Economy Bigger* (Princeton, NJ: Princeton University Press, 2016).『コンテナ物語:世界を変えたのは「箱」の発明だった』

**25.** 数学/統計学的に言うと、各プロジェクトタイプのファットテールの度合いは、コスト超過率データに対するべき乗フィットの$\alpha$値(alpha-value of a power law fit)によって測定された。$\alpha$値が4以下のプロジェクトを、ファットテールとした。工期と便益についても同様の結果が出ている。これらの結論は、私の現在のデータセットにも当てはまる。データは現在も増え続けており、それに応じて結果が変わる可能性もある。その意味で、この結果は予備的とみなされるべきである。

**26.** Bent Flyvbjerg, ed., *The Oxford Handbook of Megaproject Management* (New York: Oxford University Press, 2017); Thomas Frey, "Megaprojects Set to Explode to 24% of Global GDP Within a Decade," *Future of Construction*, February 10, 2017, https://futureofconstruction.org/blog/megaprojects-set-to-explode-to-24-of-global-gdp-within-a-decade.

**27.** Kaamil Ahmed, "Ending World Hunger by 2030 Would Cost $330 Billion, Study Finds," *The Guardian*, October 13, 2020. 私が *Oxford Handbook of Megaproject Management* (2017)で示した、年間6兆から9兆ドルという保守的な数字を使うと、コストが5%削減されれば年間3000億～4500億ドルの節約になる。またフレイが "Megaprojects Set to Explode" (2017)で示した、年間22兆ドルという数字を使うと、節約額は年間1.1兆ドルに上る。30%のコストカットは1.8兆～2.7兆ドル(フリウビヤ)と6.6兆ドル(フレイ)の節約になる。そして重大な技術的イノベーションが起こってコストが80%削減されれば(そのような例は実際に起こっている)、節約額は年間4.8兆～7.2兆ドル(フリウビヤ)と17.6兆ドル(フレイ)になる。これらは便益実現の効率性向上は含まない数字である。これらを含めれば、上記の節約額にかなりの上乗せとなる。

**28.** この図は以下をもとにしている。Michael Barnard, "A Decade of Wind, Solar, and Nuclear in China Shows Clear Scalability Winners," CleanTechnica, September 5, 2021, https://cleantechnica.com/2021/09/05/a-decade-of-wind-solar-nuclear-in-china-shows-clear-scalability-winners/, updated with data from 2021 at "Renewable Capacity Statistics 2021," International Renewable Energy Agency, https://www.irena.org/-/media/Files/IRENA/Agency/Publication/2021/Apr/IRENA_RE_Capacity_Statistics_2021.pdf.

**29.** Joanne Liou, "What Are Small Modular Reactors (SMRs)?," International Atomic Energy Agency, November 4, 2021, https://www.iaea.org/newscenter/news/what-are-small-modular-reactors-smrs.

**30.** Bill Gates, "How We'll Invent the Future: Ten Breakthrough Technologies, 2019," *MIT Technology Review*, March–April 2019, 8–10; Reuters, "Bill Gates and Warren Buffett to Build New Kind of Nuclear Reactor in Wyoming," *The Guardian*, June 3, 2021.

**31.** Nadja Popovich and Winston Choi-Schagrin, "Hidden Toll of the Northwest Heat Wave: Hundreds of Extra Deaths," *The New York Times*, August 11, 2021.

**32.** Andrea Woo, "Nearly 600 People Died in BC Summer Heat Wave, Vast Majority Seniors: Coroner," *The Globe and Mail*, November 1, 2021.

**33.** "Climate Change and Health," World Health Organization, October 30, 2021, https://www.who.int/news-room/fact-sheets/detail/climate-

change-and-health.
34. IPCC, "Summary for Policymakers" in *Climate Change 2021: The Physical Science Basis. Contribution of Working Group I to the Sixth Assessment Report of the Intergovernmental Panel on Climate Change*, eds. V. Masson-Delmotte et al. (Cambridge, UK: Cambridge University Press, 2021), 23.
35. Bent Flyvbjerg, "The Law of Regression to the Tail: How to Survive Covid-19, the Climate Crisis, and Other Disasters," *Environmental Science and Policy* 114 (December 2020): 614–18.
36. *Net Zero by 2050: A Roadmap for the Global Energy Sector*, International Energy Agency, May 2021, https://www.iea.org/reports/net-zero-by-2050.
37. 電化は今日の世界の２大潮流の１つだ。もう１つがデジタル化であり、両者の比較は興味深い。どちらのトレンドも、世界のあらゆる地域で数年、数十年がかりで行われる、数万件の大小のプロジェクトを通して起こっている。だがこの２つのトレンドと、２つのプロジェクトタイプには、実績と運営の面で根本的な違いがある。電化プロジェクト（原子力および水力発電プロジェクトは含まない）は一方の極に位置し、コストと工期の超過がまれで少ないという点で、実績と運営の質が高い。デジタル化プロジェクトはもう一方の極に位置し、コストと工期の超過が莫大で予測不能になりがちだという点で、実績と運営の質が低い。私の分析では、現在のデジタル化の主な問題は、質の低いプロジェクト管理にあるのであって、デジタルテクノロジーが問題なのではない。これはデジタル関連のあらゆるプロジェクトでタブーの話題になっており、莫大なコストと無駄が生じているにもかかわらず、おおかた無視されている。これとは対照的に、質の高いプロジェクト管理が、電化（とくに風力発電、太陽光発電、電池、送電）の世界的な大成功のカギである。これは幸運なことだ。なぜなら本文で述べた通り、運営の優れた電化という最近のトレンドをすばやくスケールアップすれば、気候変動の最悪の影響を避けることができる可能性があるからだ。いずれにせよ、ITプロジェクトの運営者は、電化プロジェクトの運営方法を大いに参考にしなくてはならない。以下を参照。Bent Flyvbjerg et al., "The Empirical Reality of IT Project Cost Overruns: Discovering a Power-Law Distribution," *Journal of Management Information Systems* 39, no. 3 (Fall 2022).
38. "Pathway to Critical and Formidable Goal of Net-Zero Emissions by 2050 Is Narrow but Brings Huge Benefits, According to IEA Special Report," International Energy Agency (IEA), May 18, 2021, https://www.iea.org/news/pathway-to-critical-and-formidable-goal-of-net-zero-emissions-by-2050-is-narrow-but-brings-huge-benefits.
39. 著者によるアンデルス・エルドラプへのインタビュー、2021年7月13日。
40. 著者によるヘンリク・ポールセンへのインタビュー、2021年6月29日。
41. "Making Green Energy Affordable: How the Offshore Wind Energy Industry Matured—and What We Can Learn from It," Ørsted, June 2019, https://orsted.com/-/media/WWW/Docs/Corp/COM/explore/Making-green-energy-affordable-June-2019.pdf.
42. Heather Louise Madsen and John Parm Ulhøi, "Sustainable Visioning: Re-framing Strategic Vision to Enable a Sustainable Corporate Transformation," *Journal of Cleaner Production* 288 (March 2021): 125602.
43. "Share of Electricity Production by Source," *Our World in Data*, https://ourworldindata.org/grapher/share-elec-by-source.
44. 従来型の事業の分社化に加えて、金融部門の大型の分社化も行われている。その一例に、コペンハーゲン・インフラストラクチャー・パートナーズ（CIP）がある。CIPは2012年にペンションダンマーク（デンマーク最大の労働者年金で、世界に先駆けて洋上風力発電プロジェクトに直接投資を行った機関投資家）と共同で設立された。今日CIPは再エネ関連投資に特化した世界的なファンド運用会社で、世界中に拠点を持ち、オーステッドと協力して低炭素エネルギーシステムへの転換を推進している。

## 終章：「見事で凄いもの」を創る勝ち筋

1. Oxford English Dictionary 2022: 全文は以下を参照。https://www.oed.com/view/Entry/86554?isAdvanced=false&result=1&rskey=WrJUIh&.
2. Gerd Gigerenzer, Ralph Hertwig, and Thorsten Pachur, eds., *Heuristics: The Foundations of Adaptive Behavior* (Oxford, UK: Oxford University Press, 2011).
3. 今日では、ヒューリスティックについて、主に２つの考え方がある。第１が、「ポジティブなヒューリスティック」、つまり人間の意思決定の役に立つ経験則に焦点を当てるもの。たとえば「認識のヒューリスティック」や、「テイク・ザ・ベスト（最善を尽くす）ヒューリスティック」がこれに当たる。以下を参照。Gerd Gigerenzer and Daniel G. Goldstein, "Reasoning the Fast and Frugal Way: Models of Bounded Rationality," *Psychological Review* 103, no. 4 (1996): 650–69; Gerd Gigerenzer, "Models of Ecological Rationality: The Recognition Heuristic," *Psychological Review* 109, no. 1 (2002): 75–90.ゲルト・ギーゲレンツァーが、この学派の主要な提唱者だ。第２の学派は「ネガティブなヒューリスティック」、つまり基本的な合理性や論理性に欠け、人間をつまずかせる経験則に焦点を置く。

たとえば利用可能性ヒューリスティックやアンカリングヒューリスティックなどがこの分類に属する。以下を参照。Amos Tversky and Daniel Kahneman, "Availability: A Heuristic for Judging Frequency and Probability," *Cognitive Psychology* 5, no. 2 (September 1973): 207–32; Daniel Kahneman, "Reference Points, Anchors, Norms, and Mixed Feelings," *Organizational Behavior and Human Decision Processes* 51, no. 2 (1992): 296–312.ダニエル・カーネマンとエイモス・トヴェルスキーが、この学派の主唱者だ。どちらの学派もそれぞれの妥当性をきわめて綿密に実証している。当然ながら両者間には重要な相違が存在する。以下を参照。Gerd Gigerenzer, "The Bias Bias in Behavioral Economics," *Review of Behavioral Economics* 5, nos. 3–4 (December 2018): 303–36; Daniel Kahneman and Gary Klein, "Conditions for Intuitive Expertise: A Failure to Disagree," *American Psychologist* 64, no. 6 (2009): 515–26. しかしこれらは、同じことを説明する競合するモデルとしてではなく、ヒューリスティックの異なる側面を理解するための補完的なモデルとみなすのが最も妥当である。要するに、人間の適応行動においてヒューリスティックが果たす役割を理解するため、つまり人間存在を理解するためには、どちらの学派の理解も欠かせない、ということだ。2章ではネガティブな経験則の主な特徴と、それが意思決定におよぼす悪影響、それを軽減する方法を取り上げた。終章はポジティブな経験則に目を向け、とくにプロジェクトの適正な指揮と実行とどのように関わっているかを説明した。

4. 私の経験則の詳細なリストと、経験則とは何か、なぜ有効なのか、どうやって導き出すのかについてより多くの例を引いて説明したものは以下にある。Bent Flyvbjerg, "Heuristics for Masterbuilders: Fast and Frugal Ways to Become a Better Project Leader," *Saïd Business School Working Papers*, University of Oxford, 2022.
5. Ed Catmull, *Creativity, Inc: Overcoming the Unseen Forces That Stand in the Way of True Inspiration* (New York: Random House, 2014), 315.
6. medianwandel, "WWDC 1997: Steve Jobs About Apple's Future," YouTube, October 19, 2011, https://www.youtube.com/watch?v=qyd0tP0SK6o.

HOW BIG THINGS GET DONE:
The Surprising Factors That Determine the Fate of Every Project,
from Home Renovations to Space Exploration and Everything In Between
by Bent Flyvbjerg with Dan Gardner

This edition published by arrangement with Currency,
an imprint of Random House, a division of Penguin Random House LLC,
through Japan UNI Agency, Inc., Tokyo

著者

## ベント・フリウビヤ　*Bent Flyvbjerg*

経済地理学者。オックスフォード大学第一BT教授・学科長、コペンハーゲンIT大学ヴィルム・カン・ラスムセン教授・学科長。「メガプロジェクトにおける世界の第一人者」（KPMGによる）であり、同分野において最も引用されている研究者である。『メガプロジェクトとリスク』などの著書、『オックスフォード・メガプロジェクトマネジメント・ハンドブック』などの編著多数（いずれも未邦訳）。ネイチャー、ニューヨーク・タイムズ、ウォール・ストリート・ジャーナル、BBC、CNNほか多数の著名学術誌や有力メディアに頻繁に取り上げられている。これまで100件以上のメガプロジェクトのコンサルティングを行い、各国政府やフォーチュン500企業のアドバイザーを務めている。数々の賞や栄誉を受け、デンマーク女王からナイトの称号を授けられた。

## ダン・ガードナー　*Dan Gardner*

カナダ在住のジャーナリスト、作家。著書に世界的ベストセラーの『超予測力』（フィリップ・E・テトロックとの共著、早川書房）、『リスクにあなたは騙される』（早川書房）、『専門家の予測はサルにも劣る』（飛鳥新社）などがある。

翻訳者

## 櫻井祐子　さくらい・ゆうこ

翻訳家。京都大学経済学部経済学科卒、大手都市銀行在籍中にオックスフォード大学大学院で経営学修士号を取得。訳書に『シリコンバレー最重要思想家ナヴァル・ラヴィカント』『食欲人』（小社刊）、『1兆ドルコーチ』（ダイヤモンド社）、『Who Gets What：マッチメイキングとマーケットデザインの新しい経済学』（日本経済新聞出版社）、『自由の命運』（早川書房）、『CRISPR　究極の遺伝子編集技術の発見』（文藝春秋）など多数。

BIG THINGS
どデカいことを成し遂げたヤツらはなにをしたのか?
2024年5月15日　初 版 発 行
2024年6月10日　第3刷発行

著　者　ベント・フリウビヤ、ダン・ガードナー
訳　者　櫻井祐子
発行人　黒川精一
発行所　株式会社サンマーク出版
〒169-0074　東京都新宿区北新宿2-21-1
電　話　03 (5348) 7800
印　刷　中央精版印刷株式会社
製　本　株式会社若林製本工場

定価はカバー、帯に表示してあります。
落丁、乱丁本はお取り替えいたします。
ISBN978-4-7631-4037-1　C0030
ホームページ　https://www.sunmark.co.jp